करामाती मन

करामाती मन

कैसे खोजें जीवन की जादुई चाबी

प्रीति शेनॉय

अनुवाद
देवयानी भारद्वाज

अनबाउंड स्क्रिप्ट

First published in English by HarperCollins Publishers India in 2021

First published in Hindi by **Unbound Script**
by arragement with HarperCollins Publishers India in 2023

प्रथम संस्करण : 2023
द्वितीय संस्करण : 2024

प्रकाशक : अनबाउंड स्क्रिप्ट
बी–10, सेवेन वंडर्स बिजनेस सेंटर,
प्लॉट नं. जी–20, बेसमेंट,
प्रीत विहार, नई दिल्ली–110092
वेबसाइट : www.unboundscript.com
ई–मेल : books@unboundscript.com

ISBN : 978-93-92088-20-9

मूल्य : ₹ 250/-

मुद्रक: यश प्रिंटोग्रफिक्स
नोएडा, उत्तर प्रदेश

KARAMATI MANN

by Preeti Shenoy

Translated by Devyani Bhardwaj

सकारात्मकता के प्रतीक मेरे पिता के. वी. जे. कामथ,
मजबूती की प्रतीक मेरी माँ प्रिया और
करुणा के प्रतीक मेरे बेटे अतुल के लिए।

अनुक्रम

भाग–1
करामाती मन को समझना

भाग–2
मन की करामात का अभ्यास

भाग–3
लगातार मन की जीत: अथक प्रयास

भाग–4
करामाती मन के साथ कुछ खेल!
करामाती मन के सफर पर आपकी शुरुआत के लिए 14 दिन की गतिविधियों वाली चुनौती

प्रस्तावना

यह बात 31 दिसंबर 2019 की है, मैं अपनी बेटी के साथ कॉफी पीने बाहर गई थी। मैं इस बात से खुश थी कि वह भारत में थी और नया साल मेरे साथ मनाने जा रही थी। हमने साथ में सेल्फी ली, उन्हें सोशल मीडिया पर साझा किया और एक-दूसरी को नए साल की मुबारकबाद दी। हम दोनों उम्मीदों से भरी थीं और एक नई शुरुआत के लिए तैयार थीं। असल में किसी एकदम रूखे और चिड़चड़े व्यक्ति के लिए भी नई शुरुआत का ख्याल रोमांचित करने वाला होता है। ऐसा लगता है जैसे हमारे सामने किसी ने खाली कैनवास रख दिया हो, और हम जैसा मर्जी उस पर रंग लगा सकते हैं।

जब हमने एक-दूसरी को अच्छे स्वास्थ्य, प्रसन्नता और समृद्धि की दुआ दी उस वक्त हमें इस बात का पूरा यकीन था कि आने वाला साल बीते साल से बेहतर होने वाला है। वर्ष 2020 खास था क्योंकि यह सिर्फ नए साल ही नहीं, नए दशक की भी शुरुआत थी।

हमें इस बात का अनुमान भी नहीं था कि यह हमारे जीवन का अब तक का सबसे बुरा समय होने वाला है।

मेरी बहुत सारी योजनाएँ थीं। मुझे यकीन है कि मेरी तरह और बहुत से लोगों की भी रही होंगी। मेरी तेरहवीं किताब का लोकार्पण होने वाला था, यात्रा की योजनाएँ बनी हुई थीं। किताब की बिक्री की योजना बनी हुई थी। महीनों की मेहनत के बाद किताब छप कर आने को थी - जो किसी भी लेखक के जीवन का महत्त्वपूर्ण क्षण होता है।

मार्च 2020 में जब महामारी ने अपना भद्दा चेहरा दिखाया ही था तब हमें अनुमान भी नहीं था कि समय के गर्भ में क्या छुपा है – मैं अपनी किताब के आवरण के लोकार्पण के लिए मुंबई में थी। माहौल में अनिश्चय घर करने लगा था लेकिन उस वक्त तक भी किसी ने यह नहीं सोचा था कि आने वाला समय कितना भयावह होने वाला है। मेरी किताब से जुड़ा आयोजन स्थगित कर दिया गया और मैं बहुत मुश्किल हालात में लौट कर बंगलौर आ सकी। मैंने उस वक्त तक भी नहीं सोचा था कि अगले पाँच महीने तक मैं अपने घर से बाहर कदम भी नहीं रख सकूँगी।

निजी तौर पर मेरी अगस्त 2020 में सिंगापुर जाने की योजना थी, ताकि अपने बच्चों के ग्रेजुएशन के समारोह में शामिल हो सकूँ। जैसे-जैसे लॉक-डाउन की अवधि बढ़ती जा रही थी मेरी बच्चों से जल्दी ही मिल पाने की उम्मीद भी क्षीण होती जा रही थी। अंततः मेरी बेटी और बेटा महामारी के बीच में ही चलाई गई विशेष विमान सेवा से एक देश से दूसरे देश की यात्रा कर पाए और उन्होंने सफलता से क्वारंटीन के लिए तय समय भी पूरा कर लिया। मेरे खयाल से उन पंद्रह दिनों में जितनी तेजी से मेरे बाल सफेद हुए उतने तो शायद पंद्रह साल में भी नहीं हुए थे।

समय के साथ मेरी किताब का ऑनलाइन लोकार्पण हुआ। मेरे बच्चों के ग्रेजुएशन का समारोह ऑनलाइन हुआ। हम खुश हैं कि ये समारोह हो गए, लेकिन यह वैसा ही अहसास नहीं था जैसा अन्यथा इनके होने पर होता।

एक लेखक का काम वैसे भी एकांतिक होता है। महामारी के पहले भी मुझे अपने काम के सिलसिले में घर से बाहर जाने या लोगों से मिलने की बहुत जरूरत नहीं होती थी। मैं घर पर ही रहती थी और अपनी कल्पनाओं को पूरी उड़ान भरने की छूट देती थी। मेरा दफ्तर भी मेरे दिमाग में ही है। फिर भी महामारी ने मुझे बुरी तरह प्रभावित किया।

कोई भी अपने आसपास दुनिया में होने वाली बातों से अप्रभावित नहीं रह सकता। मैं भी इस तरह सदमे में रही कि महीनों किसी कहानी पर काम नहीं कर पाई।

दुनिया पूरी उलट-पलट हो गई। इस वक्त जब मैं यह लिख रही हूँ, दुनिया भर में 27.8 लाख लोग कोविड-19 के कारण अपनी जान गंवा चुके हैं। इसके कारण अरबों डॉलर का नुकसान हुआ है। आज हम एक अजीब स्थिति में हैं, हवा में हर वक्त टंगे भय, अनिश्चय और अजीब किस्म के असमंजस में जीने के लिए मजबूर हैं। हालाँकि अब टीके दिये जाने लगे हैं लेकिन मेरी जानकारी में ऐसा कोई एक व्यक्ति नहीं है जिसे लगता है कि यह दौर बीत जाएगा और हम कभी 'सामान्य' जीवन की तरफ लौट सकेंगे। यही विचार लौट-लौट कर आता है कि 'नए समय का सामान्य' यही है और हमें इसी के साथ जीना सीखना होगा। कितने ही लोगों ने मुझे बताया कि लॉकडाउन के दौरान उन्हें क्लस्टेरोफोबिया होने लगा क्योंकि उनके घर में कोई बाल्कनी भी नहीं है। वे ताजा हवा के लिए तरस गए। वे जिम जाना चाहते थे। वे अवसाद और अकेलेपन से घिरने लगे। उनके पास जीवन में आगे के लिए कोई उम्मीद नहीं रह गई थी, ऐसा उन्हें लगने लगा।

जब भारत में पहला लॉकडाउन शुरू हुआ तब मैंने 'सकारात्मकता के 21 दिन' नाम से एक ब्लॉग लिखना शुरू किया। हर दिन मैं एक ब्लॉग लिखती और जिसने भी इसकी सदस्यता ली हो उनके इनबॉक्स में यह ब्लॉग पोस्ट उन्हें निःशुल्क पढ़ने के लिए मिल जाता। जैसे-जैसे लॉकडाउन बढ़ता गया, मैंने अपने इंस्टाग्राम पर ऐसी सामान्य बातों के बारे में लिखना जारी रखा जो लोगों को खुशी दे सके। मुझे तब बहुत हैरानी हुई जब मुझे इन पोस्ट के जवाब में सैकड़ों लोगों के संदेश आने लगे, वे शुक्रिया अदा करते, आभार जताते और यह बताते कि मेरी पोस्ट वह इकलौती बात है जो उन्हें अपने दिन बिताने में मदद करती है, वे मुझे इस तरह के पोस्ट और लिखते रहने के लिए कहते। यह सोचना

मेरे लिए अभिभूत करने वाला था कि मेरा लिखा लोगों के जीवन को प्रभावित कर रहा है।

बहुत सारे लोगों ने मुझे लिख कर पूछा कि क्या हर समय खुश रह पाना वाकई संभव है? उन्होंने कहा कि मैं यह बहुत आसान बना कर प्रस्तुत करती हूँ। जब सच कठोर हो तो सकारात्मक कैसे रहा जा सकता है? क्या कोई अनजान बना रहे और ऐसा जाहिर करे जैसे कि कुछ हुआ ही न हो? क्या हम मौत के भयावह आंकड़ों और लड़खड़ाती आर्थिक वृद्धि दर से मुंह फेर लें जबकि वे हर दिन हमें आँख में आँख डाल कर डरा रहे हों? हम इस सबके बीच कैसे संतुलन बनाए रखें?

जब मैंने इन सवालों के जवाब देने शुरू किए तो मेरे जवाब ज्यादा से ज्यादा लंबे होते चले गए। कई लोगों ने मुझे कहा कि मैं इन जवाबों को ब्लॉग पर पोस्ट कर दूँ ताकि जब भी उन्हें खुद को संभालने की जरूरत हो वे उन्हें फिर से पढ़ सकें। मैंने लोगों से पूछना शुरू किया कि आशावान बने रहने में उनके लिए प्रमुख रुकावट क्या होती है। जैसे-जैसे वे मेरे सामने खुलते गए, मुझे यह समझ आने लगा कि मेरे पास उन्हें सुझाने के लिए बहुत सारे सुझाव और उपाय हैं। आखिर मेरे पास भी तो दुःख से जूझने का अपना अनुभव था।

कुछ ही बरस पहले मैं अपने जीवन के सबसे बड़े हादसे का सामना कर रही थी, एक ऐसी त्रासदी जिससे मुझे लगा था कि शायद मैं कभी उबर नहीं सकूँगी। लेकिन समय के साथ मैं उससे उबर सकी। इतना ही नहीं अनजाने में ही मुझे एक अनमोल कौशल का पता चला – यह कि हम अपनी सोच को बदल सकते हैं और जीवन जो भी चुनौती उछाल कर हमारे सामने फेंक दे, हम उसका सामना कर सकते हैं। मैं इसे ही 'करामाती मन' कहती हूँ।

इस 'करामाती मन' के पीछे जीवन के प्रत्येक क्षेत्र से जुड़े कुछ सिद्धांत शामिल होते हैं। यह सिद्धान्त हमारे नजरिये को निराशा से आशा

की ओर, दुःख से खुशी की ओर, अविश्वास से विश्वास की ओर ले जाने में मदद करता और आश्वस्त करता है कि हालात बदलने वाले हैं और वे उतने भी बुरे नहीं हैं जितने नजर आ रहे हैं। यदि हम अपनी समस्याओं को इस करामाती मन के चश्मे से देखें तो वे उतनी बड़ी और भयावह नजर नहीं आतीं।

सिद्धान्त समस्या को समझने के लिए एक परिप्रेक्ष्य उपलब्ध कराते हैं, लेकिन असली चुनौती तो उन सिद्धांतों को अभ्यास में लाना है। इस किताब में मैं कुछ ऐसे व्यावहारिक उपायों की बात करूँगी जिन्हें हम उस वक्त आजमा सकते हैं जब हम मुश्किल हालात में घिरे हों और जो हमें उन हालात को काबू में लाने में मदद कर सकते हैं। मैंने प्रत्येक अध्याय में अभ्यास की कुछ गतिविधियाँ भी सुझाई हैं जो हमें अपने सामने मौजूद समस्या को ठीक-ठीक रेखांकित करने में मदद कर सकती हैं।

अक्सर जब हम अपने सामने मौजूद समस्या के बारे में सोच रहे होते हैं तब हमारे विचार उलझे हुए होते हैं। वे एक ही वृत्त में घूमते रहते हैं और हमें उसी में लपेटते रहते हैं तथा हम तनाव व अकर्मण्यता के एक अंतहीन चक्र में फँसे असहाय महसूस करते रहते हैं। जब हम ऐसी स्थित में फँसे होते हैं तो साफ-साफ सोच नहीं पाते।

इस किताब में दिये गए सवालों का जवाब देना शुरू करने से पहले यह जरूरी है कि हम थोड़ा रुक कर विचार करें। कोई भी जवाब सही या गलत नहीं होते। किसी एक व्यक्ति का जीवन अनुभव और यथार्थ दूसरों से नितांत अलग हो सकता है। मेरी यह सलाह है कि अगले पाठ को पढ़ना शुरू करने से पहले आने वाली अभ्यास की गतिविधियों को पूरा पढ़ लें। किताब के अंत में 'करामाती मन के लिए चौदह दिन की चुनौती' दी गई है जो मन की करामात को हासिल करने की दिशा में बढ़ने के लिए हल्के से धकेलती है।

इस किताब को किसी निश्चित क्रम में पढ़ा जाना जरूरी नहीं है।

उदाहरण के लिए, यदि आपको ऐसा लगता है कि आप अधिकाँश चीजों के बारे में ख़ुश हैं लेकिन रिश्ते को संभालने में मदद की जरूरत है तो उस हिस्से को पढ़ लीजिये। लेकिन जिस भी हिस्से को पढ़ना चुनें, यदि आप इसे जल्दबाजी में उपन्यास की तरह पढ़ जाना चाहेंगे तो यह किताब आपकी मदद नहीं कर सकेगी। इसमें आपकी सक्रिय भागीदारी अपेक्षित है और जो भी दिशा-निर्देश दिये गए हैं, उनका पालन किया जाना चाहिए।

मैंने खुद इन सबका पालन किया है और जिन तरीकों ने मुझे मदद की उन्हीं को यहाँ साझा किया है। मैंने ऐसे किस्से भी इकट्ठा किए हैं जिनसे हम सब प्रेरणा ले सकते हैं। मैंने खुद अपने जीवन से निजी प्रसंग भी साझा किए हैं। आप जब भी चाहें तब लौट कर इसमें दिये अभ्यासों के पास जा सकते हैं। आपके हालात और इस समय आप किस तरह सोच रहे हैं इसके साथ आपके जवाब बदलते रहेंगे। अभ्यास करते रहें और निरंतरता बनाए रखें। यदि आप ऐसा कर सकेंगे तो यकीन मानिए आप अपने नजरिए में आने वाले बदलाव को देख सकेंगे।

मेरी यह दिली तमन्ना है कि मैंने जो भी यहाँ साझा किया है वह आपको भी अपने करामाती मन को पाने में मदद करे, आपके जीवन में खुशियों और उम्मीद का संचार करे। इस करामाती मन ने मुझे अपने सपनों को पूरा करने में मदद की है और मुझे उम्मीद है कि आप भी अपने सभी सपनों को साकार कर सकेंगे।

इस किताब को चुनने के लिए आभार।

प्रेम, रोशनी और स्वास्थ्य की दुआएँ

प्रीति शेनॉय

अप्रैल, 2021

भाग-1

करामाती मन को समझना

1

सकारात्मकता की समस्या

> *कभी-कभी सवाल जटिल होते हैं और जवाब आसान।*
>
> **–डॉ. सोएस**

मुझे वर्ष 2005 का वह दिन याद आता है। हम सब दोस्त एक मल्टीप्लेक्स में बैठे थे। और मैं पेट पकड़-पकड़ कर तब तक हँसती रही जब तक की आँखों से आँसू ही न बह निकले। जीवन में उससे अधिक हँसाने वाली हिन्दी फिल्म आज तक नहीं देखी। फिल्म 'नो एंट्री' उस साल की सबसे सफल फिल्म रही थी, जिसमें अनिल कपूर को एक हास्य भूमिका में फिल्माया गया था। उनका किरदार हर समय अपने दोस्तों को 'बी पॉज़िटिव' की सलाह देता रहता था, खासतौर से उस वक्त जब दोस्त किसी ऐसी मुसीबत में हो जिससे बचने का कोई रास्ता नजर न आता हो तथा उनकी पिटाई होने वाली हो। खीझ में उसके दोस्त कहते हैं, 'तू ऐसा क्यों कहता रहता है? यह "बी पॉज़िटिव" क्या होता है?'

'अरे यह तो मेरे ब्लड ग्रुप का नाम है,' वह कहता है, 'जब हम पिट-पिटा कर अस्पताल में भर्ती होंगे तो मुझे इसकी जरूरत पड़ सकती है।'

जब भी मैं 'बी पॉज़िटिव' सुनती हूँ तो मुझे वही फिल्म याद आती है। हालाँकि आज के समय में यह अधिक इस्तेमाल के कारण लगभग घिस चुका है। जब हालात बहुत मुश्किल हों तो इसका इस्तेमाल मजाक जैसा लगने लगता है। हम सभी कठिन परिस्थितियों को हमेशा उम्मीद

की रोशनी में देखना चाहते हैं, लेकिन ऐसा करें तो करें कैसे? खासतौर से तब जब कोई समाधान नजर न आता हो?

यही वह स्थिति है जिसमें 'करामाती मन' काम करता है। जहाँ सकारात्मकता हमें किसी भी परिस्थिति में उजले पक्षों को देखने में मदद करती है, वहीं करामाती मन हमें यह स्वीकारने में सहायता करता है कि हमेशा सभी स्थितियों में सिर्फ अच्छाई ढूंढ पाना संभव नहीं होता। कभी-कभी हालात इतने कठिन होते हैं कि हमारा मन इस बात को स्वीकारने से ही इनकार कर देता है कि इसमें कोई अच्छी बात भी हो सकती है।

सकारात्मकता को लोग जैसे देखते हैं

ऑक्सफोर्ड शब्दकोश के अनुसार सकारात्मकता अपने व्यवहार में खुश रहने का एक अभ्यास है। कैंब्रिज शब्दकोश के अनुसार, सकारात्मकता का आशय व्यक्ति में सकारात्मक रवैये के गुण का होना है। इसका विपरीत गुण होने पर वे उसे 'नकारात्मकता' कहते हैं।

'बी पॉज़िटिव' या सकारात्मकता के बारे में पर्याप्त बातों की गुंजाइश है। इस जिज्ञासा ने मुझे विभिन्न लोगों से यह जानने के लिए प्रेरित किया कि उनके लिए सकारात्मकता का आशय क्या है। मेरी उन्नीस वर्षीय बेटी ने कहा, 'सकारात्मक रहने का आशय है बुरे समय में भी अच्छे को देख पाना है।'

जब मैंने इस सवाल को अपने सोशल मीडिया पर साझा किया तो कुछ ही घंटों में मुझे सौ से अधिक जवाब मिले। इन जवाबों ने मुझे दुनिया के बारे में लोगों के नजरिए को जानने का मौका दिया-उनके मन, उनके दर्शन, जीवन के प्रति उनके रवैये और उनके विश्वासों की पड़ताल का मौका दिया।

एक परिभाषा जो सबसे अलग थी वह यह कि सकारात्मकता का आशय है सभी को गले लगाने के लिए बाहें खुली रखना, खासतौर से खुद अपने लिए; ऐसा करने पर कोई विचार जरूरत से ज्यादा समय तक

आपका पीछा नहीं करेगा; खुद अपने आप से प्यार करने का मतलब भी तब बेहतर समझ आएगा। यदि हम ऐसा कर पाएँ तब ही हम सही मायने में विविधता को समझ सकेंगे और अपने से भिन्न विचार और राय को स्वीकार कर सकेंगे।

एक अन्य व्यक्ति ने कहा कि यह सकारात्मकता ही है जिसके कारण वो प्रतिदिन सुबह बिस्तर से निकल पाते हैं। उनके लिए सकारात्मकता का आशय यह उम्मीद है कि आने वाला दिन बीते हुए कल से बेहतर होने वाला है। एक अन्य ने इसे 'कर्म' के रूप में परिभाषित किया। वो यह मानती हैं कि जीवन में हमें जिन भी परिस्थितियों का सामना करना पड़ता है वह हमारे 'कर्मों' का फल होता है और उनके अनुसार यह जानते हुए कि यह भी बीत जाएगा, शांत रहना ही सकारात्मकता है। एक अन्य के अनुसार तमाम बाहरी परिस्थितियों के बावजूद अपने आप में एक शांत द्वीप खोज लेना ही सकारात्मकता है।

अभ्यास 1

इस बात पर विचार करें कि आपके लिए सकारात्मकता का आशय क्या है? उसे यहाँ लिख लें।

आपने जो परिभाषा लिखी है उसे पढ़ें। आपको इसे पढ़कर क्या महसूस होता है? क्या आपको लगता है कि इस शब्द का बहुत अधिक इस्तेमाल किया जा चुका है? आपको क्या लगता है कि जीवन में आपके सामने जो भी परिस्थितियाँ आती हैं उन सब पर आपके द्वारा लिखी गई परिभाषा को लागू किया जा सकता है?

करामाती मन और सच्चाई

कुछ लोगों को सकारात्मकता या पॉज़िटिव शब्द मात्र से ही खीझ होने लगती है। उन्हें लगता है कि सकारात्मकता उन्हें बहला-फुसलाकर सच्चाई को देखने से रोकती है। वे कह सकते हैं कि मान लीजिए कि हमारे ऊपर क्रेडिट कार्ड के बिलों का भुगतान चढ़ता जा रहा है, ऐसे में हम अपनी आर्थिक स्थिति को लेकर सकारात्मक कैसे रह सकते हैं? हम कैसे कह सकते हैं कि यह संसार एक सुंदर जगह है जबकि लाखों लोग मर रहे हैं? हम कैसे सकारात्मक रह सकते हैं जबकि हमारे किसी प्रियजन को जानलेवा बीमारी के बारे में पता चले? हम उस स्थिति में क्या करें जब ऐसा व्यक्ति ही हमसे छिन जाए जो हमारे लिए सबकुछ हो?

मेरे साथ भी ऐसा ही हुआ था जब अचानक, बिना किसी संकेत के मेरे पिता हम से छीन लिए गए, बिना किसी चेतावनी के। जिस दिन उनकी मृत्यु हुई उसके एक सप्ताह बाद उनकी मुझसे मिलने आने की योजना थी। लेकिन उन्होंने अपनी कुर्सी पर बैठे-बैठे, मेरी माँ से बात करते हुए पीठ टिकाई और चल बसे। सबसे हैरानी की बात तो यह कि वो एकदम स्वस्थ थे, उन्हें बुढ़ापे से संबन्धित किसी तरह की कोई बीमारी भी नहीं थी। वो प्रतिदिन दस किलोमीटर घूमते थे। अगले दिन के लिए उनकी मीटिंग तय थी। उनकी उम्र महज पैंसठ साल थी।

क्योंकि मेरा अपने पिता से बहुत लगाव था, हम लगभग हर दिन फोन पर बात करते थे, आप अनुमान लगा सकते हैं कि यह मेरे लिए कितना बड़ा झटका था। ऐसा लगा जैसे मेरी दुनिया ही उजड़ गई। लगभग एक साल तक न मेरे चेहरे पर मुस्कान आई, न मैंने किसी से बात की न किसी सामाजिक समारोह में शामिल हुई। मेरे पिता मेरी जानकारी में सबसे खुशमिजाज व्यक्ति थे और जो एक बात वे अक्सर कहते थे वह यह थी कि जीवन में कुछ भी हो जाए, हमारे पास अपना विकल्प चुनने का अवसर हमेशा होता है। हम चीजों को अलग नजरिये से देख सकते हैं। 'करामाती मन' का सार यही है। चीजों को अलग

नजरिये से देखना, उन्हें उस जगह से देखना जहाँ से उन्हें पहले कभी देखा न गया हो।

कुछ बरस पहले मैं यूके में चित्रकला सीख रही थी। हमारा काम था कि सामने बैठे/बैठी मॉडल को देख कर चित्र बनाना, जो हमारे चित्र बनाने के दौरान कुछ देर तक एक ही अवस्था में बैठे रहते थे। हम इस मॉडल के इर्द-गिर्द अर्द्ध वृत्त में खड़े रहते और फिर हमने जो भी देखा उसका चित्र बनाते। हालाँकि हम सब एक ही मॉडल को देख कर चित्र बना रहे होते लेकिन हम सबके चित्र एक-दूसरे से पर्याप्त अलग होते। हमारे शिक्षक हमें इस बात के लिए प्रेरित करते कि हम मॉडल को चारों तरफ से घूम कर अच्छे से देख लें और इस देखने के दौरान उसकी भंगिमा में आए मामूली से मामूली बदलाव को भी दर्ज करें। जीवन भी इसी तरह है। एक ही हादसे के शिकार दो व्यक्ति घटना को अलग-अलग तरह से देखते हैं।

जहाँ तक मेरी बात है, पिता की मृत्यु को अलग नजरिये से देखना मेरे लिए बहुत मुश्किल था। कोई भी बात इस सच को कैसे बदल सकती थी कि मेरे पिता अब मेरे साथ नहीं थे? यह बहुत गलत हुआ था। मैं एकदम अंधेरे में घिरी थी। मैं सुबह बिस्तर से उठना ही नहीं चाहती थी।

मैं जिस तरह से घिर गई थी उससे उबरने के लिए मैंने ब्लॉग लिखना शुरू किया। मैंने तय किया कि मैं अपने साथ होने वाली सकारात्मक बातों को दर्ज करूंगी, चाहे वे कितनी ही मामूली बातें क्यों न हों। मैं पूरी तरह उदासी से घिरी थी, लेकिन मैंने यह तय किया था कि मैं छोटी सी खुशी तलाश लूँगी। अनजाने ही मैं ठीक वह कर रही थी जिसकी सीख मेरे पिता ने मुझे दी थी। मैं 'करामाती मन' का सिद्धान्त आजमा रही थी।

करामाती मन हमें अपने मौजूदा हालात में जो हमारे लिए सबसे बेहतर विकल्प है उसे देखने में मदद करता है।

शुरुआती दिनों में मेरे ब्लाग को कोई नहीं पढ़ता था। लेकिन मैं लिखती रही क्योंकि मुझे समझ नहीं आता था कि और क्या किया जा सकता है। मैं अपने पिता की कमी को बहुत अधिक महसूस करती थी। मैं इस बात को मानने के लिए तैयार नहीं थी कि जीवन अचानक ऐसे कैसे बदल सकता है। मेरे पिता यह मानते थे कि हम जो भी तय करें, यदि हमारा इरादा मजबूत है तो हम उस लक्ष्य को हासिल कर सकते हैं, फिर चाहे वह खुश रहना ही क्यों न हो। वो अक्सर कहा करते थे, 'तुम्हारी इजाजत के बिना कोई तुम्हें दुख नहीं पहुंचा सकता।'

जैसे जैसे मैं उस सदमे और तोड़ देने वाले दुख से उबरती गई, मैंने उन बातों पर ध्यान केन्द्रित करना शुरू किया जो अच्छा हो रहा था, जिसकी बात मेरे पिता किया करते थे। मेरे पास अब एक लक्ष्य था: अपने अंदर के अवसाद से लड़ना–जो भी मुझे अच्छी लगती थी, उस एक ऐसी अच्छी बात के बारे में लिखना। कोई–कोई दिन ऐसा होता जब मुझे कोई भी अच्छी बात समझ नहीं आती, तब मैं और ज्यादा जोर लगा कर सोचती और कुछ न कुछ मुझे लिखने के लिए मिल जाता। जैसे–जैसे महीने बीतते गए, मेरे ब्लॉग को पढ़ने वालों की संख्या बढ़ने लगी। हालाँकि मैं मुख्यत: अपने लिए लिख रही थी, लेकिन मेरा लिखा कई लोगों के लिए राहत का कारण बन रहा था। आज लगभग चौदह साल होने को आए, मैं लगातार अपना ब्लॉग लिख रही हूँ। हालाँकि अब प्रतिदिन नहीं लिखती लेकिन नियमित लिखना जारी है।

सच को देखने के लिए नई निगाह

आधार वाक्य यह है कि जब हम सब तरफ से उदासी से घिरे हों तब भी उस अंधेरे के बीच कोई एक उम्मीद की किरण टिमटिमाती रहती है और हम उसे खोज कर उस पर अपना ध्यान केन्द्रित कर सकते हैं। यह सही नाप का जूता मिल जाने या पेड़ों से छन कर आती धूप को देखने जैसी बिल्कुल सामान्य सी कोई बात भी हो सकती है।

हालाँकि सकारात्मकता का विचार किसी भी किस्म की उदासी के लिए कोई गुंजाइश नहीं छोड़ता लेकिन करामती मन सभी प्रकार के

अहसासों के लिए जगह बनाता है। यह हमें अपनी उदासी को दबाने के लिए नहीं कहता बल्कि उदासी को भी महसूस करने की जगह देता है। वर्ष 1997 में रोबर्टो बेंजीनी के निर्देशन में बनी इतालवी फिल्म 'लाइफ इज़ ब्यूटीफुल' करामाती मन को समझने का बेहतरीन उदाहरण है। फिल्म 1939 के इटली में रहने वाले एक युवा व्यक्ति गुइडो की मार्मिक और प्रेरक कहानी कहती है। एक खुशमिजाज, थोड़ा सा हंसोड़ किस्म का व्यक्ति है गुइडो, जिसे डोरा से प्रेम हो जाता है जिसकी सगाई एक अमीर और नकचढ़े रईस आदमी से हो चुकी है। गुइडो इस तरह के बहुत सारे अवसर जुटा लेता है ताकि वह डोरा के प्रति अपने प्रेम को व्यक्त कर सके, और अंततः दोनों भाग जाते हैं। उन दोनों का एक बेटा होता है जोशुआ और वे एक किताब की दुकान चला कर अपना गुजारा करते हैं। जर्मनी के कब्जे के दौरान गुइडो और उसका परिवार नाज़ियों के चंगुल में फँस जाता है और उन्हें यातना शिविर में भेज दिया जाता है। यहाँ गुइडो अपने विनोद और कल्पना का इस्तेमाल करते हुए पाँच साल के जोशुआ को शिविर की भयावहता से बचा कर रखता है।

वह जोशुआ को बताता है कि यह एक खेल चल रहा है और वह इस खेल के अंत में एक सेना का टैंक जीत सकता है। वह जोशुआ से कहता है कि यदि वह रोया, या उसने अपनी माँ से मिलने की इच्छा जताई या भूख लगने पर खाने की मांग की तो उसके अंक घट सकते हैं। हालाँकि शिविर में भयावह यातनाएँ दी जा रही होती हैं लेकिन गुइडो अपने रवैये और हौसले के बूते जोशुआ को उस सब से बचा कर रख लेता है। जोशुआ को यह पता भी नहीं चल पाता कि उसके इर्द-गिर्द प्रतिदिन मासूम लोगों पर भयावह अत्याचार किया जा रहा है, वे जान से मार दिये जा रहे हैं और किसी भी दिन उसके माता-पिता की भी बारी आ सकती है। गुइडो हर हाल में आशावान बने रहना चुनता है जबकि वह जानता है कि यातना और मृत्यु हर क्षण उसे लपक लेने के लिए तैयार है। वह अपनी कल्पनाशीलता और रचनात्मकता को थाम कर रखता है और यातना शिविर में भी अपने बेटे को ढाल बन कर

बचाए रखता है, जबकि यातना शिविर में हर तरफ नाउम्मीदी, अत्याचार, और मौत का साया मंडरा रहा होता है। यदि आपने इस फिल्म को नहीं देखा है तो देख डालिए। यह इस बात का बेहतरीन उदाहरण है कि हम चीजों को अलग नजरिये से कैसे देखें और मन की करामात किसे कहते हैं। निश्चय ही हम सब गुइडो नहीं हो सकते, लेकिन उससे प्रेरणा जरूर ले सकते हैं।

मन की करामात और अहसास

सकारात्मकता के बारे में बहुत सारे लोगों को यह शिकायत रहती है कि इस पर इतना जोर दिया जाता है कि वह थोपी हुई सी महसूस होने लगती है। हम में से बहुत सारे लोग ऐसे दौर से गुजरे हैं जब उन पर इस तरह के संदेशों की बौछार कर दी जाती है कि 'उजले पक्ष को तो देखो' या 'तुम्हारे साथ जो हुआ लोगों के साथ इससे भी कहीं बुरा हुआ है' और ऐसी ही बातें। इस तरह की बातें हमारी दुःख और उदासी की भावनाओं को अमान्य कर देती हैं और हमें ऐसा महसूस कराती हैं मानो हमें उदास या दुःखी होने का अधिकार ही नहीं है क्योंकि हमेशा ही दुनिया में कोई और व्यक्ति ऐसा हो सकता है जिसने हमसे ज्यादा बड़ी तकलीफ या दुःख का सामना किया हो। लेकिन सकारात्मकता का कोई स्विच नहीं होता जिसे आप जब चाहें दबा कर अपना मिजाज ठीक कर लें। दुःख या उदासी की भावना जो व्यक्ति उन्हें महसूस कर रहा है उसके लिए वास्तविक भावनाएँ हैं और उन्हें रफा-दफा नहीं किया जा सकता। दुःख और उदासी की सारी भावनाओं को दबा लेना,

उन्हें व्यक्त न करना और नजरअंदाज करना न तो संभव है और न स्वास्थ्यकर ही है।

मन की करामात का अर्थ है दुःख को स्वीकारना और मुश्किल हालात के बारे में जागरूक रहते हुए उनका सामना करने के लिए छोटे-छोटे प्रयास करते रहना। जीवन हमारे सामने तरह-तरह की चुनौतियाँ खड़ी करता रहता है। कभी हमारे प्रियजन हमसे छीन लिए जाते हैं, कभी नौकरी चली जाती है और कभी आर्थिक संकट खड़ा हो जाता है।

लेकिन इस सबके कारण घिरने वाले दु:ख और अवसाद के बावजूद यदि उम्मीद बनाए रखें और यह भरोसा रखें कि अंततः हालात बेहतर हो जाएंगे, तब हम यह कह सकते हैं कि हमने करामाती मन की अवस्था को अर्जित कर लिया है।

करामाती मन हमें किसी भी परिस्थिति में धैर्य रखना सिखाता है, दु:ख और निराशा को इस तरह हमारे भीतर से गुजर जाने का मौका देता है कि धीरे-धीरे हमारे क्रियाकलापों से उसका नियंत्रण खत्म हो जाए। यह हम जो महसूस करते हैं उसे हमारे कार्यों से अलग करने में मदद करता है। यह हमें शान्ति के साथ यह स्वीकारने में मदद करता है कि 'यह दौर भी बीत जाएगा।'

हमारे सामने कोई भी हालात क्यों न हो हम अपने मन को इस तरह सोचने के लिए प्रशिक्षित कर सकते हैं। अपने सोचने के तरीके को बदलने के लिए हम कुछ कदम उठा सकते हैं। हम जो सोचते हैं उसका असर हमारे कामों पर पड़ता है और अपनी सोच को बदल कर हम अपने यथार्थ को भी बदल सकते हैं। सोच में जादू लाकर हम जीवन के संघर्षों का सामना करना सीख जाते हैं, यह पुस्तक हमें बताती है कि हम यह कैसे कर सकते हैं।

अभ्यास 2

शुरू करने से पहले इस बात पर विचार करें कि आप अपनी सोच क्यों बदलना चाहते हैं। इससे आप किस लक्ष्य को प्राप्त करना चाहते हैं?

❑❑❑

2

बाहरी हालात और हमारा मन

यदि आप इसे पढ़ रहे हैं तो आपको शुभकामनाएं कि आप जिंदा हैं। यदि यह खुश रहने के लिए पर्याप्त कारण नहीं है तो मुझे नहीं पता क्या कारण पर्याप्त हो सकता है।

–चौड सग्ग, मॉन्स्टर अंडर योर हेड

कुछ साल पहले मेरा भूटान जाना हुआ, चीन और भारत के बीच हिमालय के पूर्वी सिरे पर बसा सुंदर सा साम्राज्य, जो खासतौर से अपने खुशी के सूचकांक के लिए जाना जाता है। यहाँ का भूदृश्य उपोष्ण कटिबंधीय मैदानों से लेकर विशाल पर्वतमालाओं और घाटियों जैसी नाटकीय विविधता से भरपूर था।

तीन घंटे तक फिसलन भरे और दुर्गम रास्तों पर पदयात्रा, जो बारिश के कारण और भी जोखिम भरी हो गई थी, के बाद मैं एक खड़ी पहाड़ी पर बने पारो तत्सांग मठ (जो टाइगर नेस्ट के नाम से प्रसिद्ध है) के अंदर बैठी थी। उस समय एक अजीब शान्ति और ठहराव ने मुझे घेर लिया। यह ऐसा अहसास था जैसा मैं अपने ही भीतर के खजाने में लुढ़क कर गिर गई हूँ। मैं कभी सोच भी नहीं सकती थी कि ऐसी उल्लासमय शान्ति बिना कुछ किए सिर्फ अपने में उपस्थित रह कर प्राप्त की जा सकती है। जब मैंने पद्म संभव की आदमकद प्रतिमा के आगे आँखें बंद की तब उस एक क्षण के अलावा किसी अन्य चीज का मेरे

लिए कोई अस्तित्व नहीं रह गया। मैंने कुछ मिनट उसी परम उल्लास और आनंद की अवस्था में बिताए - मेरे लिए यह लगभग निर्वाण की सी अवस्था थी।

मैंने भूटान में कई स्थानों की यात्रा की और कई मठों में गई। मुझे वहाँ के अनूठे कैफे, थिंपू में किताबों की दुकानें होना, और सड़कों पर ट्राफिक की बत्तियों का न होना अच्छा लगा। मैं जहाँ भी गई वहाँ की हवा में एक सुकून और शान्ति अहसास था। मेरी जिससे भी मुलाकात हुई ऐसे प्रत्येक व्यक्ति के पास मुझसे कहने के लिए कोई गूढ़ बात थी। मुझे वहाँ अबाध खुशी, उम्मीद और स्वीकार्यता नजर आई। सादगी भूटान के जीवन का हिस्सा थी और स्वाभाविक ही था की मुझे उस जगह से प्यार हो गया। मैं वहाँ जा कर बस जाने के सपने देखने लगी; मुझे लगता कि इस सुंदर और शांत देश में आकर मैं हमेशा खुश रह सकूँगी। मैं पहाड़ के किनारे पर एक छोटी सी झोपड़ी किराए पर लेकर रहूँगी और सपनीली सड़कों पर टहलते हुए अपने उपन्यास के कथानक के बारे में सोचा करूँगी और सुकून से लिखा करूँगी। मुझे यह सोच कर भी हैरानी होती कि ऐसी खूबसूरत जगह पर भी किसी के लिए नकारात्मक सोचना संभव हो सकता है।

उसी दिन बाद में हम एक पुराने कैफे के पास रुके जो पहाड़ी की तलहटी में लगे देवदार और चीड़ के पेड़ों के ऊपर झाँकता था। हम एक ऐसे यूरोपीय व्यक्ति से मिले जो पिछले कुछ सालों से भूटान में रह कर युवाओं के लिए नशामुक्ति केन्द्र चलाता था। इस देश की तमाम अच्छी बातों के बावजूद ऐसे लोग थे जो नशे की गिरफ्त में आ रहे थे, अपने भीतर के शैतान से बच कर भागना चाहते थे। मैं हैरान थी। अवसाद, नशा और जीवन की अन्य कठिनाइयों को मैं भूटान से जोड़ कर नहीं देखती थी। मैं अपने अज्ञान के चलते भूटान को एक पर्यटक की तरह गुलाबी चश्मे के पार से देख रही थी।

इसने मुझे यह सोचने पर मजबूर किया कि हम अपने मन में कैसा महसूस करते हैं इसमें बाहरी परिस्थितियां कितनी अहम भूमिका अदा

करती हैं। लेकिन क्या हम इसके बावजूद अपने मन में शान्ति खोज सकते हैं?

हम अक्सर अपनी समस्याओं से दूर भागने के लिए छुट्टियों पर चले जाते हैं। प्रचलित सोच हमें यह बताती है कि हम अपने रोजमर्रा के जीवन से कुछ समय के लिए दूर हो जाएँ तो नई ऊर्जा के साथ लौट कर अपने काम में फिर से जुट सकते हैं, हम तनाव का मुकाबला करने के लिए बेहतर तैयार हो कर लौट सकेंगे। मैं भी संभवतः भूटान में अपनी छुट्टियों के दौरान यही कर रही थी। लेकिन छुट्टियाँ एक छोटा सा अवकाश मात्र हैं। वे हमारी समस्याओं को खत्म करने की जादुई चाबी नहीं हैं। हम जहाँ भी जाएँ हमारी समस्याएँ हमारे साथ रहेंगी जब तक हम उनका सामना करने का कोई तरीका नहीं खोजते हैं- जबतक मन की करामात को खोज नहीं लेते।

छुट्टियाँ जरूरी हैं लेकिन हम अपनी जिंदगी से छुट्टी नहीं ले सकते।

मन की करामात पाने के लिए अपना विवेक इस्तेमाल करना

उसी दिन जब हम पारो नदी के किनारे का मठ पर रुके, मैंने एक बौद्ध चित्र देखा जिसका नाम भवचक्र यानि जीवन का पहिया है जो तिब्बत में लगभग प्रत्येक बौद्ध मंदिर के बाहर बना हुआ है। इसमें मृत्यु के देवता यम की ऊर्जावान तस्वीर है, उनके हाथ में एक पहिया है जिस पर विभिन्न विभाग बने हैं। यह विभाग जीवन के विभिन्न क्षेत्रों को दर्शाते हैं। हमारे गाइड ने हमें बताया कि बौद्ध मत में 'जीवन के चक्र' में छह क्षेत्रों को स्वीकारा गया है। नशा या लालसा 'क्षुधा के प्रेत' के क्षेत्र में आते हैं। इस क्षेत्र के अनुसार हम कितना भी खा लें या पी लें हमारी क्षुधा कभी शांत नहीं होती। लेकिन यदि हमने बहुत सारे अच्छे कर्म किए हों तो हम इस क्षेत्र से निकल कर अन्य क्षेत्रों में जा सकते हैं। हम अपने जीवन यात्रा को अपने कर्मों से संचालित करते हैं, और कर्मों को हमारे विचार नियंत्रित करते हैं।

मैंने इस चित्र के विभिन्न पहलुओं का जितना अधिक अध्ययन किया उतना ही यह चित्र मुझसे बात करने लगा। बौद्ध मत की शिक्षा के आधार

सहानुभूति, उदारता, सहनशीलता और धैर्य में निहित हैं, जो शान्ति और सकारात्मकता की ओर ले जाते हैं। इसलिए इस चित्र में बुद्ध इन क्षेत्रों के माध्यम से मुक्ति के मार्ग की ओर इशारा करते हैं।

हम अपने विवेक को विकसित कर अपनी समस्याओं को देखने का भिन्न नजरिया पैदा कर सकते हैं और अपने जीवन में बदलाव ला सकते हैं। मेरे पिता का इस बात में बहुत विश्वास था कि हमारे विचार हमारे जीवन को गढ़ते हैं। हालाँकि उनके पेशे में तनाव बहुत होता था लेकिन हमने उन्हें शायद ही कभी लोगों पर गुस्सा करते हुए देखा हो। वो एक ऑइल कार्पोरेशन में काम करते थे और पूरे केरल में एलपीजी के वितरण के प्रभारी थे। जब कभी आपूर्ति की कमी होती तो उन्हें वितरकों, मंत्रियों, सरकारी अधिकारियों, मीडिया के लोगों सहित तरह-तरह के लोगों के फोन आते और उन्हें जवाब देना होता।

जब मैंने उन्हें पूछा कि वे कैसे इतना धैर्य बनाए रख पाते हैं, जबकि दूसरी तरफ के लोग अपना आपा खो रहे होते हैं, तब उन्होंने मुझे बुद्ध से जुड़ी एक कहानी सुनाई। यह कहानी हमेशा मेरे साथ रहती है।

एक बार बुद्ध एक गाँव से गुजर रहे थे, तभी गुस्से से भरा एक आदमी उनके पास आया और जोर-जोर से चिल्लाने लगा। बुद्ध शांत रहे और उस आदमी के शब्दों से अप्रभावित रहे। आदमी का गुस्सा बढ़ता गया और वह बुद्ध को अपशब्द कहने लगा।

तब बुद्ध ने उससे पूछा, 'एक बात बताओ, यदि तुम मेरे लिए उपहार लेकर आओ और मैं उस उपहार को न लूँ, तो वह उपहार किसके पास रह जाएगा?'

व्यक्ति एक क्षण के लिए इस विचित्र सवाल से चौंक गया। फिर उसने विचार कर कहा, 'मेरे ही पास रह जाएगा।'

'गुस्से के साथ भी ऐसा ही होता है, यदि मैं इसे ग्रहण न करूँ, तो यह तुम्हारे ही पास रहता है।'

जब मेरे पिता ने यह कहानी सुनाई तो मैंने कहा कि 'वे ऐसा कर पाए, क्योंकि वे बुद्ध थे।' इस पर मेरे पिता ने कहा, 'बुद्ध पैदाइशी बुद्ध नहीं थे। उनका जन्म गौतम के रूप में हुआ था और बुद्ध वे ध्यान के रास्ते बने थे।'

मेरे पिता के इन शब्दों का मेरे सोचने के तरीके पर बहुत गहरा फर्क पड़ा। हमारे पास विकल्प हमेशा होते हैं, चाहे हमारे हालात कैसे भी क्यों न हों, हम कैसा जीवन जीना चाहते हैं यह चुनने के लिए स्वतंत्र होते हैं। हम हमेशा की तरह एक ही परिपाटी को दोहराते रह सकते हैं जिसकी हमें आदत हो चुकी है।

रोजाना एक ही तरह का काम करते हुए पूरा दिन काट कर बिस्तर में लौट आएँ और अगले दिन फिर वही दोहराएँ। या हम आगे बढ़ने का निर्णय ले, चाहे बाह्य यथार्य कछ भी हो और अपने जीवन को अधिक सजगता से जीना शुरू कर दें।

तमाम कठिनाइयों के बीच करामाती मन को चुनना

व्यक्तित्व विकास के बारे में मेरी पढ़ी किताबों में विक्टर फ्रैंकल की 'मेंस सर्च फॉर मीनिंग' बेहतरीन किताब है। फ्रैंकल विएना में एक प्रमुख मनोवैज्ञानिक थे जिन्हें नाज़ी शासन के दौरान एक यहूदी होने के गुनाह में गिरफ्तार कर लिया गया था। उन्होंने होलोकास्ट को देखा और उसके अनुभव को एक किताब के रूप में लिखा। फ्रैंकल ने यह पाया की सर्वाधिक निराशा के दौर में भी सकारात्मकता और उम्मीद के दामन को थामे रखना संभव है।

फ्रैंकल कहते हैं, 'जब हमारे सामने परिस्थिति को बदलने का कोई विकल्प नहीं होता है तब हमारे सामने चुनौती खुद को बदलने की होती है।' वे यह बात करते हैं कि कैसे मनुष्य से सबकुछ छीना जा सकता है, यहाँ तक कि उनकी आजादी भी, लेकिन कोई उनसे उनकी सोच और मिजाज को नहीं छीन सकता। वे उम्मीद को थामे रखने के लिए एक

मकसद की खोज के बारे में बताते हैं, फिर उसके नतीजे की कल्पना में डूब जाने की बात करते हैं जो हमें किसी भी हालात में उम्मीद को बनाए रखने की ताकत देता है।

बुद्ध के पास धैर्य और स्वीकार की सोच थी, फ्रैंकल के पास उम्मीद की। ऊपरी तौर पर दोनों एक-दूसरे से अलग नजर आ सकते हैं लेकिन दोनों में एक बात समान है- अपनी तात्कालिक परिस्थिति के बाहर अपने ध्यान को लगाने के लिए कोई एक केन्द्र। वे दोनों अपने भीतर झांक कर देखते हैं और वहाँ से अपनी क्षमता के खजाने को टटोलते हैं और यह एक ऐसी चीज है जो हम सबके पास होती है।

मैं ऐसे कई लोगों से मिली हूँ जिनका जीवन पूरी तरह अंधकार से घिरा है और यथार्थ इतना कटु है कि उसके बीच उनके खुश रहने की कल्पना करना भी असंभव जान पड़ता है। लेकिन इन्हीं लोगों को अपने जीवन के प्रति सर्वाधिक संतुष्ट लोगों के रूप में मैंने पाया है।

कई बरस पहले मुझे मैकलोडगंज में एक कपड़े का पट्टा मिला जिस पर दलाई लामा का विचार लिखा था:

जीवन का मूल मंत्र

हम इस ग्रह पर आगंतुक की तरह हैं। हम यहाँ नब्बे या अधिकतम सौ वर्ष तक रहेंगे। इस समय में हमें अपने जीवन के लिए अच्छा और मूल्यवान करके जाना चाहिए। यदि आप दूसरों के जीवन में खुशी लाने के लिए कुछ भी योगदान करते हैं तो आपको जीवन का सही लक्ष्य या मूल मंत्र मिल जाएगा।

—परम आदरणीय 14वें दलाई लामा

वह कपड़े की पट्टी आज भी मेरे कमरे में दीवार पर टंगी है, जो मुझे यह याद दिलाती है कि जब तक हम अपने जीवन मूल्यों से जुड़े रह कर सजग निर्णय लेते रहते हैं जीवन के हर पल को सार्थकता के साथ बिताया जा सकता है।

अपने करामाती मन को सक्रिय कर हम अपने परिवेश में अधिक खुश रहने लगते हैं। यह 'खुशियों की टोपी' लगा लेने की तरह है। हम

दूसरे लोगों के जीवन में कुछ अर्थपूर्ण जोड़ते हैं और अपने जीवन में सुख का अहसास करते हैं और अपनी समस्याओं को देखने का हमारा नजरिया बदल जाता है।

यदि हम सजगता के साथ निर्णय लेना चुनें तो अपने जीवन में इस सोच को विकसित कर सकते हैं। जैसे हम अपने शरीर को स्वस्थ रखने का अभ्यास करने के लिए जिम जाते हैं और वहाँ वजन उठाने का अभ्यास करते हैं, उसी तरह हम अपने मन को भी प्रशिक्षित कर सकते हैं। करामाती मन यथार्थ को बदल सकता है - हमें बस इतना करने की जरूरत है कि हम यह मानें कि सोचने का भिन्न नजरिया अपनाना संभव है।

❑❑❑

3

यथार्थ को बदल सकता है करामाती मन

आपके सर में एक दिमाग है। आपके जूतों में पाँव हैं।
आप अपने जीवन को जिस दिशा में चाहें मोड़ दें।
आप खुद आत्मनिर्भर हैं। आपको ही यह पता है
की आप क्या जानते हैं। इसलिए यह आप ही
तय करेंगे की आपको किस दिशा में जाना है...

–डॉ. सोएस, ओह द प्लेसेज यू विल गो!

जब मैंने लोगों से पूछा कि उनके लिए सकारात्मकता का आशय क्या है तो मुझे इसके सारे जवाब सकारात्मक नहीं मिले थे। कई लोगों को ऐसा लगता था कि 'सोच का सकारात्मक' रहना संभव ही नहीं है। यदि पहले अभ्यास में आपकी सकारात्मकता की परिभाषा में कुछ हद तक निराशा भी शामिल है, तो यकीन मानिए आप अकेले नहीं हैं। कई लोगों को ऐसा लगता है कि यथार्थ से मुंह चुराना संभव नहीं है और सकारात्मक रहने का आशय कुछ ऐसा ही करना है। एक व्यक्ति ने यह भी कहा, "मैं इसी तरह का व्यक्ति हूँ, मैं क्यों सकारात्मक हो जाऊँ?"

हमें आशावादी नजरिया क्यों अपनाना चाहिए?

यह एक अच्छा प्रश्न है? हमें सकारात्मक क्यों रहना चाहिए? क्यों हम सकारात्मक, नकारात्मक या तटस्थ होने की परवाह किए बिना नहीं जी सकते?

लगभग सभी शोध[1] यह बताते हैं कि सकारात्मक रहने के कई लाभ हैं। इनमें से कुछ इस प्रकार हैं।

- ☼ दीर्घायु जीवन
- ☼ बेहतर शारीरिक स्वास्थ्य
- ☼ अवसाद की कम संभावना
- ☼ स्वस्थ हृदय
- ☼ तनाव से निपटने की बेहतर तैयारी
- ☼ अन्य लोगों के साथ बेहतर रिश्ते
- ☼ कार्यस्थल पर बेहतर प्रदर्शन
- ☼ अपने चुने हुए क्षेत्र में सफलता की अधिक संभावना
- ☼ समकक्षों में लोकप्रियता

यह सब कहने का निहितार्थ यह है कि आपकी सोच आपके यथार्थ को बदल सकती है। मानव के मन के पास अपार संभावना है – इतनी अधिक कि यह आपके शरीर पर असर डाल सकता है। मानव मन कैसे काम करता है इसके अध्ययन के लिये असंख्य शोध[2] किए गए हैं और दिमाग क्या-क्या करने में सक्षम है यह जानकारी हैरान करने वाली है।

अपनी लय को फिर से अर्जित करना

वर्ष 1981 में, हार्वर्ड की मनोवैज्ञानिक एलन लांगेर ने एक सामाजिक प्रयोग[3] किया। वह यह पता लगाना चाहती थीं कि यदि हम मनोवैज्ञानिक तौर पर अपनी घड़ी को पीछे के समय में ले जा सकते हैं तो क्या इसका कोई प्रभाव शारीरिक बदलाव के रूप में देखा जा सकता है। उन्होंने यह जाँचने का निर्णय किया कि हमारी सोच का हमारी सेहत पर क्या असर होता है, खासतौर से बढ़ती उम्र के संदर्भ में।

---

1 मायो क्लीनिक एंड वेरीवेल माइंड, 'स्टिलनेस प्रोजेक्ट'

2 डॉ. राजीव झंगियानी, डॉ. हम्मोंड टैरी, साइकोलॉजी टुडे, प्रिन्सिपल ऑफ़ सोशल साइकोलॉजी (इंटरनेशनल एडिशन)

3 हार्वर्ड गज़ट

इस अध्ययन के लिए लांगेर ने सत्तर से अधिक उम्र के छह पुरुषों को चुना। इन व्यक्तियों को सात दिन के लिए एक आवासीय शिविर में रहने के लिए आमंत्रित किया गया। इस शिविर में सारी व्यवस्थाएँ इस तरह की गईं मानो ये लोग 1959 के समय में रह रहे हों, एक ऐसा समय जब सब लोग युवा थे। इन लोगों से यह अनुरोध किया गया कि वे इस तरह रहने का अभिनय करें मानो वे उसी समय में जी रहे हों। इस घर में कोई आईना नहीं था। घर में ब्लैक एण्ड वाइट टीवी था। इस टीवी पर दिखाए जाने वाले सारे कार्यक्रम उसी दौर के थे। रेडियो पर उसी दौर में प्रसिद्ध रहे पेरी कोमो और जॅक बेनी के गाने सुनाए जाते। घर में सारे सामान उसी दौर के थे। इस तरह कि अनिवार्यतः यह लोग अतीत के उसी दौर में होने का अहसास करने लगें।

जब यह लोग शिविर में रहने के लिए आए तो उनके शारीरिक और मानसिक स्वास्थ्य की स्थिति को जाँचने के लिए विभिन्न जाँचें की गईं। उनकी स्मृति, संज्ञानात्मक क्षमता, सुनने, देखने की क्षमता और लचीलापन आदि सब की जांच की गई। और प्रत्येक जाँच के निष्कर्षों को दर्ज किया गया। दिन में दो बार शोधकर्ता उनके साथ उस दौर के अहम मसलों के बारे में चर्चा करते जैसे कि संभावित सोवियत हमले की स्थिति में क्या अमेरिका को बम से बचाव के लिए शिविरों की आवश्यकता होगी कि नहीं या क्यूबा में फिडेल कास्त्रो की बढ़ती ताकत आदि। इन लोगों से यह अनुरोध किया गया कि वे इन चर्चाओं में इस तरह भागीदारी करें जैसे कि वे उसी दौर में जी रहे हों। वे इस गढ़े हुए यथार्थ में जीने के लिए वर्तमान काल में भाषा का उपयोग करते।

प्रयोग के समापन पर इन सभी लोगों की आने के समय जिन पैमानों पर जाँच की गई थी उन्हीं पैमानों पर फिर से जाँच की गई। इन पैमानों पर नाटकीय सुधार देखने को मिला और नतीजे चौंकाने वाले थे। लांगेर ने पाया कि उनके शरीर में ताकत, सुनने और देखने की क्षमता, बौद्धिक स्तर, अंग-विन्यास और स्मृति सहित उनके सम्पूर्ण स्वास्थ्य में बहुत सुधार आया। प्रतिभागियों के बौद्धिक स्तर में 63 प्रतिशत तक सुधार

देखा गया। जिस व्यक्ति ने व्हील चेयर पर बैठ कर इस आवास में प्रवेश किया था वह एक छड़ी के सहारे चलते हुए वापस बाहर आ रहा था। जो आने के समय जीर्ण-शीर्ण और कमजोर दिख रहे थे, वे लॉन में फुटबाल खेल रहे थे!

एलन लांगेर कहती हैं, 'जो विचार आप अपने मन में रखते हैं वही आपका शरीर भी धारण कर लेता हैं।' वह यह निष्कर्ष निकालती हैं कि हमारे बुढ़ापे और स्वास्थ्य पर हमारी सोच का असर हम जितना सोचते हैं उससे कहीं ज्यादा होता है। यदि हम अपनी सोच का विस्तार करें और बदलें तो स्वास्थ्य और महसूस करना भी बदल सकता है।

मन की करामात कैसे असर करती है: जीवंत उदाहरण

ग्राहम माइल्स और लॉक्ड-इन सिंड्रोम

कुछ बरस पहले जब मैं यूके में रह रही थी, तब खबरों में ग्राहम माइल्स के बारे में सुना। दो बच्चों का पिता ग्राहम गाड़ी से अपने दफ्तर से घर लौट रहा था जब उसे मस्तिष्क आघात हुआ। वह कोमा में चला गया और दो दिन बाद जब अस्पताल में उसे होश आया तो उसके सारे शरीर को लकवा मार चुका था। वह सिर्फ अपनी आँखों को घुमा सकता था, बाकी पूरा शरीर निष्क्रिय था। डॉक्टर इसे लॉक्ड-इन सिंड्रोम कहते हैं, ऐसी स्थिति, जिसमें व्यक्ति को अपने आसपास की हर बात का अहसास होता है लेकिन वह न अपने शरीर को हिला- डुला सकता है, न ही कुछ बोल पाता है, न मांसपेशियों में कोई हरकत रहती है, आँखों के अलावा सबकुछ निष्क्रिय हो जाता है।

इस सिंड्रोम से ग्रस्त व्यक्ति अपनी सांस और आवाज के बीच का संतुलन भी नहीं बना पाता और इस कारण उनके लिए स्वेच्छा से आवाज निकालना भी संभव नहीं रहता। आप कल्पना कर सकते हैं कि लॉक्ड-इन सिंड्रोम में कोई व्यक्ति कितना असहाय महसूस करता होगा।

डॉक्टरों का अनुमान था कि ग्राहम कभी भी पूरी तरह ठीक नहीं हो सकेंगे और वह अपने बाकी जीवन अपनी देह में एक कैदी की तरह

रह जाएंगे। अधिकांश लोग ऐसी स्थिति में कुछ ही महीनों में मर जाते हैं और बाकी के शरीर में थोड़ी-बहुत ही हरकत लौट पाती है।

लेकिन ग्राहम ने यह तय कर लिया था कि वह डॉक्टरों को गलत साबित करके रहेंगे। कुछ ही महीनों में जब वहे लड़खड़ाते हुए कुछ कदम भरने लगे तो उन्होंने डॉक्टरों को हक्का-बक्का छोड़ दिया। डेली मेल ग्राहम के हवाले से लिखता है, 'सिर्फ एक अंग जिसे मैं संचालित कर सकता था वे मेरी आँखों की पुतलियाँ थीं। शुरुआत के वह कुछ सप्ताह मेरे लिए बहुत कठिन थे। मैं हताश या निराश नहीं था, डॉक्टरों का कहना था कि इसका कारण मस्तिष्क में उत्पन्न होने वाली वह हल्की सी उत्तेजना थी जो लोगों को सदमे में जाने से बचाए रखती है। मुझे अपने इतने शांत रहने को लेकर हैरानी होती थी। डॉक्टरों ने बताया कि मेरे मस्तिष्क के निचले हिस्से में खून का बहुत बड़ा थक्का जम गया है और सारी नसों का सिरा लगभग मृत हो चुका है। मेरे मस्तिष्क और बाकी शरीर के बीच का संधिस्थल पूरी तरह नष्ट हो चुका था और न्यूरोलॉजिस्ट का कहना था कि मैं कभी ठीक नहीं हो सकूँगा।'

ग्राहम ने बताया कि शुरू में तो वह सिर्फ सांस ही ले पाते थे। उन्होंने उसी पर ध्यान केन्द्रित किया और यह पाया कि सही ढंग से सांस लेने के लिए उन्हें अपने डायाफ्राम पर ध्यान देना पड़ता है। उन्होंने दो महीने तक इसी पर ध्यान दिया। तब उनके चेहरे की पेशियों पर हल्की सी हरकत होनी शुरू हुयी। अब वह बहुत क्षीण आवाज में एक-दो शब्द बोल सकते थे, लेकिन अभी तक पूरा वाक्य नहीं बना पाते थे। उन्होंने प्रयास जारी रखा। फिर उन्होंने अपने पैर के अंगूठे पर ध्यान केन्द्रित करना शुरू किया कि इसमें हलचल शुरू हो। वह आँख बंद कर उसे हिलाने का प्रयास करते रहते। लगभग तीन महीने के बाद इसमें बहुत हल्की सी हरकत शुरू हुई। वह इस तरह शरीर के अन्य अंगों के साथ प्रयास करते रहे।

ग्राहम अपने साथ जो सुधार कर पा रहे थे डॉक्टरों के पास उसे समझने का कोई मजबूत आधार नहीं था। अब वह पूरी तरह आत्मनिर्भर हैं

और मोटर रेसिंग को उन्होंने अपना शौक बनाया है। ग्राहम का मानना है कि वह अपनी लगभग तबाह स्थिति से उबर पाए क्योंकि उन्हें बहुत गहरे यह अहसास था कि वह इससे उबर सकते हैं। यह उनकी सोच थी जिसने करामात कर दिखाई। उन्हें इस बात में भरोसा था कि हमारे मस्तिष्क की क्षमता का खुद हमें भी ठीक-ठीक अनुमान नहीं होता है कि यह क्या कर सकता है।

ग्राहम की कहानी प्रेरणा देती है, वह इस बात को साबित करती है कि किस तरह मन की करामात असंभव नजर आने वाली बाधा को भी पार कर सकती है।

एलिसन विलियम्स : बीमारी के पार

एनपीआर के पॉडकास्ट इनविज़िबिलिया पर मुझे अड़सठ वर्षीय स्कॉटिश महिला जॉय मिलन की कहानी मिली, जो एक सेवानिवृत्त नर्स थीं। पार्किंसन रोग का गंध से अनुमान करने की उनकी अद्वितीय क्षमता ने चिकित्सा जगत को हैरान कर दिया था। दस वर्ष पहले जब उनके चिकित्सक पति को पार्किन्सन रोग होने का पता चला तो जॉय उनकी गंध से इस बात को पहचान गई थीं, हालाँकि उन्हें उस वक्त इस बात का अनुमान नहीं था कि यह क्या है।

जॉय अब चिकित्सकों के साथ काम करती हैं और जब कोई चिकित्सकीय आधार नहीं होता है तब भी वे व्यक्ति की गंध से इस रोग को पहचान लेती हैं, जबकि उसकी शिनाख्त बहुत बाद की अवस्था में हो पाती है। पार्किंसन रोग की कई अवस्थाएँ होती हैं। पहली अवस्था वह होती है जब व्यक्ति के शरीर में हल्का कंपन शुरू हो जाता है। पांचवीं अवस्था के बाद व्यक्ति को अकेले नहीं छोड़ा जा सकता।

अपने कार्य के दौरान जॉय की मुलाकात एलिसन विलियम्स से हुई, जो तिरसठ वर्ष की थीं। एलिसन ने यह महसूस किया कि जब वे बर्फ में अपने पति के साथ टहलने निकलती हैं तो उनके पति के पाँव जमीन पर मजबूती से टीके होते हैं लेकिन खुद उनके पैर हल्का

सा घिसट कर चलते हैं जिसके लिए वे अपने जूतों को दोष देती थीं। बाद में वे इस बात को लेकर भ्रमित होने लगीं कि वे कहाँ हैं, जिन्हें बाद में डॉक्टर ने पार्किन्सन रोग से ग्रस्त होने की बात कही। रोग का पता लगने पर एलिसन बहुत असहाय और खीज महसूस करती थीं क्योंकि वे अपने रोजमर्रा के काम भी ठीक से कर नहीं पाती थीं। जैसे-जैसे वर्ष बीतते गए एलिसन का सारा काम धीमा हो गया।

यही वह समय था जब जॉय ने उनके जीवन में प्रवेश किया। जॉय कहती हैं कि जब वे एलिसन से पहली बार मिलीं तब ही वे उन्हें बहुत पसंद करने लगीं। उनकी पीठ झुकी हुई थी और वे पैर घसीट कर चल रही थीं, और उनकी आवाज इतनी क्षीण थी कि एलिसन क्या कह रही हैं इसे समझने के लिए उन्हें बहुत अधिक एकाग्रता से सुनना पड़ रहा था। जब जॉय और एलिसन की मुलाकात हुई और उन्होंने बैठ कर आपस में बातें कीं, इसके बाद एलिसन ने यह तय किया कि वे काफी तकलीफ उठा चुकी हैं। अब वे अपनी दवाई नियमित रूप से लेती रहेंगी लेकिन असहायता और अपंगता के अहसास में नहीं रहेंगी। उन्हें बीमारी है, इस बात को उन्होंने दर्ज़ करना ही छोड़ दिया था। उन्होंने भविष्य के बारे में चिंता करना छोड़ दिया और अपने सबसे भयावह डर से खुद को आज़ाद कर लिया। इसकी बजाय उन्होंने अच्छा जीवन बिताने पर ध्यान केन्द्रित किया और वे सारे काम करना तय किया जो वे शिद्दत से करना चाहती रही थीं। उन्होंने अलग-अलग चीजें सीखनी शुरू की जैसे मैच्योर लेटिन मूवर्स (एक नृत्य), अस्त्रों के साथ ताई ची और जापानी ड्रमिंग।

लगभग 11 महीने के बाद जब एलिसन और जॉय की फिर से मुलाकात हुई तब न उनकी पीठ झुकी हुई थी और न ही वह पैर घसीट कर चल रही थीं। वह पूरी तरह एक अलग व्यक्ति नजर आ रही थीं। और सबसे अधिक हैरानी की बात यह थी कि अब जॉय को पार्किन्सन की गंध नहीं आ रही थी – एलिसन तीसरी अवस्था में पहुँच चुके पार्किन्सन को पहली अवस्था तक सफलता पूर्वक ले आई थीं।

जॉय ने एलिसन से कहा कि उन्हें यह तो नहीं पता कि एलिसन क्या कर रही हैं, लेकिन जो भी वे कर रही हैं उसे करना जारी रखें।

एलिसन ने बताया कि अपनी सोच को बदल कर उन्होंने अपना ध्यान बीमारी के नतीजों और कभी ठीक न कर पाने वाले उपचार के बारे में सोचने से हटा दिया। इसकी बजाय उन्होंने अपने जीवन को कितना भरपूर जी सकती हैं इस पर केन्द्रित करना शुरू कर दिया और ऐसा करने की प्रक्रिया में उन्होंने पार्किंसन के प्रभावों को पीछे धकेलने में सफलता प्राप्त कर ली।

उम्र तो छलावा है : पहलवान दादी

लॉकडाउन के दौरान एक बयासी साल की महिला, किरण बाई का वीडियो वायरल हुआ। वह वजन उठा कर व्यायाम किया करती हैं। उनके व्यायाम की रूपरेखा उनके नाती चिराग चोरडिया ने बनाई है जो खुद एक प्रशिक्षक हैं। वह किस लक्ष्य को पाना चाहती हैं उसे ध्यान में रखते हुए उसने उनके व्यायाम की रूपरेखा तय की। किरण बाई अपने जोड़ों में दर्द से छुटकारा चाहती थीं और अपने कामों को करने में आत्मनिर्भर रहना चाहती थीं।

छह माह के निरंतर अभ्यास के बाद जो बदलाव उनमें आए वे कमाल के थे। ह्यूमन्स ऑफ मुंबई के पेज पर आए उस वीडियो में यह देखा जा सकता है कि कैसे तिरासी वर्षीय किरण बाई ने अपना कायापलट कर लिया। वह नियमित रूप से जिम जाने वाले व्यक्ति की तरह बहुत सहजता से अपने पैरों से धकेल कर एक सोफा को दूर सरकाते देखी जा सकती हैं। उनके जोड़ों का दर्द बिल्कुल गायब हो चुका है।

मन की करामात : असंभव को संभव बनाना

इन सारे उदाहरणों में हमने देखा कि इन लोगों ने किसी ऐसे लक्ष्य को हासिल कर लिया जो लगभग असंभव माना जाता है, या किसी भी

हाल में उसे हासिल कर पाना लगभग नामुमकिन है। वे इन लक्ष्यों को हासिल कर पाए क्योंकि उन्होंने तात्कालिक समस्या से अपना ध्यान हटा कर आगे के किसी दूसरे लक्ष्य पर अपना ध्यान केन्द्रित कर लिया। उन्होंने इस क्षण उनके हाथ में जो था उस पर ध्यान लगाया। उन्होंने खुद पर संशय करने या अपनी मान्यताओं को स्थगित कर सिर्फ इस बात पर ध्यान लगाया कि एक बार में एक ही कदम उठाया जाए और जो किया जा सकता है वही करते रहें। धीरे-धीरे उनके हालात बदलने लगे। यदि हम चाहें तो एक समय में एक-एक कदम उठा कर, और उनकी निरंतरता को बनाए रख कर हम भी अपने हालात को बदल सकते हैं। चिकित्सा की दुनिया में ऐसी कई कहानियाँ दर्ज हैं जिनके पीछे के जादू का कोई जवाब विज्ञान के पास नहीं है। हम जो मान कर चलते हैं, मानव मस्तिष्क उससे कहीं अधिक करने में सक्षम है। हमारी सोच और हमारे विचारों में बहुत ताकत होती है। हम जिन लोगों से मिलते हैं उनमें भी हमारे विचारों को बदलने की क्षमता होती है और इस तरह हमारे कार्यों को भी वे प्रभावित करते हैं।

'भरोसा रखो तो हासिल भी कर लोगे।'

इन ताकत देने वाले शब्दों का उच्चारण बहुत बार अनेक आध्यात्मिक गुरुओं और व्यक्तित्व विकास करने वाले शिक्षकों के द्वारा किया जा चुका है। मेरे पिता भी यही मानते थे कि सोच में सकारात्मक रह कर हम किसी भी लक्ष्य को प्राप्त कर सकते हैं। वे हमेशा कहते थे, 'तुम्हारा मन ही तुम्हारी सबसे बड़ी पूंजी है। इसमें सकारात्मक विचारों को जगह दो और यह भरोसा रखो कि कोई भी काम हो, तुम उसे कर सकती हो।' यह वह सलाह है जो सालों साल मेरे साथ रही और जिसने हमेशा मेरी मदद की।

हम अपने यथार्थ को नकारे बिना भी अपनी सोच को बदल कर और हमें किस बात पर ध्यान केन्द्रित करना है यह तय करके अपने अहसास और दृष्टि को बदल सकते हैं।

अभ्यास 3a

किसी ऐसी समस्या के बारे में लिखें जो आपके लिए बहुत महत्त्वपूर्ण है और इस वक्त आपको घेरे हुए है।

उससे जुड़ी ऐसी हर बात के बारे में लिखें जो आपको परेशान करती है।

जब आप लिख लें तब खुद से कहें कि आपने इसे मुक्त कर दिया है, अब इस पर आपका कोई नियंत्रण नहीं है।

अभ्यास 3b

लिखें कि वर्तमान में आप क्या कर सकते हैं। वादा करें कि आप इसे निरंतरता के साथ करते रहेंगे।

❑❑❑

भाग–2

मन की करामात का अभ्यास

4

अच्छे जीवन के मानक

> *संसार वही है जो आप इसे बनाते हैं दोस्त। यदि आपको यह रास नहीं आता तो आप इसका विकल्प तलाशते हैं।*
>
> **–सिल्वेराडो**

कुछ साल पहले मैं चेन्नई के पास मुत्तुकाडु में दक्षिण चित्र संग्रहालय में गई। मुझे इस संग्रहालय से प्यार हो गया, क्योंकि मैंने अब तक ऐसा कोई दूसरा संग्रहालय नहीं देखा था। यह कला, स्थापत्य, जीवन शैली, ललित और प्रदर्शन कलाओं का जीवंत संग्रहालय है। यहाँ अलग-अलग समय के 18 ऐतिहासिक प्रामाणिक दक्षिण भारतीय घर हैं जिनमें से प्रत्येक घर में उससे जुड़ी प्रदर्शनियाँ लगाई गई हैं। इन सारे घरों को ध्वस्त करने के लिए सहमति पर इनके मालिकों के हस्ताक्षर मौजूद हैं। इन मकानों को दक्षिण में इनके विशिष्ट क्षेत्रों से खरीद कर और ध्वस्त कर कलाकारों द्वारा फिर से बनाया गया है। चूंकि यह अंतःक्रियात्मक संग्रहालय है, यहाँ कलाकारों, कंचेरों, ज्योतिषियों, टोकरियाँ बनाने वालों आदि तमाम लोगों की मेजबानी भी की जाती है।

इसके कुछ ही देर बाद मैंने अपने आप को एक केरल-सीरियाई ईसाई घर में भटकते हुए पाया। अगले कुछ ही मिनट बाद मैं तमिलनाडु में एक सिल्क बुनकर के घर में थी! तमिलनाडु वाले हिस्से में मैं एक ऐसे ज्योतिषी से मिली जो अपने तोते के द्वारा उठाए गए कार्ड के आध

ार पर आपका भविष्य बता सकता था। मैंने उसे आजमाना चाहा। मेरी हैरानी की सीमा न रही जब उस ज्योतिषी ने मेरे कुछ कहने से पहले ही उस सवाल का जवाब दे दिया जो उस वक्त मेरे मन में चल रहा था। उसने मुझे बताया की मेरे एक बेटा और एक बेटी हैं और उसने मेरे और मेरे पति के ही नहीं हमारे बच्चों के भविष्य के बारे में भी बताया। मुझे हैरानी इस बात की थी कि जो सवाल मैंने पूछे ही नहीं उनका उसे कैसे पता चला। मैंने उससे बात करना शुरू किया तब उसने बताया कि ज़्यादातर लोग जो सवाल पूछते हैं वे इन तीन में से किसी एक पहलू से जुड़े होते हैं – स्वास्थ्य, संपत्ति या संबंध। उसका दावा था कि उसने हजारों लोगों के कार्ड पढ़ कर उनका भविष्य बताया है। जब मैंने पूछा कि उसे कैसे पता चला कि मेरे एक बेटा और एक बेटी हैं, उसने बताया कि यह उसके कार्ड ने बताया।

बरसों बाद मैंने टैरो कार्ड पढ़ना सीखा। जैसे जैसे मैं अभ्यास करती गई मेरा आकलन भी सटीक होता चला गया। जितना ज्यादा मैं पढ़ती गई मुझे यह समझ आता गया कि बरसों पहले उस ज्योतिषी की बताई बात कितनी सही थी। अधिकांश लोग जो मुझसे कार्ड पढ़वाने के लिए आते उनके सवाल उसकी वित्तीय स्थिति, स्वास्थ्य या सम्बन्धों के बारे में होते। यह जीवन के वे तीन प्रमुख क्षेत्र हैं जो हमारे भावनात्मक और भौतिक स्वास्थ्य को प्रभावित करते हैं। इन तीनों पर पूरा नियंत्रण पाने का आशय है कि हम एक भरपूर जीवन जी सकते हैं लेकिन ऐसे कम ही लोग होते हैं जो इन तीनों को पूरी तरह नियंत्रण में रख पाएँ।

यहाँ तक कि जब सभी क्षेत्रों में सबकुछ ठीकठाक चल रहा होता है तब भी आत्म संतुष्ट नहीं हो जाना चाहिए बल्कि यह देखते रहना चाहिए की सबकुछ ठीक-ठाक चल रहा है या नहीं।

अभ्यास 4a

अपने जीवन के किन्हीं तीन क्षेत्रों में दस के पैमाने पर खुद को आँकिए। दस का मतलब है पूर्णत: संतुष्ट और 1 का आशय है पूर्णत: असंतुष्ट। रिश्तों का आशय यहाँ आपके निकटतम रिश्तों से है, वे आपके परिवार, दोस्त आदि के साथ रिश्ते भी हो सकते हैं।

स्वास्थ्य :
वित्त :
रिश्ते :

अभ्यास 4b

इन सभी क्षेत्रों में आपके अनुसार आदर्श स्थिति क्या हो सकती है? ऐसा क्या हो जाए तो आप अपने आप को इन क्षेत्रों में पूरे अंक दे सकेंगे? उन स्थितियों का वर्णन कीजिए :

स्वास्थ्य :
वित्त :
रिश्ते :

हमारी सेहत कैसी भी हो, हम कितना ही पैसा क्यों न कमा रहे हों, हमारे रिश्ते इस वक्त में, या किसी भी दौर में क्यों न हों, हम जीवन के इन तीन क्षेत्रों में अधिक सकारात्मकता हमेशा लेकर आ सकते हैं और उन्हें पहले से बेहतर बना सकते हैं।

अगले तीन अध्यायों में आप यह पढ़ेंगे कि इसे कैसे करें।

❑❑❑

5

करामाती मन और पैसा

> *ऐसा मत सोचो कि पैसा सबकुछ है या पैसे के लिए सबकुछ करते हुए तुम्हारा जीवन बीत जाएगा।*
>
> **–वॉल्टेयर**

वित्तीय स्थिति की बात आने पर सबसे खराब स्थिति की आपके मन में क्या तस्वीर उभरती है। हम में से अधिकांश के लिए यह पूरी तरह टूट जाना, बैंक में खाते का शून्य हो जाना, सर पर कोई छत न होना और रोजगार का न होना हो सकता है। अब कल्पना कीजिए इस स्थिति से एक व्यक्ति का अरबपति व्यवसायी बन जाना जिसकी कुल आय 2.7 अरब अमेरिकी डॉलर हो जाए।

असंभव लगता है न? किसी सपने जैसे लगता है न? जॉन पॉल डेजोरिया ने यह हासिल कर दिखाया।

सिद्धान्त 1 : हमेशा भविष्य पर नजर रखें

जॉन की परवरिश एकल माँ ने की। नौ वर्ष की उम्र में वह अपने बड़े भाई के साथ अखबार और क्रिसमस कार्ड बेचा करता था क्योंकि वे अत्यंत गरीब थे। अपनी हाई स्कूल की पढ़ाई के बाद वह दो साल के लिए नौसेना में भर्ती हो गया, और फिर उन्नीस वर्ष की उम्र में उसने शादी कर ली। बाईस वर्ष की उम्र तक पहुंचा तब वह एक ढाई साल के बेटे का पिता बन चुका था। इस वक्त जॉन एक वार्षिक खेल अवकाश समारोह में समारोह संचालक के रूप में काम करता था, जिसमें सप्ताह के अंत में उसे एक चेक मिलता था।

एक दिन जब वह घर लौटा तब उसने अपनी पत्नी को सीढ़ियों से उतरते हुए देखा। उसने उससे कार की चाबी ली और बिना एक भी शब्द कहे वह कहीं चली गई। जब वह अपने अपार्टमेंट में घुसा तो उसने अपने नन्हें बेटे के गले में एक पर्ची लटकी हुई पाई जिस पर लिखा था कि 'मुझसे मातृत्व की जिम्मेदारी और नहीं निभाई जाती। वह तुम्हारे साथ बेहतर जीवन जी सकेगा, शुभकामनाएँ।' उसकी पत्नी उसके खाते को खाली करके उसे छोड़ कर जा चुकी थी। वह विगत कुछ महीनों से इसकी तैयारी कर रही थी। उसने कई महीनों से मकान का किराया भी नहीं चुकाया था और वह पैसा अपने पास बचा कर रख लिया था। उस पर महीनों का किराया बकाया हो चुका था। दो दिन के बाद जॉन अपने छोटे से बेटे के साथ सड़क पर था, वह बेघर हो चुका था।

जॉन ने एक दोस्त से उसकी कार उधार ली - 1951 के मॉडेल की केडीलाक कार का पानी का पम्प टूटा हुआ था और उसको इसे चलाते रहने के लिए प्रत्यके चार घंटे में इसमें पानी भरवाना पड़ता था। इस तरह उसने शुरुआत की। उसने घर-घर जाकर एनसाइक्लोपीडिया बेचने वाले सेलस्मेन के रूप में काम शुरू किया; उसे वेतन नहीं मिलता था बल्कि सिर्फ बिक्री के अनुपात में कमीशन मिलता था। यह जानते हुए भी कि अधिकांश लोग उसके मुंह पर दरवाजा बंद कर देंगे जॉन प्रतिदिन कम से कम सौ लोगों के घर का दरवाजा खटखटाता था। वह कहता है कि एनसाइक्लोपीडिया बेचने के इस अनुभव ने उसे सिखाया कि व्यक्ति को कभी हताश नहीं होना चाहिए। उसे सौवें घर का दरवाजा खटखटाते हुए भी उसी उत्साह से पेश आना होता था, जिससे वह पहले दरवाजे पर जाता था।

जॉन के सामने एक बार और बेघर होने की स्थिति आई जब उसने अपने हेयर ड्रेसर दोस्त के साथ मिल कर पॉल मिशेल हेयर केयर कंपनी शुरू की। उसे इस काम को शुरू करने के लिए करीब पाँच लाख डॉलर की जरूरत थी। उस वक्त वह ठीक-ठाक नौकरी कर रहा था, एक सुंदर घर में रहता था और उसका जीवन आरामदायक था।

उसने कंपनी चलाने के लिए अपना सब कुछ बेच दिया। वह काम शुरू करने ही वाला था कि ऐन वक्त पर निवेशक पीछे हट गया। जॉन एक बार फिर जेब में चंद डॉलर के साथ बेघर था। वह इतना स्वाभिमानी था कि अपनी माँ को यह सब बता कर वापस उनके साथ रहने नहीं जा सकता था। उसने सिर्फ माँ से यह कहा कि उसे कुछ डॉलर की जरूरत है। जॉन अपनी कार में ही सो जाता और टेनिस कोर्ट के स्नानागार में नहा-धोकर रोजाना दर-दर भटक कर बालों की देखभाल के सामान बेचने लगा।

जॉन की कहानी में सबसे अद्‌भुत बात उसका कमाल का लचीलापन है। सीधी सी बात है उसने हताश होकर बैठ जाने से इनकार कर दिया था। वह कहता है कि उसके मन की ही करामात थी जिसने उसे लगातार प्रयास करते रहने की सामर्थ्य दी। वह अतीत को लेकर दुखी होने की बजाय लगातार भविष्य के बारे में प्रयासरत रहा। वह बस इतना जानता था कि उसे निरंतर आगे बढ़ते रहना है, क्योंकि अतीत के बारे में सोच कर दुखी होने से उसके सामने थाली में भोजन नहीं आ जाएगा। आगे का रास्ता क्या है? सिर्फ यही एक सवाल था जो उसके सामने रहता। जॉन ने पेट्रोन स्पिरिट्स कंपनी शुरू की, जिसे कालांतर में उसने 5.8 अरब डॉलर में बेचा।

जॉन की सबको यही सलाह है कि जब तक हम मेहनत करने और प्रयास करते रहने के लिए तैयार हैं तब किसी भी मुश्किल स्थिति का सामना किया जा सकता है। अकर्मण्य होकर बैठे मत रहो। अवसरों की तलाश करो और उन्हें लपक लो।

सिद्धान्त 2 : ऊपर की आँखों से नहीं, मन की आँखों से देखो

भारत में भी जॉन की तरह ऐसे कई व्यवसाई हैं जो धूल से उठ कर खड़े हुए हैं और जिन्होंने अपने धैर्य, दृढ़ निश्चय, व्यवसाय कौशल और सकारात्मक सोच के सहारे व्यापार के साम्राज्य खड़े किए हैं। एक कहानी जिससे लगभग सभी भारतीय परिचित होंगे वह धीरूभाई

अंबानी की कहानी है। किसी जमाने में अपने गुजारे के लिए वे नाश्ते की रेहड़ी लगाते थे, आज उनका रिलायंस इंडस्ट्री 3.8 खरब रुपये का उद्योग बन चुका है।

एक अन्य प्रेरक कहानी भावेश भाटिया की है, जिसके बारे में उतने लोग नहीं जानते। भावेश जन्म के समय से ही दृष्टिदोष से ग्रसित थे। जब वो युवा ही थे कि उनकी माँ को कैंसर होने का पता लगा। एक छोटा सा होटल चलाते हुए उन्होंने पूरी कोशिश की कि अपनी माँ को सही उपचार दिलाने के लिए पर्याप्त धन एकत्र कर सकें। लेकिन अंततः वो उन्हें बचा नहीं पाए। उनकी माँ उनके लिए ताकत का स्रोत थीं। उन्हें स्कूल में जब लड़के तंग किया करते तो वे ही उससे निकलने के रास्ते सुझाती थीं। हालाँकि वे खुद पढ़ी-लिखी नहीं थीं लेकिन उन्होंने भावेश को पढ़ाने के लिए अपनी पूरी ताकत लगा दी। एक तरफ दृष्टिहीनता और दूसरी ओर माँ की मृत्यु के दुःख-भावेश को ऐसा लगता कि यह तो उनके साथ अन्याय है। इस हिला देने वाले आघात से उबरने के लिए भावेश ने अपना ध्यान अपने मनपसंद काम में लगाया-हाथ से वस्तुएँ बनाना। उन्होंने मुंबई स्थित दृष्टिबाधितों के कॉलेज में प्रशिक्षण प्राप्त कर मोमबत्ती बनाना सीखा। एक छोटे से 12×15 के कमरे में रहते हुए उन्होंने अपने दोस्तों से मांग कर कुछ पैसा एकत्र किया। उन्होंने सात हजार रुपए जमा किए और मोमबत्ती बनाने के लिए बीस किलो मोम खरीदा। अपने उस कमरे के 2 × 2 के एक कोने से उन्होंने एक ही डिजाइन की मोमबत्ती बना कर अपना उद्योग शुरू किया। वे रात में मोमबत्ती बनाते और सुबह उन्हें एक रेहड़ी पर बेचने के लिए निकल जाते। इससे जो भी मुनाफा होता उसे वे और मोम खरीदने पर खर्च करते और फिर से मोमबत्तियाँ बनाने में जुट जाते। आज सनराइज केंडल्स कंपनी करीब 9700 प्रकार की मोमबत्तियाँ बनाती है। उन्होंने बीस किलो मोम के साथ जो काम शुरू किया था आज वह 200 टन तक पहुँच गया है। भावेश की कंपनी आज करोड़ों का व्यवसाय करती है जिसके ग्राहक

दुनिया भर में मौजूद हैं। इस कंपनी की 250 प्रतिबद्ध कार्मिकों की टीम है- ये सभी दृष्टिबाधित कार्मिक हैं। भावेश को इस बात पर बहुत गर्व है कि वे अपने कार्मिकों को आर्थिक रूप से आत्मनिर्भर बनाने में मदद कर सके। भावेश कहते हैं यदि आप आँख से न देख सकें तो कोई बात नहीं, लेकिन यदि आपके पास मन की आँख भी नहीं है तो आप सबकुछ गंवा चुके हैं। क्या है, उससे अधिक महत्त्वपूर्ण यह कल्पना कर पाने की क्षमता है कि क्या हो सकता है। जब आप कल्पना कर सकेंगे तभी आप उस लक्ष्य को पाने की दिशा में कदम भी बढ़ा सकेंगे।

इन कहानियों को एक सूत्र में पिरोने वाले गुण हैं धैर्य, दृढ़ निश्चय और सकारात्मक सोच। हम सब इन कहानियों से प्रेरणा ले सकते हैं।

आपकी आर्थिक स्थिति वर्तमान में कैसी भी क्यों न हो, अपनी चिंताओं को अपनी आर्थिक स्थिति से अलग करके देखा जा सकता है- चाहे स्थिति कितनी भी गंभीर और उम्मीद कितनी भी क्षीण क्यों न हो। पहली बात तो पैसा स्थाई नहीं है इस तथ्य को स्वीकारने की आवश्यकता है, और यह विश्वास रखने की जरूरत है कि इस तरह की सोच का होना संभव है जो पैसा न होने के कारण पैदा होने वाले तनाव और चिंताओं को बहुत हद तक कम कर सकती है।

क्या इसका मतलब सच्चाई को नकारना है? तब क्या होगा जब किसी की नौकरी चली जाए और उस पर लोगों का कर्ज हो? यदि उसे कर्ज की किश्तें चुकाने की चिंता हो तो? यदि बैंक खाते में उसके पास महज कुछ माह के गुजारे लायक पैसा हो और इसके बाद उनका जीवन कैसे चलेगा इसका उन्हें कुछ पता ही न हो तो? ऐसे हालात में कैसे सकारात्मक रहा जा सकता है? क्या 'अभाव के भय' की सोच को प्रचुरता की सोच में बदला जा सकता है?

मैं आकर्षण के सिद्धान्त और अभिव्यक्ति की ताकत में बहुत विश्वास रखती हूँ। ये दोनों सिद्धान्त यह बताते हैं कि हम जहाँ अपना ध्यान केन्द्रित करते हैं उसमें ही वृद्धि होती है। जैसे यदि हम अधिकांश समय पैसा न होने को लेकर चिंतित रहेंगे और दूसरों को यह बताते रहेंगे

कि हमारे पास कभी भी पर्याप्त पैसा नहीं रहा तो धीरे-धीरे यही हमारी सच्चाई बन कर रह जाएगी। जबकि जो हमारे पास है यदि उस पर ध्यान दें और उसके प्रति कृतज्ञ रहें तो संभव है कि उसमें वृद्धि भी होने लगे।

मैंने अपने जीवन में इन दोनों सिद्धांतों को आजमाया है, और अपने आज के जीवन को उसी द्वारा अर्जित किया है। कुछ साल पहले मैंने रॉण्डा बर्न की किताब 'द मैजकि' पढ़ना शुरू किया। उस वक्त तक मैंने किसी जगह भाषण देने के तीस हजार रुपए से ज्यादा नहीं कमाए थे। मुझे अवसर मिलते, लेकिन जो कॉलेज मुझे बुलाते वे अक्सर ही बजट की कमी का रोना रोते और मैं अक्सर मात्र आने-जाने के किराए और ठहरने की व्यवस्था के बदले उनके कार्यक्रमों में बोलने के लिए राजी हो जाती। इतना खर्चा वे वहन कर लेते। ऐसे अवसरों पर मुफ्त में बोलते बोलते थकने लगी थी। क्योंकि इसमें मेरा काम करने का समय नष्ट हो जाता था। मैं इस तरह के आयोजनों के लिए काफी तैयारी करती थी, वे सारे अनुभव साझा करती थी जिन्हें मैंने इतने वर्षों में अर्जित किया था। लगातार यात्राओं का मेरी सेहत पर भी असर पड़ने लगा था और मेरा बहुत सारा समय परिवार से दूर बीतने लगा। इन कार्यक्रमों में भाग लेने वाले लोग मेरे सत्रों की खूब तारीफ करते लेकिन मुझे अपने इन तमाम प्रयासों के लिए कोई मानदेय नहीं मिलता।

'द मैजिक' में पाठकों को छोटा-छोटा काम दिया हुआ है। इनमें से एक काम उस बात के बारे में लिखना था जिसकी आपको सख्त जरूरत है। मैंने लिखा कि मैं चाहती हूँ कि मुझे किसी आयोजन में बोलने के लिए एक लाख रुपए मानदेय में दिया जाए। यह एक असंभव सी मांग लग रही थी। फिर भी मैंने इसे लिखना तय किया, क्योंकि उस दिन के काम की मांग यही थी। उसके बाद मैं इस को भूल कर अपने दूसरे कामों में व्यस्त हो गई।

नौ दिन बाद मुझे बोलने के लिए एक ऐसे आयोजन का आमंत्रण मिला जैसा इससे पहले कभी नहीं मिला था, जहाँ मुझे अंतरराष्ट्रीय ख्याति के कलाकारों के साथ मंच साझा करना था। मुझे इस अवसर के

लिए ढाई लाख रुपए मानदेय दिया। मैं हतप्रभ थी कि मेरी कामना इतनी जल्दी पूरी हो जाएगी! ऐसा तो मैंने सोचा भी नहीं था। इस घटना के तुरंत बाद मैंने अपने बहुत सारे करीबी दोस्तों को इसके बारे में बताया। मैंने उनसे यह किताब खरीदने और इसमें लिखी सभी बातों का पालन करने के लिए कहा। दुर्भाग्य से इसमें दिये गए काम 28 दिन तक के लिए खास तरह की प्रतिबद्धता की मांग करते हैं। और यदि आप एक दिन का काम करना भूल जाएँ तो इसमें आपसे तीन दिन तक पीछे तक के काम को दोहराने की अपेक्षा की गई है। इसलिए उनमें से अधिकांश इसका पालन नहीं कर पाए। जितने भी संक्षिप्त समय के लिए किसी ने इसका पालन किया उसने उतने से समय के लिए खुद को चिंताओं से कुछ हद तक मुक्त पाया। मेरे बहुत सारे दोस्तों ने जब इसी कार्य को किया तो उन्हें उम्मीद थी कि तुरंत उनकी कामना भी पूरी हो जाएगी, लेकिन जब नहीं हुई तो उन्होंने इसे बीच में छोड़ दिया।

सिद्धान्त 3 : शिद्दत से चाहो और पाने का यकीन रखो

आकर्षण का सिद्धान्त आपके लिए काम करे इसके लिए आपको दो चीजों की जरूरत है:

1. आप जो भी लिखें उसकी आपको बहुत शिद्दत से आवश्यकता हो। यह कोई ऐसी चीज होनी चाहिए जिसे आप सच में अपनी ओर आकर्षित करना चाहते हों। आप उसे बहुत सघनता से महसूस कर सकें। आपको यह यकीन हो कि वह आपको मिलने ही वाली है। आप यह स्वीकार करने के लिए भी तैयार रहें कि यदि वह आपको नहीं मिलती है तो इसका आशय यह है कि उसका मिलना आपके हित में नहीं होगा और कोई और बेहतर विकल्प आपके इंतजार में होगा। मैं उपरोक्त दोनों बातों में पूरा यकीन रखती हूँ और जहाँ तक पैसे और प्रसिद्धि की बात है, इस विश्वास ने मुझे मेरी कल्पना से बहुत बेहतर जीवन जीने के अवसर दिए है और मैं इसके लिए कृतज्ञ महसूस करती हूँ।

2. विश्वास करें कि यह आपको मिलने वाला है संशयवादी उपरोक्त सारी बातों को नकार देंगे। वे कहेंगे कि यह महज एक संयोग रहा होगा कि मैंने वह पंक्ति लिखी और उसके कुछ ही दिन बाद इतने अधिक मानदेय पर बोलने का आमंत्रण मुझे मिल गया। लेकिन इसी तरह के अन्य अवसर भी मेरे जीवन में आते रहे हैं और मुझे इस बात का पूरा यकीन है कि वे महज संयोग से नहीं हुए हैं। वे लोग जिन्होंने आकर्षण के सिद्धान्त को जीवन में कभी इस्तेमाल नहीं किया है या जिन्होंने इसे आजमाने की कोशिश की और नाकाम रहे वे इसे खारिज कर सकते हैं या अर्थहीन कह सकते हैं। पैसा एक वास्तविक भौतिक पदार्थ है। हमारे बैंक खाते सब समय हमें मुंह चिढ़ाते रहते हैं। जब हालात चिंताजनक हों तब हम तनाव में आने से कैसे खुद को रोक सकते हैं?

यदि आपके मन में लगातार यह दुविधा चल रही है कि तीन या छह महीने बाद जब मेरे पास पैसा नहीं रहेगा तब क्या होगा तो आप कृतज्ञ महसूस नहीं कर सकते। ऐसी हालत में प्रचुरता का विचार मन में लाना भी असंभव है। ऐसे में चिंता न करना एक असंभव बात लगती है, जबकि आपके पास पैसा बहुत ही कम हो। लेकिन ऐसा किया जा सकता है। इसके लिए जिस एक बात की जरूरत है वह है अपनी सोच को बदलने की। ठीक वैसे ही जैसे हम किसी जिम में जाकर पहले ही दिन सौ किलो वजन उठाने की उम्मीद नहीं करते उसी तरह पहले ही दिन सारी चिंताओं से मुक्त हो जाने की उम्मीद नहीं की जा सकती। हमें सकारात्मक सोच को विकसित करने के लिए लगातार छोटे-छोटे प्रयास करने की आवश्यकता होती है। हम सच्चाई को नकार कर इस लक्ष्य को हासिल नहीं कर सकते लेकिन उसे स्वीकार कर व्यावहारिक प्रयास करते हुए और इस दृढ़ निश्चय के साथ हम सोच को बदल सकते हैं कि हालात में सकारात्मक बदलाव आएगा।

अभ्यास के लिए कुछ कदमः

अधिक धन को आकर्षित करने के लिए मन की करामात

इस भाग में मैं कुछ सुझाव दूँगी और यह उम्मीद करती हूँ कि यह आपको आर्थिक स्थिति को एक भिन्न संदर्भ में देखने में मदद करेंगे।

1. **जायजा लेनाः**

जब आप आर्थिक स्थिति को लेकर चिंतित होते हैं तब वास्तविक स्थिति का जायजा लें। जब तक यह हमारे दिमाग में चल रहा होता है तब तक हमें समस्या वास्तविक से ज्यादा बड़ी नजर आती है। चिंता तो पहाड़ी ढलान पर लुढ़कते बर्फ के गोले की तरह है। जितना हम चिंता करते जाएंगे समस्या उतनी ही बड़ी होती जाएगी। इसे रोकने का एक तरीका तो यह है कि इसका विवेक संगत आकलन करें।

यदि आप आर्थिक स्थिति के कारण तनाव में हैं तो सभी मौजूदा आर्थिक मसलों को एक कागज-पेन लेकर लिख लें। हो सकता है आपकी नौकरी छूट गई हो, और आगे आने वाले तीन या छह माह तक काम मिलने की कोई उम्मीद न हो। या हो सकता है कि आपको व्यापार में जबरदस्त घाटा लगा हो और आप उसे बंद करने के लिए मजबूर हों। संभव है कि आपकी शिक्षा भी पूरी न हो और नौकरी पाने के लिए कोई अपेक्षित कौशल भी आपके पास न हो। आपने समस्या बताई।

अब एक नजर अपने बैंक खाते पर डालिए और वह सारी राशि दर्ज कर लीजिये जो आपके खाते में है। ध्यान रहे अपने द्वारा किए सभी निवेश इसमें दर्ज कर लें - शेयर, फिक्स्ड डिपॉजिट, म्यूचुअल फंड या ऐसा कोई भी निवेश जिसके बारे में आप सोच सकें। जब यह कर लें तब ऐसी सभी वस्तुओं के नाम लिखें जो आपके पास हैं और जरूरत पड़ने पर उन्हें बेचा जा सकता हो। यदि आपके पास कोई जेवर है तो उसकी कीमत दर्ज कर लें। अपनी चल-अचल संपत्ति

का ब्यौरा दर्ज कर लें-आपका वाहन, घर इत्यादि प्रत्येक वस्तु। उन वस्तुओं को भी इस सूची में जोड़ लें जिनके बिना आपको लगता है कि आपका गुज़ारा हो जाएगा (जैसे टीवी, खाने की मेज आदि)।

अब इन सब को जोड़ लें।

यह राशि तो काफी ज्यादा हो गयी न?

प्रत्येक सामान का मोल करना थोड़ा अतिरेक लग सकता है। लेकिन यह अभ्यास आपके पास पहले से जो भी सामान है उसका मोल जानने में आपको मदद कर सकता है। मेरा लेशमात्र भी यह इरादा नहीं है कि आपको इस सारे सामानों को बेच डालने की सलाह दूँ। बल्कि यह अभ्यास आपको उन सारी चीजों को सराहने का मौका है, जिन्हें आप पहले ही अपनी ओर आकर्षित करने में सफल रहे हैं। देता इसके बारे में अधिक सोचे बिना ही यह सब हासिल कर लिया है। अब कल्पना कीजिये कि सजग प्रयास करके आप और क्या कुछ नहीं हासिल कर सकते।

अभ्यास 5

इस वक्तव्य को एक कागज पर लिख लें और ऐसी जगह चिपका लें जहाँ आप इसे रोज देख सकें।

जितने धन की आवश्यकता है वह मुझे मिलने वाला है। मैंने अब तक एक सुंदर जीवन जिया है और मैं इसके लिए शुक्रगुजार हूँ। ब्रह्मांड का शुक्रिया जो मुझे इतना कुछ दिया। मैं इसके लिए दिल से कृतज्ञ हूँ।

स्वास्थ्य :

वित्त :

रिश्ते :

आपने जो वक्तव्य लिखा है उसे पूरी संजीदगी और गहराई से पढ़िए। आप जो महसूस करते हैं उसे व्यक्त करने के लिए शब्दों में हेरफेर की जरूरत महसूस हो तो कर लीजिए। लेकिन यह कृतज्ञता के संजीदा शब्द होने चाहिए।

ऐसा प्रतिदिन करें। यहाँ तक कि आप एक विद्यार्थी हैं और आपके पास बिल्कुल पैसे नहीं हैं भी आप इस वक्तव्य का इस्तेमाल कर सकते हैं। आप अपने लिए तब जीवन चाहते हैं उस पर ध्यान केन्द्रित कीजिए। आँख बंद कीजिये और अपने भावी जीवन के प्रत्येक छोटे से छोटे विवरण की कल्पना कीजिए। यह किसी स्वप्न की तरह हो सकता है। अपने वक्तव्य को कहिए या लिख लीजिए और फिर उसे भूल कर अपने रोजमर्रा के काम में जुट जाइए। बस आपको इतना ही करना है।

2. खर्चों का आकलन करें और उनमें कटौती करें:

जायजा लेना एक महत्त्वपूर्ण पहला कदम है। लेकिन आइये पहले कुछ व्यावहारिक कदमों की चर्चा कर लें जो हमारी आर्थिक स्थिति को सुधारने में मददगार हो सकते हैं।

i. **खर्चा कम कीजिये:** महामारी ने एक बात हमें समझाई कि हमें जितने की जरूरत महसूस होती है उससे बहुत कम में हमारा गुज़ारा हो सकता है। ज़्यादतर लोगों का कहना है कि शॉपिंग मॉल के बंद रहने, काम के लिए आवागमन की जरूरत के बिना, यात्राओं के बिना भी वे रह सकते हैं। मेरी एक दोस्त ने बताया कि प्रत्येक सप्ताह के अंत में कुछ बेहतर की तलाश में बाजार जाना उसकी आदत थी। जब भी वह जातीं तो औसतन तीन हजार रुपए खर्च कर आतीं और सामान्यत: ये ऐसी चीजें होतीं जिनकी दरअसल जरूरत नहीं थी। मॉल ऐसी ही जगह होती है जिसे आपको खर्च करने के लिए उकसाने के इरादे से बनाया जाता है। वह कहती हैं कि चूँकि अब उन्हें कहीं जाना नहीं होता, इसलिए खर्चों में बहुत कमी आ गई है।

ii. **छोटी बातों पर ध्यान दें:** अधिकांशत: कई छोटी बातें जिनकी तरफ हमारा ध्यान भी नहीं जाता वे हमारे खर्चों को बढ़ा देती हैं। हम अपने खर्चों का हिसाब रखने का सजग प्रयास शुरू कर सकते हैं। इसकी शुरुआत हम अपने बिजली के बिल या

मोबाइल फोन के प्लान से कर सकते हैं। हम में से अधिकांश एक बार ऐसे प्लान ले लेते हैं फिर उनमें बदलाव के बारे में सोचते भी नहीं। टेलीफोन कंपनियाँ नए-नए प्लान बाज़ार में लाती रहती हैं। अपने मौजूदा प्लान की नए प्रस्तावित प्लान से तुलना कीजिए। कई बार हम किसी एक स्ट्रीमिंग चैनल का सब्सक्रिप्शन ले लेते हैं जिस पर हम कोई एक शो देखना चाहते हैं, लेकिन बाद में उसे रद्द करना भूल जाते हैं और प्रतिमाह उसका भुगतान करते जाते हैं। ऐसे छोटे-छोटे खर्चों पर ध्यान देना शुरू कीजिये, यह सब मिल कर बहुत सारा खर्च हो जाता है।

iii. **बिजली बचाइए:** यह तो सामान्य ज्ञान की बात लगती है, लेकिन हम में से बहुत सारे लोग इसकी उपेक्षा करते चले जाते हैं। सीएफएल या एलईडी बल्ब बहुत सारी बिजली की बचत करते हैं। काम में न आने वाले सारे स्विच बंद कीजिए। हम टीवी, स्पीकर और ऐसे बिजली के यंत्रों का प्लग लगा छोड़ देते हैं और बिजली का उनसे जुड़ा स्विच भी बंद नहीं करते। जरूरत हो या न हो, हमें A.C. की आदत सी हो गई है। यदि हम खिड़कियाँ खोल कर पंखे चला लें तो हम बहुत सारी बिजली की बचत कर सकते हैं। हम में से अधिकांश गीज़र को आवश्यकता से ज्यादा देर चलता छोड़ देते हैं। हालाँकि यह सामान्य ज्ञान की बात है कि काम में न आने वाले उपकरणों का स्विच बंद कर दें लेकिन आपको यह जान कर हैरानी होगी कि हम में से अधिकांश ऐसा नहीं करते। इन छोटी-छोटी चीजों के बारे में सजग रह कर हम बिजली के बिल में बहुत सारी कटौती कर सकते हैं।

iv. **मासिक बजट बनाएँ :** हम कहाँ खर्च कर रहे हैं, यदि इस बारे में थोड़े से सजग रहें और उसका जायजा लेते रहें तो संभव है कि हम जितना सोचते हैं उससे भी अधिक बचत कर

सकें। मैंने बड़ी ख़रीद, जैसे नया फोन, फ्रिज, एयर कंडीशनर आदि की खरीद पर तीस दिन के सिद्धान्त के बारे में भी पढ़ा था। सिद्धान्त यह कहता है कि जब भी हमें ऐसे किसी सामान की खरीद की जरूरत महसूस हो तो उसे एक कागज पर लिख कर तीस दिन के लिए रख दें। यदि तीस दिन के बाद भी हमें लगे की इसकी जरूरत है तो खरीद लेना चाहिए। छोटे सामानों के लिए इस समय को कम कर चौबीस घंटे भी रखा जा सकता है।

v. **सिर्फ नकद का इस्तेमाल करें:** मेरी एक दोस्त ने पैसा बचाने का एक अनूठा तरीका अपनाया और यह कारगर रहा। उन्होंने तय किया कि वे एक माह की खरीद में सिर्फ नकद भुगतान का इस्तेमाल करेंगी। उन्होंने यह भी तय किया कि वे एक बार में खाते से सिर्फ पाँच हजार रुपए ही निकालेंगी और जब तक वह राशि खत्म नहीं हो जाती दोबारा पैसा नहीं निकालेंगी। वे अपने खर्चों में 40 प्रतिशत तक कटौती कर पाईं। वे कहती हैं कि उन्हें बार-बार नकद निकालने में असुविधा होती थी, उनके खर्चे अपने आप कम होते चले गए। अनेक अध्ययन यह बताते हैं कि जब लोग क्रेडिट कार्ड इस्तेमाल करते हैं तब अधिक खर्चा करते हैं। मनोवैज्ञानिक इस प्रवृत्ति को 'युग्मन' की प्रवृत्ति कहते हैं। जब हम हाथ में नकद रखकर पैसा खर्च करते हैं तो हम लागत के दबाव को अधिक महसूस करते हैं। हाथ में नकद राशि रखना हमें अहसास कराता है कि हमारे हाथ में बहुत सारा पैसा है। दूसरी तरफ़ जब हम कार्ड से भुगतान करते हैं तो पैसा खर्चने और वास्तविक भुगतान के बीच एक अंतराल होता है। इस कारण खर्च करते समय हमें लागत कम महत्त्वपूर्ण लगती है। सिर्फ नकद का इस्तेमाल भी असुविधाजनक होता है। हमें एटीएम जाकर पैसा निकालना होता है, भुगतान करने के बाद हमें बचा हुआ पैसा वापस लेना होता है और फिर उसे

गिन कर अपनी जेब में रखना होता है। जबकि क्रेडिट कार्ड को सिर्फ स्वाइप किया जाता है और खाते का स्टेटमेंट आने तक हम उसके बारे में भूल जाते हैं। क्रेडिट कार्ड के साथ 'न्यूनतम भुगतान' का विकल्प भी होता है, लेकिन अगर हम पूरी गणित करें तो उस पर हमें जितना ब्याज देना होता है वह बहुत ज्यादा होता है। जैसा की विल स्मिथ ने कहा है, "जिन्हें हमारी कोई परवाह नहीं हम उन लोगों को प्रभावित करने के लिए, जिनकी हमें जरूरत नहीं उन वस्तुओं को खरीदने पर वह पैसा खर्च करते हैं, जो हमारे पास है ही नहीं।"

vi. **अपने नुकसान को कम कीजिये:** कई लोग 'सही समय' और 'सही मूल्य' का इंतजार करते हैं। 'द बिलियन डॉलर सीक्रेट' के लेखक राफेल बद्जियाग ने 20 स्वनिर्मित सफल अरबपतियों से साक्षात्कार किया, जिनमें उन्होंने अपनी सफलता के रहस्य साझा किए हैं। ऐसे ही एक खुदमुख्तार अरबपति पीटर हार्ग्रीव्ज एक बात सुझाते हैं, अपने नुकसान को कम करो। वह कहते हैं उन्होंने एक सहयोगी के साथ मिल कर अपना उद्यम शुरू किया। उन्होंने इस उद्यम को लाभकारी बनाने के लिए दो वर्ष का समय दिया। हालाँकि पीटर ने मन में यह निर्णय कर लिया था कि यदि छह माह में उन्हें यह उद्यम लाभ की ओर बढ़ता नहीं दिखा तो वे उसे बंद कर देंगे। इस किताब में जिन लोगों का साक्षात्कार किया गया वे सब एक बात कहते हैं कि सबसे सही समय 'अभी' है। सबसे बेहतरीन अवसर हमारे आस-पास ही छुपे हुए होते हैं। अगर हमारे पास ऐसी संपत्तियां हैं, जिनका उपयोग नहीं किया जा रहा है और जो उत्पादक भी नहीं हैं, तो हमें कम बाजार मूल्य पर भी उन्हें बेच देना चाहिए। मेरी एक दोस्त का यह एक सरल सिद्धांत है। वह एक अपार्टमेंट की मालिक है, जिसका उस क्षेत्र में किराया करीब 60 हजार रुपए महीना मिल सकता है।

वह उसे बाजार मूल्य से दस प्रतिशत कम, यानि 54 हजार प्रतिमाह की दर से किराए पर दे देती है। उसे कभी किराएदार मिलने में मुश्किल का सामना नहीं करना पड़ा क्योंकि लोग मौका मिलते ही उस मकान को लपक लेना चाहते है। उसका यही तर्क है कि अगर वह उचित किराया मिलने का इंतजार करती और तीन से चार महीने मकान बंद पड़ा रह जाता तो उसे करीब साल के 2.4 लाख का नुकसान होता। वह थोड़े से कम किराए पर इसे देकर खुद को इस नुकसान से बचा लेती है। मुझे यह समझदारीपूर्ण विचार लगा। अगर हमारे पास ऐसी संपत्ति है जो उपयोग में नहीं आ रही है तो यह आय का नुकसान है। उसे इस तरह किराए पर उठाने या बेचने के बारे में सोचिए जैसे आपने पहले कभी नहीं सोचा हो।

3. कुछ नया आजमाइए:

एक नौकरी का चले जाना और उस क्षेत्र में दूसरी न मिल पाना इस बात का संकेत है कि ब्रह्मांड हमें कुछ नया आजमाने की दिशा में ठेलना चाहता है।

कई साल पहले मैं एक कॉर्पोरेट में नौकरी कर रही थी। मुझे यकीन था कि मैं मैनेजमेंट में करियर बनाना चाहती थी। जब मैंने अपने बेटे को जन्म दिया इसके बाद मैं अपने आप को इस बात के लिए तैयार नहीं कर सकी कि मैं बच्चे को दिनभर किसी और की निगरानी में छोड़ कर काम पर चली जाऊँ। मैंने घर पर रह कर बच्चे को समय देने का निर्णय लिया। जब मेरा बेटा डेढ़ साल का हुआ मैं वापस काम पर जाने के लिए छटपटाने लगी। मैं अपने हाथ में कोई उत्पादक काम न होने के विचार से थकने लगी थी। लेकिन मैं अब भी अपने बेटे को छोड़ कर काम पर जाने के लिए तैयार नहीं थी। तभी मेरी भाभी ने मुझे बताया कि उनका बेटा जिस प्रीस्कूल में जाता है उन्हें एक सहायक शिक्षक की तलाश है। उन्होंने मुझसे पूछा

क्या मैं इस काम को करने के लिए उत्सुक हूँ। मुझे अपने बच्चे के अलावा बच्चों के साथ काम का कोई अनुभव नहीं था। इसके अलावा मेरे पास इसके लिए आवश्यक शैक्षणिक योग्यता भी नहीं थी। फिर भी मैंने सोचा कि आजमा कर देखने में कोई नुकसान नहीं है। जब मैंने साक्षात्कार दिया तो स्कूल की संचालिका को मेरा रवैया बहुत पसंद आया। मुझे यह काम मिल गया। सबसे अच्छी बात यह थी कि मैं अपने बेटे को यहाँ काम पर साथ लेकर जा सकती थी।

फिर भी मेरे मन में यह डर बैठा हुआ था कि शायद यह काम मुझे पसंद न आए और शायद में इस काम में नाकाम रहूँगी। लेकिन मैंने खुद को एक मौका देने और अपना सर्वश्रेष्ट प्रयास करने का फैसला किया। अगर मुझे यह काम पसंद न भी आया तो कम से कम मैंने एक विकल्प को आजमाया तो होगा।

मैंने पाया कि स्कूल में काम करना मेरे लिए सबसे अच्छा अनुभव रहा। मुझे बच्चों के आस पास रहना अच्छा लगता था। यह सब दो से चार साल की उम्र के बच्चे थे। जिस शिक्षक के साथ मुझे काम करना था उनके पास बच्चों के साथ काम करने का बीस से अधिक वर्षों का अनुभव था। उन्होंने मुझे अच्छी तरह से प्रशिक्षण दिया। बच्चे स्वाभाविक रूप से रचनात्मक होते हैं। मुझे पता चला कि मैं अपनी रचनात्मकता का उन तरीकों से उपयोग कर सकती थी जिनकी मैंने कभी कल्पना भी नहीं की थी। मैं बच्चों को कहानियाँ सुनाती, उनके साथ गीत कविताएं गाती और नए-नए खेल ईजाद करती और समय का भरपूर आनंद उठाती। मेरा नन्हा सा बेटा भी खुश रहता और मेरी खुशी का तो ठिकाना ही नहीं था।

हर दिन सुबह जब मैं स्कूल का दरवाजा खोलती तब छोटे बच्चों की एक फौज किलकारियाँ मारती और 'प्रीति आंटी, प्रीति आंटी' चिल्लाते हुए उमड़ती चली आती। कक्षा में घुसते ही मुझे इन सबको गले लगाना होता। उनका प्यार बेहद सच्चा और पवित्र होता था, एकदम आह्लादित करने वाला।

यह कुछ ऐसा था जो मुझे कभी कॉर्पोरेट नौकरी में नहीं मिल सकता था। मैं कॉर्पोरेट नौकरी में जितना पैसा कमा सकती थी उतना पैसा नहीं बना रही थी लेकिन मुझे जो अनुभव मिल रहा था वह अनमोल था। कुछ सालों के बाद मैंने खुद बच्चों के लिए कार्यशाला करना शुरू कर दिया, क्योंकि मुझे यह अहसास होने लगा था कि भारत में शिक्षा व्यवस्था बच्चों की रचनात्मकता को पर्याप्त प्रोत्साहन नहीं देती। इन कार्यशालाओं को खूब सफलता मिली।

जब हम कुछ ऐसा आजमाना चुनते हैं जो हमने पहले कभी न किया हो तो यह हमारे लिए ऐसे रास्ते खोलता है जिसके बारे में हमने कभी कल्पना में भी नहीं सोचा होता। यदि मैंने विभिन्न विकल्पों को न आजमाया होता, और उसके लिए थोड़े कम पैसे पर भी संतोष न किया होता तो मैं कार्यशालाएँ कभी शुरू नहीं कर पाती।

यदि आपने कभी भी कुछ नया आजमाने के बारे में सोचा है तो कर डालिए, यही सही समय है।

4. रचनात्मक सोचें:

'द बेटर इंडिया' ने हाल ही केरल में स्थित एक छोटे से गाँव अरनमौला के रहने वाले एन.के. कृष्णन नायर के बारे में एक फीचर प्रकाशित किया। शहर के बीचों-बीच एक एकड़ में फैले शानदार गेंदा के पीले फूल, ऐसा लगता है जैसे वैश्विक महामारी के बीच अचानक कहीं से अवतरित हो गए हों। कृष्णन नायर लीबिया में अपनी नौकरी से सेवानिवृत्त हुए थे और उन्होंने अपने गृहनगर आकर बसने का फैसला किया। उन्होंने देखा कि उसके घर के पास की जमीन पथरीली थी और बरसों से बंजर पड़ी है। केरल में गेंदे के फूल बहुत नहीं होते, कृष्णन ने इस जमीन में गेंदा के फूलों की खेती करने का फैसला किया। उन्होंने इसके लिए अपेक्षित मिट्टी के प्रकार, गेंदे की खेती के सही तरीकों के बारे में जानकारी एकत्र की। उन्होंने बंगलौर से लगभग एक हजार गेंदे की पौध खरीदी और

इसकी खेती करने वाले किसानों से सलाह मशविरा किया। कृष्णन को इस मिट्टी को जोतने के लिए जेसीबी मशीन किराये पर लेनी पड़ी और उन्होंने प्रकृतिक पोषक तत्वों को मिला कर मिट्टी की गुणवत्ता में सुधार किया। आज वे प्रतिदिन करीब पंद्रह से बीस किलो गेंदे के फूलों की उपज प्राप्त करते हैं जिससे वे महीने के पैंतीस हजार रुपये तक कमा लेते हैं। अब उन्होंने ऐसे फूल बेचने वालों से संपर्क कर लिया है जो शहर के बीच में स्थित उनके खेत से फूल खरीद कर ले जाते हैं। कृष्णन कहते हैं कि शहर के बीच उनके छोटे से खेत ने कई लोगों को खुद अपना व्यवसाय शुरू करने के लिए प्रेरित किया।

एक बहुत ही उद्यमी वरिष्ठ महिला को मैं जानती हुँ, जो अपने जैसे वरिष्ठ नागरिकों के लिए ट्रैवल एजेंसी चलाती हैं। उनके साथ कई बुजुर्ग लोगों के समूहों ने दुनिया भर की यात्रा की है। उनके उद्यम की बदौलत इन लोगों ने फ्रांस, बेल्जियम, स्विट्ज़रलैंड, थाईलैंड, मलेशिया और दुबई जैसे कई स्थानों की यात्रा की है। खुद एक वरिष्ठ नागरिक होने के नाते, उन्हें इस बात का अनुमान है कि वरिष्ठ नागरिकों को किन समस्याओं और असुविधाओं का सामना करना पड़ता है। बहुत सारे लोग उनके साथ यात्रा के लिए कई माह पहले से बुकिंग करा कर रखते हैं और इस तरह उनका उद्यम बहुत सफलतापूर्वक चल रहा है। वे न केवल यात्रा के दौरान उनके आराम का ख्याल रखती हैं बल्कि विदेशों के होटलों में उनकी जरूरतों और आदत के अनुसार खाने की व्यवस्था का भी खयाल रखती हैं। लॉकडाउन के बाद उनके इस व्यवसाय में मंदी आई तो खुद को व्यस्त रखने के लिए उन्होंने एक क्लाउड किचन शुरू कर दिया। उनके पूर्व टूर मैनेजर अब उनके द्वारा बनाया गया स्वादिष्ट खाना लोगों के घरों में पहुँचा ने की व्यवस्था करते हैं। उनके बनाए खाने की मांग बहुत है लेकिन उन्होंने जानबूझकर अपने ग्राहकों की संख्या को सीमित रखा हुआ है क्योंकि वे यह काम मुनाफे के लिए नहीं

कर रही हैं। वे लॉकडाउन के दौरान खुद को व्यस्त रखना चाहती थीं और लोगों को घर का बना खाना खाने में मदद करना चाहती थीं। आज, वे और लोगों को रोजगार देकर इस काम को बढ़ाने की स्थिति में हैं, लेकिन वे ऐसा नहीं करना चाहतीं।

मेरी जानकारी में बहुत से लोग हैं जिन्होंने लॉक डाउन के दौरान अपने काम बंद हो जाने के बाद सफल क्लाउड किचन शुरू किए हैं। वे इसे बुरे वक्त में कुबूल की गई दुआ की तरह मानते हैं- वे एक ऐसी परिस्थिति में धकेल दिये गए जिसमें उन्होंने कुछ ऐसा आजमाया जिसके बारे में अपनी सुरक्षित नौकरी में रहते हुए वे कभी नहीं सोचते। यदि आप भी कुछ नया करना चाहते रहे हैं और आपकी नौकरी चली गई है तो इसे बुरे समय में कुबूल की गई दुआ की तरह लीजिये। आवश्यक तैयारी कीजिए और कूद पड़िए। सबसे अच्छा समय 'अभी' है और सबसे अच्छा दिन 'आज' है।

5. **निश्चेष्ट आय के जरिये बनाएँ:**

एक औसत करोड़पति व्यक्ति के पास निश्चेष्ट आय के सात जरिये होने का अनुमान है। इसका मतलब यह नहीं है कि व्यक्ति को सात नौकरियाँ करने की जरूरत है बल्कि इसका आशय है कि अपनी मुख्य आय के अलावा व्यक्ति ने पैसा कमाने के अन्य साधन बनाए हैं। अपनी विशेषज्ञता के क्षेत्रों को पहचानें और उन तरीकों के बारे में सोचें जिनके जरिये आप इनका इस्तेमाल कर सकते हैं। उदाहरण के लिए, यदि आप बागवानी में रुचि रखते हैं तो आप आमदनी के दूसरे जरिये के तौर पर उद्यान उपहार का व्यवसाय शुरू कर सकते हैं।

मेरे एक परिचित हैं जो सामान्य कॉर्पोरेट नौकरी करते हैं। वे बोन्साई में रुचि रखते हैं और पहले साप्ताहिक अवकाश का समय उनकी देखरेख में बिताया करते थे। धीरे-धीरे उन्होंने इस विषय पर लिखना शुरू कर दिया और इससे पैसा कमाने लगे। फिर उन्होंने इस विषय में रुचि रखने वालों के साथ कार्यशालाएँ आयोजित करना शुरू कर दिया। फिर उन्होंने होटलों और नर्सरियों को बोन्साई बेचना शुरू

कर दिया। अंततः उन्हें इस काम में इतनी सफलता मिल गई कि अपने मूल काम से ज्यादा आमदनी उन्हें अपने इस शौकिया काम से होने लगी।

किरण डेम्बला, एक गृहिणी थीं जिन्हें ह्यूमन्स ऑफ बॉम्बे में प्रस्तुत किया गया। शादी के बाद उनका जीवन घर की चारदीवारी में सीमित हो कर रहा गया था। वे हर सुबह उठकर परिवार के लिए खाना बनातीं और सबकी देखभाल करतीं। दस साल कब बीत गए पता ही नहीं चला। वे ऐसा कुछ भी नहीं कर पा रही थीं जिससे वह प्यार करती थीं। वे कुछ करना चाहती थीं और इसके लिए वे घर पर ही बच्चों के लिए संगीत की कक्षाएं लेने लगीं फिर भी, क्योंकि वे घर से निकल कर कहीं जा नहीं पाती थीं, उसका मानसिक स्वास्थ्य बिगड़ने लगा। उनका वजन पच्चीस किलोग्राम बढ़ गया। इस सब से तंग आकार उन्होंने जिम जाना शुरू किया। वे सुबह 5 बजे उठ कर जिम जातीं ताकि बच्चों को स्कूल भेजने के समय से पहले वापस घर आ सकें। मात्र सात माह में जिम ने उनके जीवन में बदलाव ला दिया, उन्होंने चौबीस किलो तक वजन कम कर लिया। अब उन्हें सिक्स पैक बनाने की धुन सवार हो गई और जल्दी ही वे इतनी तंदुरुस्त हो गई जितनी अपने जीवन में कभी नहीं हुई थीं। उन्होंने यह सफलता मात्र आठ माह में हासिल कर ली थी। अब उन्होंने खुद एक जिम खोलने का फैसला किया। उन्होंने अपने गहने बेच कर एक फ्लैट किराए पर लिया और उसे एक मिनी जिम में बदल दिया।

इंडियन फेडरेशन ऑफ बॉडी बिल्डिंग ने जब उनके बारे में सुना तो उन्हें बॉडी-बिल्डिंग की विश्व चौंपियनशिप में हिस्सा लेने के लिए आमंत्रित करने का फैसला किया। हालाँकि उन पर परिवार की बहुत जिम्मेदारियाँ थीं और उन्हें अनेक कठिनाइयों का सामना करना पड़ा लेकिन वह प्रयास करती रहीं। उन्होंने बुडापेस्ट में आयोजित प्रतिस्पर्धा में छठा स्थान प्राप्त किया। अंततः इतने सालों में उनसे जो भी

छूट गया था उसके बाद उन्होंने अपना जीवन अपनी मर्जी से जीने का फैसला किया। पैंतालीस साल की उम्र में वह एक डीजे, एक पर्वतारोही और एक फोटोग्राफर हैं। वह कहती हैं कि सबसे अच्छी बात यह है कि वो अपने होने के सबसे बेहतर रूप में आज हैं।

6. जो है उस पर ज्यादा ध्यान दें

माँ केरल में रहती हैं, और उन्होंने मुझे एक महिला की कहानी सुनाई जो अत्यधिक अवसाद में थी। क्योंकि वह जिस बहन की कैंसर के उपचार के दौरान देखभाल करती रहीं, उनकी मृत्यु हो गई थी। मान लेते हैं कि इस महिला का नाम वलसला था। उसके पास आय का कोई स्रोत नहीं था। उसकी और उसके पति की जो भी जमा-पूंजी थी वह भी उसकी बहन के इलाज पर खर्च हो गई थी। वलसला गंभीर रूप से अवसादग्रस्त थी और उसके मानसिक स्वास्थ्य पर खर्च करने के लिए भी अब उनके पास पैसे नहीं थे। उसे इस हालत में देखकर उसके पिता बहुत हताश और निराश हो रहे थे। उसे अवसाद से बाहर निकालने के लिए उन्होंने उसे एक पौधा उपहार में दिया और उसे इसकी देखभाल करने की जिम्मेदारी सौंप दी। वलसला ने ऐसा ही किया। उसकी देखरेख में पौधा फला-फुला। जब यह थोड़ा बड़ा हुआ, उसकी टहनियों को छंटाई कर फेंकने की बजाय, वलसला ने उन शाखाओं को दूसरे गमलों में लगा लिया। इन गमलों में भी पौधे फलने-फूलने लगे। उसकी एक दोस्त जब उससे मिलने आई तो उसे ये पौधे बहुत पसंद आए। उसने एक पौधे को खरीदने की पेशकश की। उसने वलसला को इसके लिए दस रुपये दिए। वलसला कहती हैं कि हालाँकि यह राशि छोटी थी, लेकिन इसने जिस उम्मीद का संचार किया वह अतुलनीय थी। उसने कई और पौधे बनाना तय किया। जल्दी ही उसने अन्य किस्मों के पौधे भी रखना शुरू कर दिया और कुछ ही समय में एक नर्सरी शुरू कर दी। आज वलसला और उसके पति के पास नर्सरी का समृद्ध व्यवसाय है। उनके पास दो ट्रक हैं जिनका उपयोग

वे कई अन्य संस्थानों को पौधे भिजवाने के लिए करते हैं। इसकी शुरुआत वलसाला के पौधों पर ध्यान देना शुरू करने से हुई थी, जिसने एक बड़े उद्यम को जन्म दिया।

यदि आपके पास कोई भी एक कौशल है, तो उसके ऑनलाइन शिक्षण के विकल्प का पता लगाएँ। यदि किसी खास क्षेत्र में आपके पास अनुभव है तो परामर्श सेवा प्रदान करने का प्रयास किया जा सकता है। यदि आपको घर की आंतरिक सज्जा में रुचि है तो किसी दोस्त के घर की सज्जा में बदलाव करें और सज्जा से पहले और बाद की तस्वीरें साझा करें। शुरुआत उन चीजों से करें जो आपके पास पहले से हैं, लेकिन जिन्हें आप अनदेखा करते रहे हैं।

7. जाने दो: भरोसा रखो

किताब 'द सीक्रेट' में रॉन्डा बर्न कहती हैं, 'अगर आप शिकायत करते रहते हैं, तो आकर्षण का सिद्धान्त आपके जीवन में और अधिक ऐसी परिस्थितियां लाएगा जिनसे आपको शिकायत होगी।' आकर्षण का सिद्धान्त यह कहता है कि हम जिस चीज पर ध्यान केंद्रित करते हैं, वही बढ़ती जाती है। अगर हम चिंता करते रहते हैं और यह सोचते हैं कि हमारे पास कितना कम पैसा है, तो हम अनजाने में कर्ज से दबे रहते हैं।

शुरू-शुरू में इस बात के साथ सामंजस्य बनाना कठिन लग सकता है कि अगर हमारे पास पैसा नहीं है, तो हम सब कुछ ठीक है का कैसे दिखावा कर सकते हैं? हमारे पास पैसा है ऐसा दिखावा करना खुद को धोखा देना होगा। जबकि अभ्यास किया जाए तो यह आसानी से किया जा सकता है। हमें जो हमारे पास बहुतायत में है उस पर ध्यान केंद्रित करने के लिए स्वयं को प्रशिक्षित करना ही होगा। ब्रह्माण्ड 'नहीं' शब्द को सुनना नहीं जानता। हम अगर कहते हैं कि 'मैं टूटना नहीं चाहती', ब्रह्माण्ड सुनता है 'मैं टूट जाना चाहती हूँ।' विचारों में बहुत ताकत होती है और हमारे दृष्टिकोण और हमारे व्यवहार को आकार देते हैं। इसलिए हमें कहना चाहिए

कि, 'मैं चाहती हूँ कि मेरे पास इतना पैसा हो कि मैं अपने मन की हर चीज खरीद सकूँ। मेरे पास अभी जितना पैसा है उसके लिए मैं आभारी हूँ। शुक्रिया, ब्रह्मांड।'

इस तरह के सकारात्मक वाक्य हौसला बढ़ाते हैं और ऊर्जा का संचार करते हैं, इनका उपयोग करें। यदि आप इस प्रक्रिया के बारे में अधिक जानना चाहते हैं तो 'द सीक्रेट' किताब पढ़ें। यह बहुत विस्तार के साथ अपने रवैये में बदलाव लाने के बारे में समझाती है। याद रखें, जीवन में पैसा ही सब कुछ नहीं है।

राफेल बद्जियाग की इस किताब में मेरे लिये जो सबसे महत्त्वपूर्ण बात थी वह यह कि अधिकांश अरबपतियों ने यह माना कि उनका पारिवारिक जीवन न के बराबर है। वे लगभग सोलह से अठारह घंटे काम करते हैं। उनकी शादी जैसे उनके व्यवसाय से ही हो गई है। वे खुश हैं क्योंकि उनके लिए उनका काम ही खुशी का जरिया है – पैसा कमाना नहीं। उनमें से अधिकांश बहुत सादा जीवन जीते हैं। उन्हें कीमती घड़ियाँ, सात सितारा होटल से खुशी नहीं मिलती बल्कि सामान्य चीजें, जो हम सब को उपलब्ध हैं वे ही उन्हें खुशी देती हैं।

चिंता से घिरे रहने की बजाय, जो है उसमें खुश रहने की आदत को अपनाने के लिए हमें लक्ष्य की ओर छोटे-छोटे व्यावहारिक कदम उठाने की जरूरत है। हमें यह भी याद रखने की जरूरत है कि पैसा नश्वर है और हमारे पास कितना भी पैसा आ जाए यह कभी भी पर्याप्त नहीं हो सकता। मनुष्य की इच्छाएँ अनंत हैं। हमारा अस्थिर मन हमें बहकाता रहता है, वह हमें कहता है कि अगर हम एक 'बड़े घर' में रहें या 'बड़ी कार' ले आएँ तो हम ज्यादा खुश रहेंगे। सच तो यह है कि एक बार जब हम वह प्राप्त कर लेते हैं तो उससे कुछ अधिक की लालसा करने लगते हैं। चाहतें अनंत हैं।

दूसरी ओर स्थायी शान्ति और आनंद हमारे भीतर से आता है। पैसा होना ही एकमात्र अमीर होने की निशानी नहीं है। हमें उस अमूल्य खजाने पर ध्यान देने की जरूरत है जो हमारे पास पहले से मौजूद है–

फिर चाहे वह अच्छा स्वास्थ्य हो, पारिवारिक सहयोग या अच्छे दोस्त।

जब मैं छोटी बच्ची थी, मुझे महान विचारकों या दार्शनिक के उद्धरण जमा करना पसंद था। यह इंटरनेट के आगमन से पहले का समय था। तब आज की तरह सूचनाएँ, की-बोर्ड पर अंगुलियों को चलाने मात्र की दूरी पर नहीं थीं। इसलिए कोई भी ज्ञान का छोटा सा पुर्जा मेरे हाथ आता तो मैं उसे एक छोटी सी डायरी में दर्ज कर लिया करती, जो मेरे व्यक्तिगत उद्धरणों की पुस्तक थी। मैं इन उद्धरणों को अक्सर पढ़ती और अपने पिता के साथ उन पर चर्चा करती। मुझे इस बात का अनुमान भी नहीं था कि वे शब्द मेरे नन्हें मन को दिशा दे रहे थे और उनका मुझ पर कितना गहरा असर हो रहा था।

उस पुस्तक में मैंने जो उद्धरण लिखे उनमें से एक था: 'पैसे से पलंग तो खरीद सकते हो नींद नहीं; किताबें तो खरीद सकते हो दिमाग नहीं; खाना तो खरीद सकते हो भूख नहीं; सुन्दर चीजें खरीद सकते हो सौन्दर्य नहीं; मकान खरीद सकते हो, घर नहीं; दवा खरीद सकते हो स्वास्थ्य नहीं; साधन-सुविधा खरीद सकते हो संस्कृति नहीं; मनोरंजन खरीद सकते हो खुशी नहीं; धर्म खरीद सकते हो मुक्ति नहीं; और दुनिया में सब जगह जाने का पासपोर्ट मिल जाएगा लेकिन स्वर्ग का नहीं।' यह धन के बारे में आज भी मेरे पसंदीदा उद्धरणों में से एक है।

लगभग पच्चीस साल पहले, जब मेरी शादी हुई तब हम कार खरीद सकें इसकी गुंजाइश हमारे पास नहीं थी। हम उत्तर भारत के भयंकर जाड़े में भी कंपनी द्वारा आयोजित किए जाने वाले समारोहों में मेरे पति की मोटर साइकल पर बैठ कर जाते थे, जबकि अन्य परिवार अपनी कारों में पहुँचते थे। हम युवा थे, दीवानगी की हद तक प्यार में थे और अक्सर अपनी स्थिति पर हम खुद ही हँस दिया करते थे। एक बार मुझे मलेरिया बुखार हुआ और मैं लगभग अचेत हो गई थी। तब मेरे पति बहुत घबरा गए थे कि इस हालत में मुझे मोटर साइकल पर अस्पताल कैसे लेकर जाएँगे।

आज हमारे पास दो कारें हैं, अपने नाम पर कुछ मकान हैं और मैं कृतज्ञ महसूस करती हूँ कि हम आर्थिक रूप से संपन्न हैं। हालाँकि, क्या हम कह सकते हैं कि हमारे खुशी का स्तर बदल गया? ज़रूरी नहीं। हम उतने ही संतुष्ट हैं जितने अपनी शादी के समय थे। सच्ची खुशी बैंक बैलेंस पर निर्भर नहीं करता।

जॉर्ज लोरिमर कहते हैं, 'पैसा होना और उन चीजों का होना भी अच्छा है जो पैसे से खरीदी जा सकती हैं, लेकिन थोड़े-थोड़े समय में यह देख लेना भी अच्छा है कि कहीं हम उन चीजों को तो नहीं खो रहे, जिन्हें पैसे से नहीं खरीदा जा सकता।' इस बात को अनेक आध्यात्मिक गुरु और दार्शनिक अपनी-अपनी तरह से कह चुके हैं फिर भी मैं इसे दोहराना चाहूंगी, क्योंकि मैंने इसे अपने जीवन में देखा है।

मैंने एक मलयालम फिल्म देखी-'ट्रांस', जिसमें घोर गरीबी में पला-बढ़ा नायक दो अलग-अलग नौकरियाँ कर अपना जीविकोपार्जन करता है। उसे ईसाई धर्म के प्रचारक की गनपसंद नौकरी करने के लिए बुलाया जाता है। उसे मुँहमाँगा वेतन देने का आश्वासन दिया जाता है लेकिन वह अपने मुंह से कोई भी वेतन बोलने में हिचकिचाता है। नौकरी का प्रस्ताव देने वाला उसकी हिचक देख वेतन बढ़ाता चला जाता है। नायक यह देख कर हैरान रह जाता है कि नियोक्ता उसे एक लाख तक का वेतन देने के लिया तैयार है, जिसकी खुद उसने कभी कल्पना ही नहीं की थी।

नौकरी की पेशकश करने वाला व्यक्ति वेतन की राशि को बढ़ाते हुए करोड़ों रुपये तक जा पहुंचा। नायक कहता है कि मनुष्य की आवश्यकताएं ऐसी हैं कि जितना भी पैसा क्यों न आ जाए, जल्दी ही उसका जीवन स्तर ऐसा बनाया जा सकता है कि उस पैसे में खरीदी जाने वाली सुविधाएं उसकी आदतों में शामिल हो जाएँ और फिर उसे और अधिक पैसे की जरूरत महसूस होने लगे।

इस दृश्य ने मुझे इसलिए रोमांचित किया क्योंकि इसमें मैं जिस बात में विश्वास करती हूं उसे बेहद खूबसूरती से दर्शाया गया है। इस

बात को कितने ही दार्शनिकों और समाज वैज्ञानिकों ने दोहराया है कि धन की इच्छा को तृप्त नहीं किया जा सकता। सेनेका ने इसे बहुत अच्छी तरह से अभिव्यक्त किया है। वे कहते हैं कि, 'गरीब वह नहीं जिसके पास पैसा कम है, गरीब वह है जिसे और अधिक की इच्छा बनी रहती है।'

लॉटरी के टिकट में जीतने वालों पर भी कई अध्ययन किए गए हैं। लॉटरी जीतना उन्हें बेहद खुश करता है। लेकिन एक ही साल में उनकी खुशी का अहसास वापस उसी स्तर पर पहुँच जाता है जहाँ वह लॉटरी जीतने से पहले के समय में था।

जब भी हमें पैसों को लेकर चिंता सताने लगे तो हमें उपरोक्त कदमों का पालन करना चाहिए और खुद को इन तीन चीजों की याद दिलनी चाहिए :

i. वर्तमान स्थिति कैसी भी हो और कितनी ही निराशाजनक क्यों न हो, यह वक्त भी बीत जाएगा।

ii. हमारी खुशी हमारे बैंक बैलेंस पर निर्भर नहीं है।

iii. हम कितना भी कमा लें, वह कभी भी 'पर्याप्त' नहीं होगा।

करामाती मन और पैसा

सिद्धान्त 1 : हमेशा आगे की ओर देखो

सिद्धान्त 2 : आँखों से नहीं, मन की आँखों से देखो

सिद्धान्त 3 : शिद्दत से चाहो और भरोसा रखो

सुझाव

i. ऐसे वास्तविक लोगों से प्रेरणा लें जिन्होंने आपसे भी मुश्किल स्थितियों का सामना किया हो

ii. चिंता की बजाय आपके पास जो है उस पर ध्यान केन्द्रित करें

iii. याद रखें कि पैसा ही सबकुछ नहीं है और यह खुशी नहीं खरीद सकता

पैसों की चिंता को कम करने के कुछ उपाय

i. हिसाब रखें

ii. खर्चों का विश्लेषण करें और उनमें कटौती करें

   (a) खर्च कम करें

   (b) छोटी चीजों पर ध्यान दें

   (c) बिजली बचाएं

   (d) मासिक बजट बनाएँ

   (e) नकद पैसे का उपयोग करें

   (f) नुकसान कम करें

   (g) नया आजमाएँ

   (h) रचनात्मक सोचें

iii. निश्चेष्ट आय के जरिये बनाएँ

iv. जो है उसका अधिक उपयोग करें

v. जाने दें, भरोसा रखें

❑❑❑

6

मन की करामात और रिश्ते

हम जो चनुते हैं उसी से बनते हैं।

–फ्रान्सेस्का, मेडिसन काउंटी में

एक दिन मैं अपने सोफा में धँसी, टीवी पर डेनिश राजनीतिक ड्रामा, बोरगेन में डूबी थी, जिसमें ब्रिगेटा नाम की एक महिला प्रधानमंत्री बन जाती है। उसकी अपने पति के साथ यह सहमति होती है कि दोनों बारी-बारी से पाँच साल अपने करियर पर ध्यान देंगे और उस दौरान दूसरा साथी घर चलाने और बच्चों की परवरिश आदि पर ध्यान दे। एक दिन जब हँसी-मजाक में उसका पति उससे पूछता है कि जब उसकी बच्चे संभालने की बारी आए उस वक्त यदि उसे माइक्रोसॉफ्ट का सीईओ बनने का प्रस्ताव मिल जाए तो क्या होगा। ब्रिगेटा इस पर हँसते हुए कहती है कि उसे इस प्रस्ताव को ठुकराना पड़ेगा।

एक अन्य अवसर है, जब ब्रिगेटा राष्ट्रीय टीवी पर एक बहस में भाग लेने के लिए तैयार हो रही है और अपना स्कर्ट पहन कर तैयार होने की कोशिश कर रही है और टैक्सी दरवाजे पर खड़ी है। इस समय उसकी ग्यारह वर्ष की बेटी अपने पिता से कहती है कि, "आप उन्हें बताइए कि इस स्कर्ट को पहनने के लिए वे बहुत मोटी हो चुकी हैं।" ब्रिगेटा स्कर्ट की चैन बंद करने की कोशिश करती है और आखिर उसे खुला ही छोड़ अपने जेकेट से ढँक लेती है। तब वह अपने पति से पूछती है कि उसे क्या लगता है। वह पूछता है कि उसे कौन सा जवाब चाहिए प्यार वाला या सच्चाई वाला।

ब्रिगेटा कहती है, 'सच्चाई वाला।'

वह कहता है, 'इस काली पोशाक और तुम्हारे बीच करीब पाँच किलो का अंतर है।'

तब ब्रिगेटा कहती है कि अब प्यार वाला जवाब भी बता दो। इसपर उसका पति कहता है कि धोबी ने धोते समय इस पोशाक का ध्यान नहीं रखा और यह सिकुड़ गई है, यह धोबी की गलती है।

ब्रिगेटा और उसका पति बड़े मसलों पर ईमानदारी से बात करते हैं, लेकिन उनके व्यवहार में करुणा भी शामिल रहती है। वे एक-दूसरे के साथ निरंतर संवाद करते हैं और उसमें करुणा के तत्व को शामिल रखते हैं। यह रिश्तों में सोच की करामात है – इसमें ईमानदारी है, संवाद है और चीजों को अपने साथी की नजर से समझने की उत्सुकता है।

सिद्धान्त 1: संवाद, संवाद और आत्मीय संवाद

टीवी के काल्पनिक दंपति जहाँ आपस में मुद्दों पर 'बात' और 'संवाद' करते हैं वास्तविक जीवन में दंपति ऐसा बहुत कम कर पाते हैं। जब हम दिन भर काम के बाद थके हुए और तनाव से ग्रस्त घर आते हैं, हम चाहते हैं कि घर में हमारा स्वागत खुशी के साथ किया जाए। यदि दोनों व्यक्ति थके हुए हों तो वे अंततः रात का खाना बाहर से मँगवा लेते हैं और सोने तक टीवी देखते रहते हैं।

यहाँ तक कि बिस्तर में भी मोबाइल फोन का दखल बना रहता है। हम जब शरीर से एक-दूसरे के बिल्कुल करीब होते हैं तब भी असल में एक-दूसरे के साथ नहीं होते। हम सातों दिन, चौबीस घंटे इंटरनेट की उपलब्धता के साथ हर वक्त अपने काम से बंधे रहते हैं। ऐसा नहीं है कि हम आपस में बात नहीं करते (नाश्ते में क्या है? क्या मैं बर्तन धोने में मदद कर दूँ? यह बात करते हैं) लेकिन लंबे समय तक एक रिश्ते में रहने के बाद हम आपस में संवाद करना भूल जाते हैं।

हमारे घर पर एक सामान्य नियम है जिसका सबको पालन करना होता है : खाने की मेज पर किसी को अपना फोन लाने की इजाजत नहीं है। हमारे घर में एक और नियम है कि परिवार के सभी लोग यदि घर पर हैं तो रात का खाना एक साथ खाएँगे। यदि परिवार का एक व्यक्ति किसी महत्त्वपूर्ण फोन कॉल पर है तो बाकी लोग उसके आने तक उसका इंतजार करते हैं। कहने की जरूरत नहीं कि आपस में हमारे बीच सबसे ज्यादा बातचीत रात के खान के दौरान होती है।

यदि लोगों के बीच संवाद को बेहतर बनाने की जरूरत है तो हमें उस दिशा में सजग प्रयास करने होंगे। जब मेरे बच्चे छोटे थे तब खाने के दौरान हम उन्हें सोचने के लिए कुछ सवाल देते थे। यह सवाल सब तरह के हो सकते थे, खिलंदड़, गंभीर लेकिन ऐसे जो सोचने पर मजबूर करें और जिज्ञासा बढ़ाएँ। कभी-कभी हम मजेदार तथ्यों का दिन रखते थे और उस दिन प्रत्येक व्यक्ति को एक रोचक तथ्य खोज कर साझा करना होता था।

खाने का समय खुशनुमा समय होता है। हमने इस नियम का पालन हमारे बच्चों के पैदा होने के बहुत पहले शुरू कर दिया था। बच्चों के जन्म के बाद हमने इसे जारी रखने और थोड़ा और रोचक बनाने का निर्णय लिया। बड़े होने के साथ हम मजे करना भूल जाते हैं। मेरे अधिकांश दोस्त जो लंबे समय से रिश्ते में हैं वे बताते हैं कि अक्सर जब वे बात करते भी हैं तो उनकी बातें भारी-भरकम विषयों पर, जैसे राजनीति आदि के बारे में होती हैं।

हम आपस में कैसे बात करते हैं यह भी रिश्तों में बहुत अहम भूमिका निभाता है। ऐसे अनेक अध्ययन प्रकाशित हो चुके हैं जो यह बताते हैं कि रिश्तों में संवाद बहुत महत्त्वपूर्ण भूमिका अदा करता है। खुशहाल शादी (या लंबे समय के रिश्तों) की खराब रिश्तों से तुलना के लिए अक्सर रिश्तों में सकारात्मक और नकारात्मक व्यवहारों के अनुपात से आँका जाता है। जब हम खुश नहीं होते तब हम आपस में

उसी तरह बात नहीं करते जैसे हम उस वक्त करते हैं जब हम खुश और संतुष्ट होते हैं। यदि हम मुंह से कुछ न भी कहें तो हमारा शरीर सब बता देता है।

यदि हम संवाद के सही तरीकों का इस्तेमाल करते हैं तो हम अपने रिश्तों में सकारात्मक महसूस कर सकते हैं। यदि संवाद के तरीके नकारात्मक हैं तो हम एक ही तरह आवृत्तियों में फंसे रहते हैं, एक ही जैसी चीजों के बारे में बार-बार बात करते रहते हैं। संवाद को बेहतर बनाने के लिए हमें खुद को दूसरे व्यक्ति की जगह रख कर देखना होता है ताकि उनके नजरिये से चीजों को समझ सकें। इससे हमें दूसरा व्यक्ति जो बात कह रहा है उसे अपनी तरह से समझने में मदद मिलती है। संवाद को बेहतर बनाने का एक तरीका यह भी है कि हम यह कहें, "मैंने जो सुना वह कुछ इस तरह है .... (दूसरे व्यक्ति द्वारा कही गई बात को इस खाली स्थान में भर सकते हैं। इससे उन्हें इस बात का भरोसा मिलता है कि वे जो कह रहे हैं हम उसे ठीक से सुन और समझ रहे हैं।)

दूसरी ध्यान रखने की बात यह है कि मुद्दा क्या है यह कहें, व्यक्ति पर आरोप न लगाएँ। जैसे कि यदि आप इस बात पर नाराज हैं कि व्यक्ति गीले तौलिये को जमीन पर छोड़ देता है तो बजाय यह कहने के कि, "तुम हमेशा तौलिया जमीन पर पटक देते हो, मैंने तुम्हें कितनी बार याद दिलाया है," कहें कि "गीला तौलिया जमीन पर पड़ा होता है तो मुझे बहुत खराब महसूस होता है। मुझे कमरा साफ-सुथरा अच्छा लगता है।" कहने के इस दूसरे ढंग में सुनने वाले को ऐसा नहीं लगेगा कि उस पर आरोप लगाया जा रहा है। हमने सामने वाले को आहत किए बिना समस्या को बता भी दिया और इस तरह कहने में हमें सफलता मिलने की उम्मीद ज्यादा है।

कुछ जोड़े समस्याओं को सुलझाने के अपने रास्ते खोज लेते हैं और इसमें भी कोई हर्ज नहीं है। मेरी शादी को 25 साल हो गए हैं और हम पति-पत्नी एक- हमें, सामने वाले के मिजाज ठीक हैं या नहीं, यह पता

लगाने के लिए एक शब्द भी कहने की जरूरत नहीं होती। हम दोनों में से जब भी एक का मिजाज ठीक नहीं होता है, दूसरा उसे कुछ देर के लिए अकेला छोड़ देता है, जब तक कि वह वापस सहज न हो जाए। किस वक्त चुप रह जाना चाहिए, एक शादी के रिश्ते में यह एक कला भी है और कौशल भी।

सिद्धान्त 2 : रिश्ते पर काम करने के लिए समय निकालें

अपनी किताब सेलेस्टियल प्रोसी में जेम्स रेडफील्ड कहते हैं: शुरू में जब प्यार होता है तो दोनों व्यक्ति अनजाने ही इस तरह की ऊर्जा का आदान-प्रदान करते हैं जिसमें दोनों को खुशी और उत्तेजना महसूस होती है। उस अनजानी खुशी की स्थिति को ही हम प्यार कहते हैं। दुर्भाग्य से एक बार जब लोग इस अहसास को दूसरे व्यक्ति से जोड़ लेते हैं तो वे ब्रह्माण्ड से स्वत: मिलने वाली ऊर्जा से खुद को विलग कर लेते हैं और एक-दूसरे से मिलने वाली ऊर्जा पर अधिक निर्भर रहने लगते हैं - जब ऐसी स्थिति आ जाती है तब ऊर्जा पर्याप्त नहीं महसूस होती और एक-दूसरे को ऊर्जा देने की बजाय वे अपने लड़ाई-झगड़ों और एक-दूसरे को नियंत्रित करने के प्रयासों में जुट जाते हैं। वे एक-दूसरे से अपनी मर्जी की ऊर्जा पाना चाहने लगते हैं।

रेडफील्ड खासतौर से जो कहना चाहते हैं कि जब कोई जोड़ा बहुत प्यार में होता है तब वे अपनी भावनात्मक और शारीरिक ही नहीं आध्यात्मिक जरूरतों को पूरा करने के लिए ज्यादा से ज्यादा एक-दूसरे पर निर्भर रहने लगते हैं। मैं ऐसे कई जोड़ों को जानती हूँ जो शादी के बाद अपनी जरूरतों के साथ सामंजस्य बैठाने लगते हैं क्योंकि वे चाहते हैं कि किसी भी तरह रिश्ता चलता रहे।

हमें यह हमेशा बताया जाता है कि कोई भी लंबा चलने वाला रिश्ता दोनों तरफ से प्रयासों की मांग करता है और शादी का रिश्ता भी ऐसा ही एक रिश्ता है। लेकिन अक्सर होता यह है कि कोई एक ढर्रा बनने लगता है और एक व्यक्ति देता ही चला जाता है और दूसरे व्यक्ति कि

मांगें ही खत्म नहीं होतीं। दोनों ही पक्षों को इसका अहसास भी नहीं होता क्योंकि यह ढर्रा धीरे-धीरे वर्षों में बना होता है। दोनों पक्ष असंतुष्ट रहते हैं। देते रहने वाले की ऊर्जा का क्षरण होने लगता है और पाने वाला समझ ही नहीं पाता कि दूसरा व्यक्ति पहले की तरह के उत्साह और ऊर्जा से पूर्ण क्यों नहीं है।

मैं रिश्तों को पौधों की तरह देखना पसंद करती हूँ; दोनों ही अलग-अलग समय में विकास की विभिन्न अवस्थाओं से गुजरते हैं। पौधों को बढ़ने के लिए सही मात्रा में धूप, खाद और पानी को जरूरत होती है। एक बार पौधे एक शाख से पर्याप्त फूल दे देते हैं तब हमें उनकी छँटाई की जरूरत होती है। हमें उनसे नियमित रूप से खर-पतवार को हटाने के जरूरत होती है। शाखों को सही समय पर काटना होता है।

इसी तरह रिश्तों को भी अलग-अलग समय पर अलग-अलग तरह से सींचने की जरूरत होती है और यह उसमें शामिल व्यक्तियों के व्यक्तित्व पर निर्भर करता है। रिश्तों को लगातार देखभाल और समय समय पर 'एक स्वस्थ दूरी' की भी जरूरत होती है। यह स्वाभाविक होना चाहिए और फिर भी इसे दिशा दिये जाने की जरूरत होती है। एक सकारात्मक और खुशहाल रिश्ते के लिए अपने साथी की जरूरतों को समझना और बदले में साथी से भी वैसे ही व्यवहार की अपेक्षा रखनी होती है।

सिद्धांत 3: फिर से जीवंत बनाना

रिश्तों में लगातार आते बदलाव और दिन ब दिन सामने आते तनावों को ध्यान में रखते हुए हम रिश्ते में उसी तरह की ऊर्जा को कैसे बनाए रखें जैसी शुरुआत में होती थी, जब सबकुछ बहुत कमाल का लगा करता था? क्या ऐसे कोई खास तौर-तरीके हैं जो हमारे रिश्तों को ताजा और प्यार भरा बनाए रख सकते हैं? इस सवाल का उत्तर इतना सरल या सीधा नहीं है। अगर रिश्ते को कई सालों से नजरअंदाज किया गया है, तो इसे फिर से जीवंत बनाने के लिए दोनों पक्षों की ओर से बहुत सारा

प्रयास किए जाने की जरूरत होगी। अगर समस्याएँ बहुत गंभीर है तो हमें अपने साथी के साथ उस वक्त संवाद करना होगा जब हम दोनों तसल्ली से बात कर सकें।

लेकिन अगर मुद्दा गंभीर नहीं है, और बात बस इतनी ही है उनमें पहले जैसी ताजगी नहीं है, तब शायद रिश्ते से थोड़ा सा धूल झाड़ने और उसे फिर से चमकाने की जरूरत भर है।

अभ्यास 6a

यदि आपको लगता है कि आप अपने रिश्ते में पूरी तरह खुश नहीं हैं और आपको विश्वास है कि इसे बेहतर बनाया जा सकता है तो आपको इसमें क्या प्रमुख शिकायतें हैं लिख लीजिये।

अभ्यास 6b

आपको अपने साथी की कौन-सी 5 बातें कमाल की लगती हैं, लिखिए।

अभ्यास 6c

आपको अपने रिश्ते में क्या समस्याएँ लगती हैं उनके बारे में करुणा के साथ अपने साथी से बात करने के संभावित तरीके लिखिए। याद रखिए बात की शुरुआत इन बातों से कीजिये जो आपको उनके बारे में पसंद हैं और जिनकी आप सराहना करते हैं।

प्यार के आनन्द को फिर से जगाने के नुस्ख़े

1. अपने साथी की जरूरतों को समझें:

प्यार के शुरुआती दिनों में, जब सब कुछ नया होता है, प्यार की आँच बहुत चमकदार होती है। हम अभी एक-दूसरे को समझ रहे होते हैं, हम उन्हें पूरी तरह से जानते नहीं हैं। लेकिन जैसे-जैसे महीने और साल बीतते जाते हैं, हम उनकी आदतों और व्यवहार के अभ्यस्त होते चले जाते हैं। हमारे व्यवहार में कुछ आदतें शामिल होती जाती हैं और हम इन आदतों से चिपके रहना चाहते हैं। समय बीतने के साथ हम अपने रिश्ते में बहुत सहज हो जाते हैं। हम मान लेते हैं कि हम अपने साथी को अच्छी तरह से जानते हैं। यही वह जोखिम का द्वार है जहाँ दूसरे व्यक्ति को कम महत्त्वपूर्ण मानने की शुरुआत शुरू हो जाती है। हम अपने साथी की बातों की उपेक्षा कर सकते हैं। हम अपने करियर में इतने व्यस्त हो जाते हैं कि वह परिवार रूपी पौधा जिसे हमने रोपा है, हम उसका पालन-पोषण करना भूलने लगते हैं।

गैरी चापमैन 'फाइव लैंग्वेज ऑफ लव' में कहते हैं कि लोगों के प्यार का इजहार करने का तरीका अलग-अलग होता है। एक व्यक्ति

के लिए हर सुबह कूड़ेदान को घर के बाहर रखना भी प्यार की अभिव्यक्ति हो सकता है; जबकि दूसरे के लिए उनका साथी उन्हें फूल उपहार में दे यह प्यार की अभिव्यक्ति माना जाए। किसी अन्य व्यक्ति के लिए शब्दों में प्यार की अभिव्यक्ति महत्वपूर्ण हो सकती है जबकि किसी के लिए इन शब्दों का उच्चारण बहुत असहज करने वाला हो सकता है। चापमैन का कहना है कि हम अपनी प्यार की भाषा बचपन में हमारे माता-पिता कैसे हमारे प्रति प्यार को अभिव्यक्त करते रहे हैं इससे सीख लेते हैं। और ऐसा बहुत कम होता है कि प्यार में बंधे दो लोग एक ही भाषा बोलते हों।

इसलिए, अगर हम अपने साथी के साथ सकारात्मक संवाद चाहते हैं तो हमें उनकी प्रेम की प्राथमिक भाषा को समझने और अपने रिश्तों के पोषण के लिए उस भाषा का लगातार अभ्यास करते रहने की जरूरत होती है। जैसे हमें लगातार इस बात पर नजर रखने की जरूरत होती है कि कौनसी अभिव्यक्ति हमारे साथी के चेहरे पर रौनक ले आती है, उन अभिव्यक्तियों को हमें अधिक बार दोहरने की जरूरत होती है।

2. सकारात्मकता का खाता:

कुछ मायनों में रिश्ते पौधों की तरह होते हैं, लेकिन कुछ मायनों में वे बैंक खातों की तरह भी होते हैं। अपने साथी के प्रति किया जाने वाला कोई भी प्रेमपूर्ण कार्य साथी के प्रति प्रेम के खाते में जमा होता जाएगा। हर बार जब हम उसके साथ लड़ाई करते हैं या आहत करने वाली कोई बात कहते हैं, वह उस खाते से निकासी की तरह है। रिश्तों को समृद्ध बनाने के लिए इस खाते में सकारात्मकता की जमा पूंजी को हमेशा ज्यादा बनाए रखना जरूरी है।

यहाँ यह भी महत्त्वपूर्ण है कि हम इस खाते में जो 'जमा' करते हैं उसे हमारे साथी के द्वारा देखा भी जाए। जैसे कि यदि हम अपने साथी के लिए फूल लेकर जाते हैं और यह मानते हैं कि हमने इस

खाते में कुछ जोड़ा है जबकि उनके लिए यह ऐसा नहीं भी हो सकता है। हो सकता है कि हमारे साथी के लिए फूल लाए जाने से अधिक महत्त्वपूर्ण घर को साफ-सुथरा रखने में सहयोग करना हो। हमें इस बात पर ध्यान देने की जरूरत है कि हमारा साथी प्रेम की कौनसी भाषा का उपयोग करते हैं। तब हमें अपने खाते में उसी तरह की मुद्रा को जमा करने की जरूरत है।

यदि आप नहीं जानते हैं या इस बारे में तय नहीं कर पाते हैं कि आपके साथी को किन बातों में प्यार महसूस होता है, तो उनसे पूछ लीजिये। उनसे पूछें कि कैसा दिन बिताना उन्हें सबसे ज्यादा पसंद होगा। फिर कोशिश कीजिये कि वैसा दिन बिताया जा सके। आपका क्या करना उन्हें खासतौर से पसंद आएगा। फिर वैसा ही करने की कोशिश करें।

अभ्यास 6d

एक सूची बनाएँ जिसमें सप्ताह में प्रत्येक दिन अपने साथी के लिए कोई एक अच्छा काम करना दर्ज करें जैसे-

सोमवार : *बच्चों को घुमाने के लिए बाहर ले जाना ताकि आपके साथी को एकांत समय मिल सके।*

मंगलवार : *साथी के काम से लौटने से पहले घर को इस तरह साफ करना जिससे उन्हें यह लगे कि घर उनके स्वागत में तैयार है।*

बुधवार : *पीठ की मालिश कर दें।*

गुरुवार : *उनके पसंद का खाना बना कर उन्हें चौंका दें।*

शुक्रवार : *वाइन के साथ लंबी गपशप करें।*

भले ही रिश्तों में टकराव आने लगा हो, 'सकारात्मकता के खाते में जमा करना' आपकी जमा पूंजी को बढ़ाता जाता है। सामने वाले व्यक्ति को कभी न कभी उस बदलाव को देखना ही होगा और उस पर अपने व्यवहार में भी बदलाव लाना होगा। रिश्तों में मुख्य रूप से याद रखने वाली बात है कि आप जितना जमा कर रहे हैं, उससे ज्यादा निकाल नहीं सकते।

यदि केवल एक ही व्यक्ति जमा करता रहेगा और उसे कभी निकासी का अवसर ही नहीं मिलेगा तो अंततः वह व्यक्ति घाटे में जाने के अहसास के साथ जमा करना बंद कर देगा और खाते पर उसका असर पड़ेगा। इसलिए यह जरूरी है कि रिश्ते में शामिल सभी लोग इस बारे में बात करें और शामिल रहें। जब दोनों व्यक्ति सकारात्मकता के खाते में जमा करते रहेंगे तो रिश्ता सम्पन्न होता रहेगा। इसके बीच कभी-कभार थोड़ा-बहुत निकास रिश्ते को नुकसान नहीं पहुँचाएगा।

3. मस्ती का मर्तबानः

कुछ बरस पहले एक यात्रा के दौरान मैं दिल्ली के खान मार्केट इलाके में घूम रही थी, तो मैं एक लाइफ स्टाइल स्टोर पर पहुँची जहाँ अजीब चीजें बेची जा रही थीं। इनमें एक था 'मस्ती का मर्तबान'। यह एक बड़ा सा काँच का मर्तबान था जिसमें कई सारे कार्ड रखे हुए थे। प्रत्येक कार्ड में जोड़ों के लिए मिल कर करने की गतिविधियों के निर्देश थे। उनमें विभिन्न रंगों के कोड थे और कई शरारतें भी करने के लिए सुझाई गई थीं। सकारात्मकता के खाते में जमा करने में यह 'मस्ती का मर्तबान' भी मदद कर सकता है। यह रिश्ते में खिलंदड़पन को बनाए रखने में मदद कर सकता है। आप ऐसी गतिविधियां चुन सकते हैं जो आप दोनों को करना पसंद है और उन्हें एक कार्ड में लिख कर इस जार में डाल सकते हैं।

रिश्तों के परामर्शदाता यह कहते हैं कि ऐसे जोड़े जिनकी साझी रुचियाँ हैं और जो इनमें मिलकर भागीदारी करते हैं, उनके रिश्तों में लंबे समय तक खुशहाली बनी रहने की संभावना ज्यादा रहती है, बजाय उन लोगों के मिलकर गतिविधियों में शामिल नहीं होते।

4. रसोई में सफेद बोर्ड

बहुत लंबे समय से हमारी रसोई में एक सफेद बोर्ड लगा रहता है। सफेद बोर्ड बेहतर संवाद का एक अच्छा जरिया हो सकता है। इन दिनों मैं और मेरे पति दोनों घर के दो अलग-अलग कमरों में बैठ कर अपना काम-काज करते हैं। हमारे काम से छुट्टी लेने का

समय भी अलग-अलग है। लेकिन हम दोनों एक-दूसरे के लिए इस बोर्ड पर संदेश छोड़ देते हैं। अपनी पढ़ाई पूरी कर वापस आए बच्चे (जो अभी हमारे साथ ही रहते हैं) वे भी ऐसा ही करते हैं। जब भी हम में से कोई भी रसोई में आता है तो रसोई के सामान के अलावा उसके लिए कोई न कोई मजेदार संदेश भी इस बोर्ड पर लिखा मिलता है। यह संदेश हमेशा 'प्यार' और 'खुशी' के संदेश ही नहीं होते। एक दिन मैंने सबके लिए यह संदेश लिखा कि वे रसोई में कोई भी काम करने के बाद उसे साफ करके छोड़ें। मेरे पति ने एक दिन लिखा कि वे किसी बात से कितना परेशान हुए और फिर हम सबने उस पर माफी लिखी।

कोई चाहे तो इसी मकसद के लिए व्हाट्स एप समूह का भी इस्तेमाल कर सकता है, लेकिन सफेद बोर्ड उससे कहीं ज्यादा मजेदार है। यह कम आक्रामक होता है और यहाँ लिखी गई इबारत को मिटाया जा सकता है। लिखे गए का अस्थाई होना उसमें अनिवार्यता और विशिष्टता के तत्वों को जोड़ देता है। हमें इसे टाइप नहीं करना होता, बल्कि हाथ से लिखना होता है और वह इसमें एक व्यक्तिगत स्पर्श को भी जोड़ता है। हाल ही हमने इसमें दिन का विचार लिखना भी शामिल किया जो सभी को बारी-बारी से लिखना होता। प्रशंसा और प्यार के संदेश भी लिखते हैं जो रिश्तों को मजबूत करते हैं और मजेदार भी होते हैं।

परिवार में व्हाइटबोर्ड रखने से परिवार में संवाद को बढ़ावा मिलता है। जोड़ों के लिए यह संवाद का एक नया तरीका हो सकता है, और सफेद बोर्ड पर कुछ भी लिखने का लोभ संवरण कौन ही कर पाएगा। रिश्तों पर लगातार काम करने की जरूरत होती है। उन्हें पर्याप्त महत्व देने और इसके लिए लगातार संवाद करने और नयापन बनाए रखने के लिए कुछ नए तरीकों को आजमाने की जरूरत होती है। यदि हम ऐसा नहीं करेंगे तो उनमें ऊब का आ जाना स्वाभाविक है। रिश्ते की नींव प्यार, विश्वास और परस्पर सम्मान पर रखी जाती है।

यदि ये तीनों चीजें प्रचुर मात्रा में हों, तो रिश्ता फलता-फूलता रहता है।

रिश्तों का टूटना या नाकाम प्रेमः खुद को संभालने के लिए मन की करामात

कई बार सकारात्मकता के खाते में जमा पूंजी और अन्य तमाम कोशिशों के बावजूद रिश्तों को बचाया नहीं जा सकता। रिश्ते में रहते हुए लोग एक-दूसरे से इतने दूर हो जाते हैं कि कोई भी कोशिश उस खाई को नहीं भर सकती। एक व्यक्ति रिश्ते से निकल कर चले जाना तय कर लेता है और दूसरा व्यक्ति आहत, ठगा हुआ और टूटा हुआ पीछे रह जाता है।

कभी-कभी दो लोग बिना किसी स्पष्ट कारण के अलग हो जाते हैं। हर दिन, हम जिन चीजों का अनुभव करते हैं, वे हमें बदलती हैं। दिन की शुरुआत में हम जो व्यक्ति थे वही दिन बीतने तक नहीं रह जाते। कोई भी दो व्यक्ति एक ही स्थिति में दो अलग-अलग तरीके से प्रतिक्रिया करते हैं। बहुत से ऐसे उदाहरण हैं जैसे वर्ष 2012 में एक बहुत मार्मिक हिन्दी फिल्म आई थी 'तलाश', जिसमें एक दंपति ने अपने बच्चे को खो दिया है, लेकिन पति-पत्नी दोनों के इस दुःख से उबरने के तरीके अलग हैं। पति ने खुद को काम में बेहद व्यस्त कर लिया है ताकि दुख को भुला सके, जबकि पत्नी अपने बच्चे के साथ संवाद कर पाने की उम्मीद में मनोचिकित्सक से सलाह लेती है। दोनों गहरे दुःख में हैं और पूरी तरह आहत हैं, लेकिन दोनों पर प्रभाव और दोनों के तरीके अलग-अलग हैं। हालाँकि अधिकांश दंपति को इस तरह के गहरे सदमे और दुःख का सामना नहीं करना होता लेकिन उन्हें भी दुःख का सामना करना पड़ता है, तनावपूर्ण हालात से गुजरना होता है जो उनके लिए बहुत कठिन होता है।

हमारे आसपास होने वाली हर घटना हमें प्रभावित करती है, और हमारे भीतर बदलाव का प्रत्यक्ष प्रभाव हमारे रिश्तों पर भी पड़ता है।

लोगों के साथ जुड़ने के हमारे तारीके भी बदलते हैं। एक लेखक के रूप में जिसने युवाओं और वयस्कों के लिए अनेक कहानियाँ और उपन्यास लिखे हैं, मेरे पास हजारों युवाओं के ईमेल आते हैं जिनमें वे मुझसे सलाह चाहते हैं। उनमें से कुछ को यह आशंका रहती है कि क्या उन्हें कभी प्यार मिलेगा। एक बार मुझे एक युवती का बहुत गुस्से भरा ईमेल मिला। वह इस बात को लेकर बहुत ठगा हुआ महसूस करती थी कि उसे मेरी किताब की नायिका की तरह प्यार नहीं मिल सकेगा। इस बारे में मेरा कहना यह है कि सच्चा प्यार हमें उस वक्त नहीं मिलता जब हम उसे सक्रिय हो कर ढूंढ रहे होते हैं। यह तो हमें उस वक्त घेर लेता है जब हमें उसके होने का एहसास भी नहीं होता। हमें बहुत धैर्य की जरूरत होती है और जब तक यह हो न जाए तब तक जीवन में सार्थक कुछ न कुछ करते रहना होता है।

मेरा आकर्षण के सिद्धान्त में पूरा यकीन है। हम जिन चीजों के लिए कृतज्ञता व्यक्त करते हैं वे गुणात्मक रूप से बढ़ती जाती हैं। हमें जीवन में जितना प्यार मिला है उसके प्रति कृतज्ञ होना चाहिए, फिर चाहे वह माता-पिता से मिला हो, दोस्तों से या अपने पालतू पशुओं से ही क्यों न हो। लेकिन अगर हम किसी के लिए अपने प्यार का इजहार करते हैं और वे हमें अस्वीकार कर देते हैं, या कहते हैं कि वे हमारे प्रति वही अहसास महसूस नहीं करते हैं तो हमें यह आहत करता है। प्रेम को अस्वीकार किया जाना या प्रेम में अलगाव आहत करता है। कई मायनों में यह दर्द अतुलनीय होता है। हम अवसाद में घिरने लगते हैं और आगे सब अंधकारमय लगने लगता है। इसका असर शारीरिक रूप से भी महसूस होता है-दिल पथराया सा लगने लगता है। हर समय बस उसी व्यक्ति का खयाल हमें घेरे रहता है जो अब हमारे जीवन में नहीं है। हम मन ही मन उन सारी बातों को दोहराते हैं जो हमने कही, या उन बातों को याद करते हैं जो उन्होंने कही और जिन्हें अलग ढंग से कहा या सुना जा सकता था। हम अपने प्रति हुई नाइंसाफी को दूर करना चाहते हैं।

अक्सर रिश्ता टूटने के बाद जो एक बात किसी के मन में आती है वह यही होती है कि, 'मेरे साथ ऐसा कैसे हो सकता है? खास तौर से जो मैंने उनके लिए किया उसके बावजूद वे ऐसा कैसे कर सकते हैं।' हम भावनात्मक उथल-पुथल में डूबे यह समझ नहीं पाते हैं कि अगर एक समय में हम इतना अधिक प्यार में थे तो अब चीजें इतनी कैसे बदल सकती हैं। अधिकतर रिश्ते जिन कारणों से नाकाम होते हैं वे हमारे नियंत्रण से परे होते हैं। वे खत्म हो जाते हैं क्योंकि उनके खत्म होने का समय नियत होता है। हमें यह स्वीकार करने में कठिनाई होती है कि सब कुछ हमेशा के लिए नहीं रहता। हम ठगा गया महसूस करते हैं क्योंकि 'फिर वे हमेशा खुशी-खुशी साथ रहे' की हमारी परिकल्पना झूठ साबित होने लगती है। खासतौर से जब हमने 'सब ठीक-ठीक' करने की कोशिश की हो तो स्वीकारना और भी मुश्किल होता है।

किसी को भूल जाने का कोई आसान तरीका नहीं होता। यह आहत करता है और लंबे समय तक इसकी टीस बनी रहती है - शायद कई महीनों या शायद वर्षों तक। समय के साथ दर्द कम होता जाएगा, या कम से कम उसकी धार कम होती जाएगी। रिश्तों का टूटना हमें आगे बढ़ना सिखाता है। हम अपने ही बेहतर संस्करण बनते जाते हैं, नए तरह से प्यार करने के लिए तैयार होते हैं। अगली बार हमें हमारे प्यार के लायक कोई और व्यक्ति मिल जाता है। हालाँकि जिस वक्त हम रिश्ते के टूटने की तकलीफ में होते हैं, उस समय हमें यह असंभव सा लगता है। जिस वक्त रिश्ता टूटा और हमने अलग राह चुन ली उस समय में भी कुछ चीजें हैं जो हम कर सकते हैं। हमें याद रखना चाहिए कि दु:ख से उबरने की प्रक्रिया लंबी है लेकिन उसका मुकाबला करने के लिए उचित तौर-तरीकों को अपना कर हम खुद को उसे सहने के लिए तैयार कर सकते हैं। दिल टूटने की स्थिति में यहाँ कुछ तरीके दिये जा रहे हैं, जिनका अपने मन की करामात से हम इस्तेमाल कर सकते हैं।

1. पीछा करना छोड़ दें:

अक्सर लोग रिश्ता टूटने के बाद अपने पुराने प्रेमी का पीछा करते रहते हैं और इस तरह अपने घावों को बार-बार कुरेदते रहते हैं। यदि हम सच में स्वस्थ होना चाहते हैं तो हमें उस रिश्ते को एक बंद दरवाजे की तरह लेना होगा। उनकी तस्वीरों को देखना और यह सोचना कि वे किससे मिल रहे हैं या क्या कर रहे हैं, अपनी बहुमूल्य ऊर्जा को नष्ट करना है और खुद ही नुकसान पहुँचाता है। हमें अपना दिल मजबूत कर उन्हें ब्लॉक कर देना चाहिए। यदि हम दिल टूटने की स्थिति से गुजर रहे हैं और आगे बढ़ने का निर्णय कर लिया है तो अपना मन मजबूत करना होगा। चाहे कोई भी प्रलोभन क्यों न हो, पीछे मुड़ कर नहीं देखना है। यह कई लोगों के लिए बहुत कठिन होता है, लेकिन इसके लिए बहुत मजबूत इच्छाशक्ति की जरूरत होती है। यदि जरूरी हो तो किसी भरोसेमंद दोस्त या विश्वासपात्र व्यक्ति के कंधों पर सर टिकाना ऐसे में अच्छा होता है। मन उस व्यक्ति के साथ इतनी ऊर्जा के साथ जुड़ा था कि उससे निकलने में वक्त का लगना स्वाभाविक है। लेकिन एक दिन में एक कदम चलते हुए हर दिन यह लक्ष्य बनाएँ कि 'मुझे पलट कर उसकी ओर नहीं देखना है'। अगले दिन फिर इसी प्रण को दोहराएँ। आपको पता भी नहीं चलेगा कि कब एक सप्ताह और फिर एक महीना बीत गया और फिर एक साल भी बीत जाएगा। तब तक आप पहले से बहुत मजबूत मनःस्थिति में होंगे।

2. उस तार को काट दें:

कई साल पहले एक दोस्त जिसे मैं बहुत करीबी मानती थी ने मुझसे अलग हो जाने का फैसला किया। उसने मुझे कोई संतोषजनक जवाब नहीं दिया कि वह ऐसा क्यों कर रही है। मैंने अपनी तरफ से यह जानने की पूरी कोशिश की कि आखिर ऐसा क्या हुआ। मैंने सोचा कि कहीं मेरी किसी बात ने उसे आहत तो नहीं किया। कई ईमेल और कई बार फोन मिलाने के बाद मुझे यह समझ आया कि वह मेरे साथ संपर्क में नहीं रहना चाहती। यह बहुत पुरानी दोस्ती थी

और हम काफी करीब थे, अक्सर हम परिवार सहित एक-दूसरे के घर जाते और कई बार वहीं रुक भी जाते थे, मेरे लिए यह बहुत तकलीफदेह था। मुझे इस दौरान एक मानसिक व्यायाम के बारे में पता चला, जिसने मुझे उससे उबरने में मदद की। इस व्यायाम ने मुझे दर्द को सहने और दोस्त को दूर जाने देने में मदद की। मैं जब भी ध्यान लगाती हर बार मैंने उसके भले की कामना की। मुझे इस दु:ख से उबरने में मदद मिली। आज कई साल से हम एक-दूसरी के साथ संपर्क में नहीं हैं। मुझे उस दोस्ती के खोने का अब अफसोस नहीं है और मैं अपने जीवन में आगे निकल आई हूँ।

टूटे रिश्ते के दु:ख से उबरने के लिए एक अभ्यास

1. किसी ऐसे कमरे या जगह पर जाएँ कम से कम पंद्रह-बीस मिनट तक कोई व्यवधान उत्पन्न करने वाला न हो।
2. आरामदायक स्थिति में बैठ या लेट जाएँ और अपनी आँखें बंद कर लें।
3. तीस बार गहरी साँस लें, प्रत्येक साँस के साथ खुद को ढीला छोड़ते जाएँ और अधिक गहरी साँस लेते जाएँ। नाक से साँस लेते हुए चार तक गिनें और छह तक गिनते हुए मुँह से साँस छोड़ें। जब तक गहरे सुकून का अहसाह न होने लगे तब तक यह दोहराते जाएँ।
4. अपने और अपने प्रिय व्यक्ति के शरीर के बीच ऊर्जा के संचार की कल्पना करें। जब बहुत वर्षों तक किसी व्यक्ति के साथ आप प्रगाढ़ संबंध में रहे हों तो ऊर्जा के तन्तु आपस में इस तरह जुड़ जाते हैं कि आप कल्पना नहीं कर सकते कौन सा तन्तु किसका है।
5. अब एक बड़ी सी कैंची से इन्हें ठीक बीच से काटने की कल्पना करें। खचाक! अब ये तन्तु कट गए हैं।
6. खुद अपने तंतुओं को जमीन में रोपने की कल्पना करें। अपने मन में उन्हें अच्छी तरह बाँधें और जमीन में जितना गहरा हो सके उतने गहरे उन्हें रोप दें।

7. पृथ्वी से तेज रोशनी निकलने की कल्पना करें, जिसने आपको घेर लिया है और आपको ठहराव और शांतिपूर्ण ऊर्जा से भर रही है। अब आप उस व्यक्ति को जाने देने के लिए तैयार हैं।
8. एक बार जब आप इस अभ्यास को पूरा कर लें, कुछ देर के लिए चित्त लेट जाएँ या शान्ति से बैठे रहें। (खासतौर से यदि आप इस तरह ध्यान और ऊर्जा पर एकाग्र करने के लिए नए हों तो आपको इस अभ्यास को कुछ बार दोहराना पड़ सकता है।)
9. कल्पना पर आश्रित उपर्युक्त व्यायाम सकारात्मकता उत्पन्न करता है और यह स्वीकार करने में मदद करता है कि रिश्ता खत्म हो गया है। यह हमें इस अनुभव से मिली सीख के प्रति कृतज्ञ होना सिखाता है और आगे के सफर के लिए तैयार करता है।

3. खालीपन को भरना:

जब हम किसी व्यक्ति के साथ सप्ताहत और अपना सारा खाली समय बिताते रहे हों और वह व्यक्ति अलग हो जाए तो ऐसा लग सकता है कि सप्ताहात अचानक खाली हो गए हैं और वह समय बिताना कठिन लगने लगे। ऐसे समय में हमें उज्ज्वल पक्ष को देखना चाहिए। यह वह समय है जब हम किसी डान्स वर्कशॉप में भाग ले सकते हैं या घूमने जा सकते हैं या कुछ ऐसा कर सकते हैं जो हम हमेशा से करना चाहते थे लेकिन अपने साथी की वजह से कभी ऐसा समय हमें नहीं मिला। मेरी एक परिचित ने शादी के अट्ठाईस साल के बाद अलग होना तय किया। पहले वे बच्चों के बारे में सोच कर साथ रहते रहे लेकिन वे धीरे-धीरे एक-दूसरे से बहुत दूर हो गए थे। जब बच्चे बड़े हो गए तो उनके पास साथ रहने की कोई वजह नहीं बची। उन्होंने बाद में मुझे बताया कि अब वे फिर से खुद को खोज रही हैं। शुरू के कुछ महीनों में वे अपने लिए घर ढूंढने

और अपने जीवन को व्यवस्थित करने में व्यस्त रहीं। ऐसे में उन्होंने दोस्तों में आश्रय ढूंढा, वे उनसे अपना दु:ख बांटतीं, कई सप्ताह रोती रहीं और फिर धीरे-धीरे उन्होंने अपने लिए दु:खी होना बंद करने का फैसला लिया। अब वे बहुत खुश रहती हैं, उन्होंने अपने घर को बहुत खूबसूरत ढंग से सजाया है और वह सिर्फ उन चीजों से भरा है जिनसे उन्हें खुशी मिलती हैं। वे कहती हैं कि उन्होंने अपने जीवन को इस तरह कभी महसूस नहीं किया था। वो फिटनेस क्लास जाने लगीं, दोस्तों से मिलतीं, किताबें पढ़तीं और साइकिल चलाने के लिए जातीं – वे सारी चीजें जो सामंजस्य बनाने और समझौता करने के लिए उन्होंने रोकी हुई थीं ताकि उनकी शादी चलती रहे। जितना अधिक वे अपनी आंतरिक अभिरुचियों से जुड़ती गईं, उतनी ही खुशी उन्हें महसूस हुई। इसमें समय लगा, लेकिन वे उस स्थान पर पहुंच गई जहाँ वे संतुष्ट और खुश हैं। वो कहती हैं कि शुरू में काफी तकालीफदेह था लेकिन अंतत: उन्हें लगता है कि अलग होने का फैसला उनके जीवन का सबसे सही निर्णय था।

हमें सालों तक इस बात के लिए अनुकूलित किया गया है कि एक बार 'सही साथी' मिल जाए उसके बाद हमें उसका साथ निभाने के लिए तमाम समझौते करते रहने चाहिए। अक्सर ऐसा करने में हम खुद को ही अपनी प्राथमिकताओं में सबसे पीछे रखते जाते हैं। इसके बाद हम अपने ही लुटे-पिटे और दु:खी संस्करण में बदलते जाते हैं जो न अपना जीवन जी पाते हैं और न ही अपने मन का कुछ कर पाते हैं। जिन गतिविधियों को हम करना चाहते थे उनमें शामिल होना जीवन को फिर से एक मकसद दे सकता है और हमें फिर से उत्साह से सराबोर कर सकता है। यह हमें फिर से सकारात्मक बना सकता है।

4. समय दीजिये:

इंटरनेट पर एक उद्धरण पढ़ा था, 'बीते हुए कल से एक प्रतिशत बेहतर हो जाओ।' मुझे यह बहुत उत्साहवर्द्धक उद्धरण लगा जिसे

जीवन के किसी भी पहलू पर आजमाया जा सकता है। प्रयास करने के लिए कितना कमाल का लक्ष्य है। एकदम छोटा सा प्रयास जिसे किया जा सकता है और जो हमें हर बीतते दिन के साथ अपने लिए और बेहतर महसूस करवा सकता है।

रिश्ते का खत्म होना किसी ऊँचाई से गिरने की तरह है। हम कितने ऊँचाई से गिरते हैं या कितना आहत होते हैं यह इस पर निर्भर करता है कि रिश्ता कितना गहरा था। कभी-कभी ऐसा भी होता है कि हम जितनी गहराई से जुड़ाव महसूस करते थे, सामने वाले के लिए लगाव उतना गहरा नहीं होता। तब हमें और ज्यादा दुःख होता है। जब हड्डी टूटती हैं तो डॉक्टर शरीर के उस हिस्से को एक प्लास्टर में बांध देते हैं ताकि जब तक वह थोड़ा ठीक न हो जाए उसे आराम मिल सके। आराम जरूरी है। जब ठीक हो भी जाए तो हमें इस हिस्से का ध्यान रखना होता है क्योंकि ताजा जुड़ी हड्डी संवेदनशील होती है। भारी वजन नहीं उठा सकते और हर तरह से ध्यान रखना होता है ताकि हम फिर से उस हड्डी को चोट न पहुंचा दें। दिल के साथ भी ऐसा ही है। दिल टूटा है तो उसे भी आराम देने की जरूरत है। हमें अपने प्रति उदार रहने और वह सब करने की जरूरत है जो हमें अच्छा महसूस करने में मदद करे - घर में रहें, जिनसे बात करने का मन न हो उनसे बात न करें, आइसक्रीम खाएँ, फिल्में देखें।

कई लोग रिश्ते टूटने के बाद मुझे लिखते हैं। वे इतने दर्द में होते हैं कि उन्हें समझ नहीं आता कि क्या करें। वे तुरंत समाधान चाहते हैं। जबकि तुरंत समाधान कोई है नहीं। सिर्फ एक काम जो आप कर सकते हैं वह है कि इसे समय दें। जैसे एक पौधे के बढ़ने के लिए जल्दी नहीं की जा सकती आपके नए व्यक्ति को भी उभरने के लिए समय चाहिए। आपका 'टूटा हुआ स्व' अब रूपांतरित हो रहा है। आप इन बदलावों को नहीं देख सकते क्योंकि वे बहुत सूक्ष्म हैं, और बहुत कुछ सतह के नीचे। लेकिन इस दौरान कोई गलती न करें - आप उपचार की प्रक्रिया में हैं। जब आप इससे उबर जाएंगे

तब आप अधिक मजबूत, होशियार और संभवत: खुद का अधिक दयालु संस्करण होंगे।

यदि आप किसी रिश्ते में हैं, तो सुनिश्चित करें कि यह एक खुशहाल रिश्ता है। अगर आप एक ऐसे रिश्ते में हैं जिसे सुधार की जरूरत है, तो अपने साथी से चीजों को ठीक करने के बारे में बात करें। घाव और पछतावे को बढ़ने न दें। अगर रिश्ता आपको बहुत दुखी करता है और इसमें सुधार की गुंजाइश नहीं है तो इसे समाप्त करने पर विचार करें। इस बात को समझें कि रिश्तों के टूटने से लगे घावों का उपचार एक लंबी प्रक्रिया है और इसमें वर्षों लग जाते हैं। खुश रहना और जीवन के सभी पहलुओं में सकारात्मकता आपका अधिकार है। यह आपका अपने प्रति दायित्व है कि आप संतोष और आनंद का जीवन जीएं।

मन की करामात और रिश्ते

सिद्धान्त 1: संवाद, संवाद और थोड़ी सी आत्मीयता

सिद्धान्त 2: इस पर काम करने के लिए समय निकालें

सिद्धान्त 3: फिर से जीवंत बनाएं

प्यार और मस्ती को लौटाने के लिए कुछ उपाय

1. अपने साथी की जरूरतों को समझें
2. सकारात्मकता का खाता बढ़ाएँ
3. 'मस्ती का मर्तबान' ले आएँ
4. रसोई में सफेद बोर्ड लगाएँ

टूटे रिश्ते से उबरने के उपाय

1. सारे रास्ते बंद कर दें
2. तन्तु को काट दें : मानसिक व्यायाम
3. खालीपन को भरें
4. समय दें

❑❑❑

7

मन की करामात और अच्छा स्वास्थ्य

जब शरीर स्वस्थ नहीं रहता तो विचार भी प्रकट नहीं होते, कला अपना रास्ता नहीं ढूंढ पाती, लड़ने की ताकत नहीं रहती, वैभव अर्थहीन हो जाता है और बुद्धि-लब्धि का इस्तेमाल नहीं हो पाता है।

–हेरोफिलस

हाल ही मैंने सोशल मीडिया पर लोगों से यह जानने के लिये एक मतसंग्रह किया कि क्या वे अपनी मौजूदा जीवन शैली से अधिक स्वस्थ जीवन शैली अपनाना चाहते हैं। लगभग 88 प्रतिशत लोगों का जवाब 'हाँ' था, क्योंकि वे अपनी मौजूदा जीवन शैली से दुःखी थे। अपने जीवन से असंतुष्ट लोगों का इतना अधिक अनुपात मेरे लिए चौंकाने वाला था। जब मैंने लोगों से यह पूछा कि वे अपने जीवन में क्या बदलना चाहते हैं तो मैंने उसमें एक तरह का ढर्रा देखा। कुछ अपना वजन कम करना चाहते थे, कुछ सुबह जल्दी जागना चाहते थे, कुछ स्क्रीन पर बिताया जाने वाला समय कम करना चाहते थे, कुछ नियमित व्यायाम करते रहना चाहते थे और कुछ चाहते थे कि बस थोड़ा सा आलस कम हो जाए। ज़्यादतर लोग यह जानते थे कि वे क्या चाहते हैं, लेकिन अपनी स्थिति में फंसे हुए महसूस करते थे। यह पूछे जाने पर कि क्या वे अपनी सेहत का ख्याल रखना महत्त्वपूर्ण मानते हैं शत-प्रतिशत लोगों का जवाब हाँ था। महात्मा गांधी ने कहा था कि स्वस्थ शरीर ही सच्ची पूंजी है, सोना या चाँदी नहीं, और मेरे द्वारा किए गए अध्ययन ने भी इसी बात की पुष्टि की।

व्यक्तिगत स्वास्थ्य : भारत का मौजूदा परिदृश्य

कैलिफ़ोर्निया के स्वास्थ्य संबंधी प्लेटफॉर्म GOQii[1] के द्वारा भारत की आबादी पर 2019 की रिपोर्ट के अनुसार 45 वर्ष तक की उम्र के मधुमेह के रोगियों की तादाद में 40 प्रतिशत तक वृद्धि दर्ज की गई और उच्च रक्तचाप के मामलों में 90 प्रतिशत तक वृद्धि दर्ज की गई। मोटापे से ग्रस्त लोगों की संख्या में 57 प्रतिशत तक वृद्धि हुई है। हर चौथे भारतीय को किसी न किसी तरह के दर्द की शिकायत रहती है। प्रत्येक चौथा व्यक्ति तनाव से ग्रस्त है। महामारी ने हालात को और बदतर बना दिया। विभिन्न अखबारों में प्रकाशित खबरों के अनुसार हर चौथे भारतीय को अपने मानसिक स्वास्थ्य और तनाव से उबरने के लिए चिकित्सकीय सहायता की जरूरत है। हाँलाकि हम सब जानते हैं कि अपने स्वास्थ्य का खयाल कैसे रखें लेकिन उसके लिए अनिवार्य प्रेरणा की कमी के चलते हम ऐसा नहीं कर पाते। हम अपने रोजमार्रा के ढर्रे में बंधे हैं और बदलाव चाहते तो हैं लेकिन किसी तरह कुछ कर नहीं पाते। हम कल व्यायाम करेंगे कह कर टालमटोल करते रहते हैं और इस तरह कई दिन, महीने, साल बीत जाते हैं। हम रात में सोते समय खुद से यह वादा करते हैं कि सुबह जल्दी उठना है, लेकिन सुबह जब अलार्म बजना शुरू होता है तो हम बस दस मिनट और नींद निकाल लेने की सोच कर उसे बंद कर देते हैं; और जब हमारी आँख खुलती है तब तक एक घंटा बीत चुका होता है। हम पौष्टिक भोजन खाना चाहते हैं लेकिन हमारे हाथ में चाय है, सामने रखे समोसे का मोह छूट नहीं रहा है और आलू की चिप्स इसके साथ बहुत अच्छी लगती है, खासतौर से जब बाकी सब लोग उसका लुत्फ उठा रहे हों तो खुद को कैसे रोकें। बस एक बार से कोई फर्क नहीं पड़ता, हम हर बार खुद को यही कहते हैं और हमारा व्यवहार जैसा का तैसा बना रहता है।

---

1 Source: https://goqii.com/blog/lifestyle-diseases-an-epidemic-among-young-indians

मेरी कहानी : एक नजरिया

मेरी परवरिश एक ऐसे परिवार में हुई जिसमें अपने स्वास्थ्य का खयाल रखना बेहद महत्त्वपूर्ण माना जाता था। मेरे माता-पिता इस बारे में बहुत सजग थे कि किस तरह खानपान की थोड़ी सी गड़बड़ी जीवन शैली से जुड़े रोगों को बुलावा देती हैं जबकि सही खानपान को चुन कर इस स्थिति से बचा जा सकता है। खानपान के मसले पर दोनों के बीच पूरी सहमति थी। वे स्थानीय तौर पर उपलब्ध सामग्री से बना सादा और ताजा खाना खाते। ऐसे परिवारों में पले-बढ़े जहाँ घर में फ्रिज नहीं होते थे, उन्हें जितना एक बार में खाया जा सके उतना ही पकाने की आदत थी। उन्हें फ्रिज में रखे या दोबारा गरम किए गए खाने का स्वाद अच्छा नहीं लगता था। कम मात्रा में बनाने के कारण उन्होंने हमेशा स्वादिष्ट, गरमागरम, ताजा खाना खाया जिसके लिए सारी सामाग्री स्थानीय स्तर पर मिल जाती थी। मेरे माता-पिता को बागबानी का भी शौक था इसलिए इसमें से बहुत सारी सामग्री तो घर में उपजाई गई गैंनिक सामग्री ही होती। ऑर्गेनिक और स्थानीय तौर पर उपलब्ध खाना जब फैशन में नहीं आया था उसके बहुत पहले से मेरे माता-पिता उसी का पालन कर रहे थे।

मेरे पिताजी अक्सर कहते थे, 'जिंदा रहने के लिए खाओ, खाने के लिए मत जियो।' उनका और मेरी माँ का 'ताजी हवा' की अवधारणा में बहुत विश्वास था और वे यह मानते थे कि 'व्यायाम लगभग सारी बीमारियों को ठीक कर देता है' और यह वाक्यांश मुझे अक्सर सुनने को मिलते रहते थे। वे प्रतिदिन लंबी सैर पर जाते थे। मेरे दादा-दादी भी ऐसा ही मानते थे। मेरे दादा-दादी में से किसी को भी अपने पूरे जीवन कभी अस्पताल नहीं जाना पड़ा। मेरे माता-पिता भी नियमित वार्षिक स्वास्थ्य जाँच के अलावा अपवादस्वरूप ही कभी चिकित्सकों के पास गए।

उन्हें देखते हुए मुझे भी यह स्वतः ही समझ में आ गया कि अच्छे स्वास्थ्य के लिए मुख्य बात पोषक भोजन है। अगर हम खाना

स्वास्थ्यवर्द्धक खाते हैं तो जीवनशैली से जुड़े अधिकांश रोगों से खुद ब खुद ही बचे रहते हैं। मेरी परवरिश ऐसे वातावरण में हुई कि मुझे लगता था यही स्वाभाविक है और अधिकांश लोग ऐसे ही जीते हैं। अपनी नादानी में मैं यह समझती थी कि सभी लोग ऐसा ही जीवन जीते हैं। मेरे माता-पिता कैसा जीवन जीते हैं इसके बारे में मैंने कभी बहुत विचार नहीं किया था और न उन्हें ही ऐसा लगता था कि वे कोई बहुत खास बात करते हैं।

जब मैं लगभग चौदह वर्ष की थी तब एक दोस्त के घर मुझे भोजन के लिए आमंत्रित किया गया। वहाँ विविध प्रकार के व्यंजन हमें परोसे गए, जो काफी गरिष्ठ भी थे। इसकी तुलना में हम जो अपने घर पर भोजन करते थे वह बहुत सामान्य प्रकार का होता था। मेरी दोस्त ने बताया कि यही उनका रोजमर्रा का भोजन होता है। मुझे यह भी पता चला कि उनका अधिकांश भोजन घी में पकाया जाता था जो हमारे यहाँ कभी-कभार ही होता था। उनकी तुलना में हमारा भोजन बहुत औसत होता था। मेरी दोस्त के पिता उच्च रक्तचाप और मधुमेह जैसी तमाम जीवनशैली से जुड़ी बीमारियों से ग्रस्त थे। उसकी माँ गठिया से पीड़ित थीं। मेरी दोस्त ने बताया कि उनके यहाँ जिस तरह की परंपरा थी उसमें सादा भोजन खाना लगभग असंभव था। उनके परिवार में धारणा थी कि यह केवल बड़े-बुजुर्ग ही घी में बने खाने से परहेज करते हैं। उसके माता-पिता कहते थे, 'अभी हम जीवन का आनंद ले सकते हैं; हम अभी बूढ़े नहीं हुए हैं।' जैसे मेरे माता-पिता पोषक खाने में और वर्जिश में विश्वास करते थे उसके माता-पिता 'जीवन का आनंद' लेने के लिए उनके स्वाद को तृप्त करे ऐसा खाना खाने में विश्वास करते थे।

अनजाने में ही मेरे माता-पिता ने स्वास्थ्य के बारे में पोषक भोजन और वर्जिश के प्रति मेरे मन को करामाती बना दिया था। यह सोच मुझमें इस तरह पैठ गई थी कि मैं पोषक भोजन और वर्जिश को कभी नजरअंदाज नहीं कर सकती। मैं वर्जिश के बिना रहने की कल्पना ही नहीं कर सकती। लेकिन यदि यह सोच बचपन से विकसित न भी हो तो उसे बाद में विकसित कर सकते हैं।

जहाँ तक स्वास्थ्य के बारे में करामाती मन का सवाल है इसमें कोई करामात नहीं है। सिर्फ दो सिद्धांत हैं जो व्यक्ति को हमेशा याद रखने चाहिए :

सिद्धांत 1: पोषक खाना

सिद्धांत 2: वर्जिश

अभ्यास 7a

क्या आप और अधिक स्वस्थ होना चाहते हैं? यदि हाँ तो उन कारणों को लिखिए जिनके लिए आप अधिक स्वस्थ होना चाहते हैं। जैसे: अधिक ऊर्जा के लिए, दर्द से राहत के लिए, स्वस्थ शरीर के लिए

अभ्यास 7b

आप इस लक्ष्य को अभी तक हासिल क्यों नहीं कर पाए? आपसे कहाँ गलती हुई?

स्वास्थ्य के लिए कारागाती मन

स्वस्थ जीवन जीने का सिर्फ एक ही तरीका है: अपने मन में यह दृढ़ संकल्प कर लें और उस पर टिके रहें। अगर हम स्वस्थ रहना चाहते हैं तो हमें इसे प्राथमिकता देनी होगी। हमें इसके लिए समय देना होगा। जरूरी नहीं कि इसके लिए अचानक या बड़े बदलाव किए जाएँ। लेकिन हर दिन थोड़ा-थोड़ा बदलाव स्वास्थ्य के संबंध में अहम सकारात्मक बदलाव लाने में लंबे समय के लिए कारगर भूमिका निभा सकता है।

बेहतर स्वास्थ्य और सकारात्मक सोच की ओर ले जाने की दिशा में अपनी जीवन शैली को बेहतर बनाने के लिए कुछ चीजें हम कर सकते हैं।

1. जल्दी उठना:

अपने सामान्य उठने के समय से एक घंटा पहले जागने का एक प्रमुख लाभ यह है की हमारे पास थोड़ा अतिरिक्त समय उपलब्ध हो जाता है – ऐसा समय जिसका हम उत्पादक उपयोग कर सकते हैं। जैसे व्यायाम या योग करने या आस-पास घूमने जाने के लिए इस समय का उपयोग किया जा सकता है। हालाँकि कहने में यह जितना अच्छा लगता है इसे व्यवहार में लाना उतना ही कठिन है।

ज्यादातर लोगों की तरह मुझे भी सुबह जल्दी उठना पसंद नहीं। मैं बंगलौर में रहती हूँ, जहाँ ऊँचाई के कारण साल भर मौसम सुहावना रहता है। इस मौसम को अक्सर 'छुट्टी का मौसम' भी कहा जाता है और स्वाभाविक ही यह इच्छा होती है कि अपने बिस्तर में दुबक कर कुछ देर और सो लिया जाए। सर्दियों में मैं सुबह 7.30 तक सोती हूँ लेकिन गर्मियों में 6 बजे उठ जाती हूँ। मैं सुबह जल्दी जागने वाली व्यक्ति नहीं रही हूँ लेकिन इसके लाभ देखते हुए मैंने तुरंत इस अनुशासन को अपना लिया। यदि आपको सुबह जल्दी उठने में परेशानी आती है तो निम्न प्रयास करें:

i. **पूछें क्यों और लिख लें:** इस पर गहराई से विचार करने के लिए कुछ समय अलग रखें। टहलने के लिए जाएँ तो अपने

फोन को घर पर छोड़ कर जाएँ और उन सभी कारणों के बारे में सोचें जिनके लिए आप सामान्य से जल्दी जागना चाहते हैं। यदि आपके मन में सिर्फ कुछ सतही कारण आते हैं जैसे 'सभी सफल लोग जल्दी उठते हैं' या 'क्योंकि मेरे माता-पिता मुझे देर तक सोने पर बहुत खरी-खोटी सुनाते हैं' तो तय मानिए आप जल्दी उठने के लिए प्रेरित नहीं होंगे। इस बारे में सोचें कि ऐसा करने से आपके जीवन में क्या बदलाव आएगा? आप उस अतिरिक्त समय का क्या करेंगे जो आपको जल्दी उठने पर मिलेगा? आप अपने नियमित समय से कितना पहले जागना चाहते हैं और क्यों? जब आप टहल कर लौट आएँ तब अपने उत्तर एक कागज पर लिख कर ऐसी जगह चिपका दें जहाँ आप उन्हें देख सकें-जैसे आपकी अलमारी या डेस्क के ऊपर। जितना हो सके उतनी विस्तृत सूची बनाएँ।

जब हमारे पास दमदार और आकर्षक वजह हो और बदलाव के मूर्त लाभ सामने दिखाई दे रहे हों तो इस बात की उम्मीद बढ़ जाती है कि हम अपनी योजना का पालन करते रहें। जब तक हम इन्हें लिखते नहीं यह हमारे पास केवल अस्पष्ट विचार के रूप में रहते हैं। लेकिन जब हम उन्हें लिख कर सामने चिपका लेते हैं तो वे हमें दिखाई देते रहेंगे और उन पर काम करने के लिए हमें प्रेरित करते रहेंगे। अगर हम दूसरे लोगों के बीच में रहते हैं तो वे भी हमारे इरादों के बारे में जान सकेंगे और हमें हमारे लक्ष्यों की ओर धकेलते रह सकते हैं। दूसरे लोगों के सामने अपने इरादों को जाहिर करना हमें अपने संकल्प से पीछे हटने से बचाने में सहायता कर सकता है।

ii. धीरे-धीरे अभ्यास में लाएँ : यदि आपकी 8.30 पर जागने की आदत है और आप 6 बजे का लक्ष्य तय करते हैं तो इसका नाकाम होना तय है। इतना बड़ा बदलाव एकदम से लाना अधिकांश लोगों के लिए कठिन होता है। इस तरह का लक्ष्य तय

कर उस पर कायम रहने के लिए इस्पाती इरादों की जरूरत होती है अन्यथा आपके लिए इस पर लंबे समय तक टिके रहना संभव नहीं हो सकेगा। मेरी सलाह है कि अपने लक्ष्य की तरफ धीरे-धीरे बढ़ें। एक दिन छोड़ कर एक दिन अपने उठने के अलार्म को नियमित समय की तुलना में पंद्रह मिनट पहले की ओर ले जाएँ। इस तरह मान लीजिये कि मंगलवार, गुरुवार और शनिवार वे दिन हैं जब आप नियमित समय से 15 मिनट जल्दी जाग गए, बाकी के चार दिन अपने नियमित समय तक ही सोएँ। यह ऐसी सलाह है, जैसे आप एक बार में जितना हजम कर सकते हैं उतना ही खाएँ। अपने लक्ष्य को आसानी से हासिल किए जाने की सीमा तय करना इस बात की उम्मीद बढ़ाता है कि लंबे समय तक आप इस पर कायम रह सकेंगे। एक सप्ताह तक इसका पालन करने के बाद इसका सप्ताह में चार दिन पालन करना शुरू कर दें। फिर एक सप्ताह उसका पालन करने के बाद पाँच दिन कर दें, फिर आप सप्ताह में छह दिन के नियम पर आ सकते हैं और रविवार या किसी भी एक दिन को इससे छुट्टी का दिन तय कर सकते हैं, जब आप जितना चाहें उतना सो सकें। जब एक बार आपका पंद्रह मिनट जल्दी उठने का नियम बन जाए, तब आप इस पूरी प्रक्रिया को फिर से दोहरा कर और पंद्रह मिनट पहले पर ले जा सकते हैं। इसी चक्र को दोहराते हुए आप उस लक्ष्य तक पहुँच सकते हैं जो आप सुबह जल्दी उठने के लिए तय करना चाहते हैं। समय को किस तरह निर्धारित करना है यह निश्चय ही आपको स्वेच्छा से तय करना है।

iii. इस तरह के बदलाव जब लाने हों तो इसके पीछे मूल विचार यही है कि बदलाव इतना आकस्मिक न हो कि आप कुछ ही दिन में थक कर उसे छोड़ दें। यदि हम धीरे-धीरे और लंबे समय में उस बदलाव में सहायता करता है। यह बहुत छोटे-छोटे कदम हैं जो हमें हमारे लक्ष्य के साथ सामंजस्य बनाने में मदद करते हैं।

iv. **स्क्रीन का समयः 8 बजे बंदः** अनेक अध्ययन यह कहते हैं कि इलैक्ट्रिक यंत्रों पर लंबा समय बिताना अनिद्रा का कारण है। इलैक्ट्रिक यंत्र एक किस्म की कृत्रिम नीली किरणों का उत्सर्जन करते हैं जो मेलटोनिन निकलने से रोकता है। और हमारे शरीर में निद्रा संबंधी हारमोन को प्रभावित करता है। स्क्रीन से निकलने वाली रोशनी हमें सजग और सक्रिय रखती है और हमारी सरकेडियन रिद्म के साथ खिलवाड़ करती है। हम सब अपने फोन से इस कदर जुड़ गए हैं कि फोन को स्विच ऑफ करना बहुत बड़ी बात लगने लगा है। लेकिन यदि आप अपनी जीवन शैली में बदलाव के प्रति वाकई गंभीर हैं तो क्यों न यह भी करके देखा जाए। अधिकांश लोग यह कहते हैं कि उन्हें इस बात का डर लगता है कि यदि उन्होंने फोन बंद कर दिया तो किसी आपात/ज़रूरत के समय वे उपलब्ध नहीं हो सकेंगे। लेकिन सच्चाई यह है कि हम में से बहुत से लोगों के लिए फोन एक व्यसन की तरह हो गया है। आप इस पर ठहर कर सोचेंगे तो पाएंगे कि आपात स्थिति (जिसके आने की संभावना बहुत ही क्षीण है) यदि आती है, तो आपके करीब किसी ऐसे व्यक्ति से संपर्क किया जा सकता है जो आपके घर की घंटी भी बजा कर आपको सूचना दे सकते हैं।

नैन्सी कोलियर, एक मनोचिकित्सक और कई किताबों की लेखिका हैं। उनका कहना है कि जब उन्हें बहुत सारे लोगों ने तकनीक की लत से छुटकारा पाने के उपाय पूछना शुरू किया तब उनका ध्यान इस बात की तरफ गया। तब ही उन्हें इस बात का अहसास हुआ कि वे खुद भी इस लत की चपेट में आ चुकी हैं। नैन्सी ने इस आदत से छुटकारा पाने के लिए हर दिन नियमित ध्यान लगाना शुरू किया और उस थोड़े समय के लिए वे अपने फोन को बंद रखने लगीं। लेकिन जैसे ही वे ध्यान से उठतीं फोन फिर से उनके हाथ में लग जाता और वे उसके रहम पर रहतीं। मैं नैन्सी के अनुभव को समझ सकती हूँ, जैसे और बहुत से लोग समझ सकते हैं। मैं भी फोन से

चिपकी रहती हूँ जब तक कि मैं इसे दूसरे कमरे में रख कर उससे दूर रहने का निर्णय न कर लूँ।

यदि आप स्क्रीन समय कम करना चाहते हैं (ताकि चैन से सो सकें) तो एक ही उपाय है इसके प्रति उदासीन हो जाएँ। यदि आपके लिए फोन से दूर रहना संभव नहीं तो इसे परिवार के किसी अन्य सदस्य या मित्र को सौंप दें और उन्हें कह दें कि इसे अगले दिन ही आपको वापस दें। संभव है कि शुरू में कुछ दिन आप बहुत असहज महसूस करें। फोन पर बिताए जाने वाले समय को किताब पढ़ने में बिताने का प्रयास करें। जल्दी ही आपकी देह का संतुलन लौट आएगा और यह फिर से मेलाटोनिन का उत्पादन शुरू कर देगा। आपको समय पर नींद आने लगेगी और आपकी दिनचर्या पटरी पर आ जाएगी। अतिरिक्त फायदा यह होगा कि आपके पढ़ने की आदत भी लौट आएगी।

v. **एक अलार्म घड़ी खरीदें और उसे बिस्तर से दूर रखें:** यह एक पुराना लेकिन आजमाया हुआ नुस्खा है। अपने फोन में अलार्म लगाने की बजाय पुराने जमाने की तरह अलार्म घड़ी का प्रयोग करें। अलार्म घड़ी को मेज या डेस्क पर अपने बिस्तर से दूर रखें ताकि जब अलार्म बजे तो उसे बंद करने के लिए आपको बिस्तर से बाहर निकलना पड़े। एक बार बिस्तर छोड़ने के बाद वापस सोने के लिए न जाएँ। अलार्म घड़ी के उपयोग का एक अतिरिक्त लाभ यह भी होगा कि आप अलार्म के लिए फोन का इस्तेमाल नहीं कर रहे हैं इसलिए अलार्म बंद करते ही फोन में देखना शुरू नहीं कर देंगे। अब फोन देखने के बजाय कुछ समय आपका दिन कैसा बीतने वाला है इसके बारे में सोचने के लिए निकालें। यदि दिन में आपकी कोई बैठक है तो उसके बारे में सोचें कि वह बैठक कैसे बेहतर तरीके से अंजाम दी जा सकती है। यदि आपने

दोस्तों से मिलने की योजना बनाई तो हँसी-खुशी उनके साथ दिन बिताने की कल्पना करें। आपको जीवन से जो भी उपहार मिले हैं उसके लिए ब्रह्मांड को धन्यवाद दें। फिर एक गिलास पानी पी लें और अपने दिन की शुरुआत करें। आगे आपका दिन कैसा बीतने वाला है उसकी एक सकारात्मक शुरुआत के लिए यह एक कारगर तरीका है।

2. खूब व्यायाम करना:

कई साल पहले मेरा एक बहुत सुंदर खेत पर जाना हुआ जहाँ कई सारे घोड़े, कुत्ते, मुर्गी और गाय आदि भी थे। खेत की मालकिन बहुत ऊर्जावान महिला थी; शोख, खुशमिजाज और मिलनसार। वे अक्सर घुड़सवारी के लिए भी जाती थीं। जब मुझे पता चला कि वह अपने पांचवें दशक के उत्तरार्ध में हैं और एक वयस्क बेटे की माँ हैं तो मुझे बहुत हैरानी हुई। उन्हें देख कर और उनके व्यवहार से वे 25-30 वर्ष से अधिक नहीं लगती थीं। मैंने उनसे बातचीत की और उनसे उनकी सेहत का राज जानना चाहा। उन्होंने बताया कि वे किसी खास नियम का पालन नहीं करती हैं। बस पौष्टिक खाना खाती हैं और थोड़ा योग करती हैं। खेत पर रहती हैं इस कारण बहुत सारा शारीरिक श्रम भी करती हैं जो अनावश्यक चिंताओं में जाने से उन्हें बचाए रखता है; खेत पर हमेशा कुछ ऐसा होता रहता है जिस पर उन्हें तुरंत ध्यान देने की जरूरत होती है। उनकी जीवन शैली से प्रभावित होकर मैंने यह संकल्प लिया कि पचास की उम्र में मुझे भी ऐसा ही रहना है। हालाँकि व्यायाम करना हमेशा से मेरे जीवन का हिस्सा रहा है, उनके जैसे लोगों से मिलना मेरे संकल्प को दृढ़ करता है।

बहुत बार मैं दिन भर में कितने कदम चली या साइकिल चलाई उसके स्क्रीनशॉट सोशल मीडिया पर साझा करती हूँ। मैं ऐसे लोगों में हूँ, जो बहुत जल्दी ऊबने लगते हैं। अपनी दिनचर्या पर कायम रहने के लिए मुझे ऐसे तरीके खोजने पड़ते हैं जो इसे मेरे लिए

रोचक और मजेदार बनाए रख सकें। हर साल मुझे अपनी फिटनेस के लिए कुछ नए तरीके आजमाने होते हैं। कभी टहलना, जॉगिंग, अष्टांग योग से लेकर वजन कम करने के लिए ट्रेनिंग तक सब तरीके मैंने आजमाए हैं और जो भी तरीका मैंने चुना उसका पूरी प्रतिबद्धता के साथ निर्वाह किया। व्यायाम के कुछ तरीकों को मैंने कुछ ही महीनों में छोड़ दिया और कुछ कई साल तक करती रही। लेकिन मैं अपनी दिनचर्या में प्रतिदिन व्यायाम के 20 मिनट को शामिल रखने में निरंतर कामयाब रही हूँ।

बहुत से लोग मुझे लिखते हैं और पूछते हैं कि मुझे रोजाना व्यायाम करने के लिए प्रेरणा कहाँ से मिलती हैं। वे कहते हैं कि वे व्यायाम करना चाहते हैं लेकिन इसके लिए पर्याप्त उत्साह नहीं जुटा पाते। उनमें से कुछ ने बहुत उत्साह से जिम जाना शुरू किया लेकिन कुछ हफ्तों के बाद छोड़ दिया क्योंकि यह बहुत कठिन था। ऐसे कई कारण हैं जिनकी वजह से बहुत से लोगों को व्यायाम की नियमित दिनचर्या का पालन मुश्किल लगता है। पहला कदम उस मूल कारण का पता लगाना हो सकता है, जिसके कारण यह दिनचर्या छूट जाती है। उदाहरण के लिए, क्या आपको उस जगह तक जाने के लिए गाड़ी चलानी पड़ती है और क्या यातायात के कारण आप परेशान हो जाते हैं? क्या आपकी नौकरी में बहुत तनाव रहता है जिसमें पंद्रह घंटे काम करते के बाद आप बिल्कुल ऊर्जा महसूस नहीं करते और आप सिर्फ टेलीविजन के सामने आराम से पसर जाना चाहते हैं। क्या आपने व्यायाम को दिनचर्या में शामिल किया लेकिन कुछ ही दिनों के बाद थक कर इसे छोड़ दिया? या आप बहुत दिनों तक व्यायाम करते रहने के बाद भी अपेक्षित परिणाम नहीं मिल पाने के कारण निराश महसूस कर रहे थे?

vi. **प्रत्येक व्यक्ति अलग होता है:** मेरा एक दोस्त मैराथन दौड़ता है, उसने मुझसे दौड़ आजमाने के लिए कहा। हम स्कूल में एक साथ बास्केटबॉल खेलते थे। उस जमाने में मैं भी

प्रतिस्पर्धी एथलेटिक्स में रुचि लेती थी। उसे यकीन था कि मुझे इसमें भी मजा आएगा। शुरुआत में उसने मुझे दौड़ने के लिए कुछ सुझाव दिये। उसने कहा की दौड़ना उसके जीवन में सबसे बेहतरीन बात साबित हुई और इससे उसका जीवन बदल गया। उसने कहा कि यदि मैं एक बार इसे नियमित रूप से शुरू कर दूँगी तो मुझे भी इसमें बहुत आनंद आएगा। बेशक, मैंने इसे आजमाया। लेकिन एक सप्ताह में ही मुझे यह समझ आ गया कि यह मुझे कतई नापसंद है। मैंने दौड़ना छोड़ दिया, यह मेरे लिए नहीं था। हो सकता है कि आपने अपने किसी दोस्त की सलाह पर कोई खास व्यायाम शुरू किया हो। क्योंकि वह व्यायाम आपके दोस्त के लिए कारगर रहा था। आपको सलाह देने के पीछे उनके इरादे भी निश्चय ही नेक रहे होंगे लेकिन यह जरूरी नहीं कि जो किसी अन्य के लिए कारगर रहा हो वही आपके लिये भी रहे। यदि आपको यह पसंद नहीं आ रहा है तो इसे छोड़ दीजिये। इसके लिए खुद को दोषी महसूस न करें। यह स्वीकार करें कि प्रत्येक व्यक्ति अलग होता है और खुद अपने साथ जबरदस्ती करने की बजाय ऐसे तरीके खोजें जो आपके लिए कारगर हों।

vii. **कुछ मजेदार चुनें:** विभिन्न तरीकों को आजमाने में संकोच न करें। कुछ समय के लिए मैं YouTube देखा करती थी जिससे मुझे एक फिटनेस रूटीन को अपनाने में मदद मिली। कुछ महीनों बाद मैं इससे ऊब गई और छोड़ दिया। जब मैंने यह फैसला लिया कि मुझे किसी तरह का व्यायाम नियमित रूप से करना चाहिए, तब मैंने अपने अड़ोस-पड़ोस में अलग-अलग तरह की नृत्य कक्षाओं में जाना शुरू किया। मुझे उनमें से कोई भी पसंद नहीं आई। वे या तो बहुत ज्यादा कोरियोग्राफी पर ध्यान देते थे या तकनीकी विवरण पर जोर देते थे। मुझे नाचना नहीं सीखना था। मैं कुछ मजेदार खोजना चाहती थी। तभी

मुझे एक जुम्बा क्लास के बारे में पता चला। जो ठीक वैसी थी जैसा मैं चाहती थी। यह सिर्फ छह से दस लोगों का छोटा सा समूह था। प्रशिक्षक बहुत अच्छे थे और मुझे इसमें बहुत मजा आया। मैंने नए दोस्त बनाए, हम खूब हँसते और हम सबको अगली कक्षा का इंतजार रहता। जब आप अलग-अलग चीजों को आजमाते हैं तब ही आपको यह पता चलता है कि आपके लिए सबसे सही विकल्प कौन सा है। कभी-कभी आपको तुरंत ही पता चल जाता है कि यह आपके लिए कारगर नहीं है। कई बार आपको यह पता लगने में कुछ सप्ताह का समय लग सकता है। जब भी आपकी उसमें रुचि खत्म होने लगे, रुक जाइए।

viii. **आसान लक्ष्य चुनें:** फिटनेस के लिए आप चाहे जिस भी तरीके को चुनें, इसे दैनिक रूप से अपनाने के हेतु आसान बनाएँ। जब लक्ष्य बहुत कठिन होते हैं तब हार मान लेने की संभावना अधिक रहती है। उदाहरण के लिए यदि हम अचानक दिन में एक घंटा व्यायाम करना शुरू करते हैं तो यह हमारी अन्य गतिविधियों में रुकावट डाल सकता है। आसान लक्ष्य निर्धारित करने से हमें उसको करते रहने की प्रेरणा मिलती है। कुछ वर्षों तक मैंने अष्टांग योग किया। इसकी पूरी प्रक्रिया में एक घंटा लगता है। कई दिन ऐसे होते थे जब मुझे इस पूरी प्रक्रिया को करने की बिल्कुल भी इच्छा नहीं होती थी। जो लोग अष्टांग योग करते हैं वे जानते हैं कि इसके दो हिस्से होते हैं: प्राथमिक अ और प्राथमिक ब। प्रत्येक को करने में लगभग पंद्रह मिनट का समय लगता है। जिस दिन मेरा करने का मन नहीं होता उस दिन मैं किसी एक ही हिस्से को करती। ऐसा करने से यह मेरे लिए आसान बन गया और मैं इसे उन दिनों में भी जारी रख सकी जब मेरा इसे करने का मन नहीं था। मैंने उन दिनों को 'असफलता' के रूप में नहीं गिना। इसलिए, यदि आप देर से उठते हैं और 45 मिनट टहलने के

लिए नहीं जा पाते हैं तो पंद्रह मिनट के लिए ही जाइए और इसे अपने लिए 'सफलता' के रूप में गिनें। 'सफलता' के ऐसे दिन जितने अधिक होंगे वे आपकी प्रेरणा को बनाए रखने में मदद करेंगे।

ix. **रिकॉर्ड करें और साझा करें:** मेरे पास एक वार्षिक योजना कलेंडर है जिसे मैंने अपनी मेज के बगल दीवार लगा रखा है। यह एक सामान्य वार्षिक में योजना कलेंडर है जिस पर सभी महीनों के लिए दिनवार छोटे-छोटे खाने बने हैं। हर दिन मैं व्यायाम करने के बाद उसमें दर्ज कर लेती हूँ। मैंने उस दिन जो भी कसरत की उसे लिखती हूँ- टहलना, साइकिल चलाना या वजन उठाना। जब मैं देखती हूँ कि सब खाने भरे हुए हैं तो यह मुझे बहुत प्रेरक लगता है। जब हम अपनी आँखों से यह देखते हैं कि हमारी उपलब्धि क्या रही यह हमें उस पर कायम रहने में मदद करता है। मेरे लिए उस छोटे से खाने में हर दिन यह दर्ज करना किसी पदक जीतने से कम नहीं है। मैं पूरा जोर देकर यह कहना चाहती हूँ कि ऐसा योजना कलेंडर रखें और उसे किसी ऐसी जगह लगा कर रखें जहाँ से आप हर दिन उसमें अपनी उपलब्धियों को दर्ज कर सकें और उन्हें देख सकें। आप इसे अपने ऐसे किसी दोस्त के साथ साझा कर सकते हैं जो आपको प्रेरित करे या व्यायाम में आपका साथी बन सके। लेकिन यह बहुत महत्त्वपूर्ण है कि ऐसे व्यक्ति को चुनें जो आपकी तरह ही सोचते हों।

x. **आप जिन्हें पसंद करते हैं उन्हें फॉलो करें:** मैं सोशल मीडिया पर एक ऐसी फिटनेस ट्रेनर को फॉलो करती हूँ जिनकी उम्र पचास के करीब है। वे वजन उठाने का व्यायाम करती हैं और प्रतिदिन अपने वीडियो सोशल मीडिया पर साझा करती हैं और मैं उनकी बातों के साथ पूरी तरह सहमति रखती हूँ। मैंने ऐसा पाया कि जब मैं दूसरे लोगों को व्यायाम करते देखती हूँ तो मैं खुद भी करते रहने के लिए प्रेरित करती हूँ। जो लोग

व्यायाम करते हैं उनके संपर्क में रहना महसूस हमारे उत्साह को बनाए रखता है। फॉलो करने के लिए किसी ऐसे व्यक्ति का फिटनेस अकाउंट चुनें जिसके साथ आप व्यक्तिगत तौर पर जुड़ाव महसूस करते हैं।

आप जिस व्यक्ति को फॉलो करना चुनते हैं उसे देख कर आपको अच्छा महसूस होना चाहिए। कई लोग ऐसे हैं, जो सालों की मेहनत से बनाई हुई सेहत को दिखाने में लगे रहते हैं। किसे मालूम कि उसे पाने के लिए उन्होंने स्टेरॉयड का भी इस्तेमाल किया हो। यह उनका मुख्य पेशा हो सकता है- उनका काम लोगों को चुस्त-दुरुस्त रहने के लिए प्रेरित करना है और वे अपनी आजीविका के लिए इस पर निर्भर हैं। लेकिन अगर यह आपके जीवन में कुछ भी मूल्यवान नहीं जोड़ता है, तो उन्हें फॉलो न करें। ऐसे फिटनेस एकाउंट को फॉलो न करें जो आपको अपने लिए शर्मिंदा महसूस कराए या उन्हें तो हरगिज नहीं जो आपको अपमानित करें।

3. पोषक खाना खाएँ:

मेरी एक दोस्त अपना वजन कम करने के लिए बेताब थी। उसने और उसके पति ने एक पोषण विशेषज्ञ की सलाह ली जिसने उनके खान-पान की विस्तृत सूची तैयार की। उनके मुंह में जाने वाला हर छोटा सा निवाला भी नाप-तोल कर जाता था। वे किस वक्त कितना खाएँगे सब पहले से तय होता था। तीन सप्ताह तक वह वास्तव में खुश थी। वह पोषण विशेषज्ञ की सलाह के अनुसार खा-पी रही थी, उसका भोजन एकदम पटरी पर था और उसनेढ ढाई किलो वजन कम कर लिया था। चौथे सप्ताह में उसके लिए इसे जारी रखना मुश्किल होने लग गया। हालाँकि उसका वजन कम हो रहा था लेकिन वह गुस्सैल और चिड़चिड़ी हो रही थी, उसे लगातार थकान महसूस हो रही थी और भूख लग रही थी। उसने पोषण विशेषज्ञ के बताए खान-पान के नियमों को छोड़ दिया, और जल्दी ही जितना वजन कम किया था फिर से बढ़ा लिया।

हाल ही एक युवा अभिनेत्री की मृत्यु का समाचार पढ़ा और बाद में यह भी पढ़ने में आया कि उसका निधन कीटो डाइट के कारण हुआ। कुछ साल पहले 'जनरल मोटर्स' डाइट का चलन था, और मेरी एक दोस्त ने इस डाइट का पालन करना तय किया। आजकल बहुत सारे लोग 'इंटर्मिटेंट फास्टिंग' को आजमा रहे हैं। इन दिनों बहुत से लोग रुक-रुक कर उपवास करने की कोशिश कर रहे हैं। बहुत से शुभचिंतक दोस्त और इस डाइट को अपनाने वाले लोग इस तरह की डाइट का गुणगान करते मिल जाते हैं। वे जोर देकर इन्हें आजमाने की सलाह देते हैं। जब ऐसी सलाह किसी भरोसेमंद स्रोत से आती है तो हम पूरी तरह से इसे मान लेना और इसे आजमाना चाहते हैं। लेकिन सच्चाई यह है कि जो तरीका एक व्यक्ति के लिए कारगर है वही दूसरे के लिए भी बिल्कुल उसी तरह काम करे, यह जरूरी नहीं।

इसके अलावा हम सभी अपना 'मनपसंद भोजन' खाना चाहते हैं। मेरे लिए यह दही-चावल और अचार या 'मोल्लागा पोडी' (जिसे गन पाउडर के नाम से भी जानते हैं) के साथ इडली है। किसी अन्य के लिए यह राजमा-चावल हो सकता है या आलू के चिप्स का एक पैकेट भी। अधिकांश डाइट प्लान इतने अतिरेकी होते हैं कि वे सामान्यत: हमारा शरीर जिस भोजन की इच्छा रखता है या अभ्यस्त होता है उसके खिलाफ जाते हैं। ऐसे सख्त आहार नियमों का लंबे समय तक निर्वाह मुश्किल हो जाता है। हमारा शरीर जिस भोजन का अभ्यस्त है वही खाना चाहिए और उसमें पोषक तत्वों का ध्यान रखना चाहिए। यहाँ कुछ व्यावहारिक तरीके दिए गए हैं जिनसे मुझे बहुत मदद मिली। कई बार गलतियाँ करने के बाद बीते कई वर्षों में मैंने इन्हें विकसित किया। (अगर आप किसी स्वास्थ्य संबंधी समस्या से पीड़ित हैं तो कृपया अपने चिकित्सक या आहार विशेषज्ञ से परामर्श करके ही अपने आहार में कोई भी परिवर्तन करें।)

i. **'भोजन की तैयारी' करना:** मैंने पहली बार यह तब सुना जब मेरे बेटे ने कसरत करना शुरू किया। बॉडीबिल्डर दिन में पाँच

से छह बार खाना खाते हैं इसलिए उन्हें 'भोजन की तैयारी' करनी पड़ती है। उन्हें दिन भर में जितनी बार भी खाना खाना है उसके लिए तैयारी दिन में एक बार कर ली जाती है और खाने को फ्रिज में रख दिया जाता है। चूंकि मुझे ताजा खाना पसंद है और मैं रसोई में घंटों नहीं बिताना चाहती, इसलिए 'भोजन की तैयारी' में मैंने कुछ संशोधन किए। मेरा खाना मूलतः दक्षिण भारतीय शाकाहारी खाना होता है, लेकिन आप इनमें अपनी आदतों से अनुसार बदलाव कर सकते हैं। सप्ताहांत में मैं अपने फ्रिज में सभी सामान भर लेती हूँ, जिसमें निम्न चीजें शामिल हैं:

- इडली/डोसा के लिए घर में बनाया गया ताजा घोल
- उबली हुई दालें (मूंग, मसूर, तूर आदि)
- उबले मटर के दाने
- कटी हुई प्याज
- आटा गूंथ कर (रोटी-पराठा बनाने के लिए)
- उबले हुए आलू

यह सारी सामग्री तैयार रहने पर मैं किसी भी वक्त सिर्फ बीस मिनट में चार लोगों के परिवार के लिए पौष्टिक खाना तैयार कर सकती हूँ। मैं रोज सुबह आधा दर्जन अंडे भी उबाल लेती हूँ। पर्याप्त मात्रा में प्रोटीन का सेवन अत्यंत महत्त्वपूर्ण है, और अधिकांश भारतीय खान-पान में प्रोटीन की कमी होती है। मैं यह सुनिश्चित करती हूँ कि हमारे खाने में 25 प्रतिशत खाना प्रोटीन से भरपूर हो और 25 प्रतिशत फाइबर से भरपूर। आसानी से प्रोटीन की मात्रा का पता लगाने वाले कैलकुलेटर ऑनलाइन उपलब्ध हैं, जो बताते हैं कि हमारे शरीर को कितने प्रोटीन की जरूरत है। इनका उपयोग करते हुए आप अपने भोजन में प्रोटीन, फाइबर और कार्बोहाइड्रेड के अनुपात को संशोधित कर सकते हैं। यदि आप अपने आहार के बारे में पढ़ने और समझने में कुछ समय लगाते हैं और यह जानते हैं कि यह

कैसे आपके शरीर को पोषण देते हैं तो आप इनका नियमित पालन कर सकेंगे। अगर आप इन कुछ बातों का ध्यान रखते हैं तो आप हर बार अपने भोजन में उचित मात्रा में पोषक तत्वों को शामिल कर सकेंगे।

ii. **जंक फूड की सफाई:** जब मैं वजन घटाना चाहती थी, तब मैंने सभी तरह के जंक फूड (जैसे मीठे बिस्किट, मिक्स्चर आदि) जो समान्यत: मेरी रसोई में रहते थे को वहाँ से हटा दिया। मेरे पास दुर्भाग्य से और कोई विकल्प नहीं था। मुझे पता था कि अगर आलू के चिप्स का डिब्बा रखा है और मेरी उस पर नजर चली गई तो मैं खुद को रोक नहीं पाऊंगी। इसलिए मैंने तय किया कि ऐसे किसी भी सामान को घर में रखा ही न जाए। शुरुआत के कुछ दिन कठिन थे। मुझे सुबह की चाय के साथ किसी तरह का तला-भुना नाश्ता करने या चिप्स आदि खाने की आदत थी। लेकिन मैं अपने संकल्प पर टिकी रही। अगर मुझे कुछ खाने की इच्छा होती तो मैं भेल-पूरी जैसा हल्का-फुल्का सा कुछ बना लेती जिसमें फुले हुए चावल से बना 'भेल', बारीक कटा हुआ प्याज, धनिया, टमाटर और हरी मिर्च डालने होते, थोड़ा सा चाट मसाला और कुछ नींबू का रस मिला कर बन जाता। जल्दी ही मेरे शरीर को इसकी आदत हो गई है। अब मुझे तला-भुना खाने की तलब उस तरह नहीं उठती। यह आश्चर्यजनक है कि हम यदि दस दिन एक तरह के खानपान का पालन कर लें तो हमारे शरीर की आदतों को बदलने में इससे ज्यादा वक्त नहीं लगता।

iii. **पेय पदार्थों की तलब से लड़ना :** बहुत से लोग इस बात से डरते हैं कि जिन अस्वास्थ्यकर खाने-पीने की उन्हें आदत है अगर वे उन्हें छोड़ देंगे तो भूखे रह जाएंगे। मेरा उन्हें सुझाव यही है कि एक बार उस नाव की सवारी करके तो देखिये। जब मैंने पहली बार चीनी और सभी जंक फूड छोड़े तो मुझे भी इनकी बहुत तलब होती थी। जब भी ऐसी तलब होती मैं

सेब खा लेती और तुलसी, अदरक, शहद वगैरह मिला कर हर्बल चाय जैसा कुछ बना लेती। इससे मेरे पास कुछ चबैना जैसा भी होता और 'कुछ गर्म' घूंट लेते रहने के लिए भी। सेब, केला और पपीता जैसे फल पेट भर सकते हैं। तलब से लड़ने में तरबूज का रस भी मेरी मदद करता है। मैंने अपने फ्रिज में बिना मीठे वाला सोया मिल्क, और ऐसी ही दूसरी चीजों को इकट्ठा कर लिए है जिसके बारे में मैंने कभी कल्पना नहीं की थी कि मैं इनका भी आनंद लूँगी। अपने आप से तीन दिन का वादा करके शुरू करें। जब वह समय पूरा हो जाए तो और दो दिन ले लीजिए। इस तरह पता भी नहीं चलेगा कि आपने कब दस दिन पूरे कर लिए। जितना अधिक आप अपने पुराने तरीकों पर वापस जाने के प्रलोभन को रोक पाते हैं, आपके लिए यह उतना ही आसान बन जाता है। यदि आप न कर पाएँ तो कोई बात नहीं, बस फिर से शुरू कर दें।

iv. **आसान विधियाँ :** फटाफट बनने वाली आसान रेसिपी का पता लगाइये। ऐसी बहुत सारी रेसिपी ऑनलाइन उपलब्ध हैं। जो आपको पसंद आए और बनाने में आसान लगें उन्हें बनाने से शुरू कीजिये। एक बार आजमाने के बाद जो आपको पसंद आए उसे अपनी रेसिपी की किताब में लिख लीजिये। आप इसे ऑनलाइन भी लिख कर रख सकते हैं और उनकी तस्वीरें दर्ज कर सकते हैं। इस तरह दर्ज करने पर यह हमारे देखने के लिए हर वक्त उपलब्ध रहती हैं। मैंने ऐसा करना तब शुरू किया जब एक बार जो रेसिपी मुझे बहुत पसंद आई थी उसे बनाने के बाद दोबारा ढूँढना चाहा तो वह मुझे मिली ही नहीं। मैं भूल गई थी की मैंने उसे कहाँ देखा था। कभी-कभी किसी तस्वीर या रेसिपी के लिए जिस साइट को बुकमार्क करके रखते हैं वह भी बदल जाती है या रेसिपी वहाँ से हटा दी जाती है। ऐसा कई बार हो जाने के बाद मैंने इसे लिखना शुरू कर दिया।

v. **खुद को सराहें :** हर तीसरे दिन, या ऐसे ही अंतराल पर, अपनी उपलब्धियों के लिए खुद को सराहें–चाहे जल्दी उठना हो या स्वस्थ फूड हैबिट का पालन हो। अन्य चीजों के बारे में सोचें जो आप कुछ समय से पाना चाहते रहे हों। उसके लिए समय निकालें और खुद को वह चीज उपहार में दें जिसकी आपको कुछ समय से चाहत रही हो। मैं कला स्पर्धाओं में भाग लेना पसंद करती हूँ, जैसे इंक्टोबर। इसके लिए हर दिन एक विषय दिया जाता है। दुनिया भर के कलाकार विषय से जुड़े चित्र बना कर हैशटैग के साथ पोस्ट करते हैं। मुझे यह करने में बहुत आनंद आता है। मैं खुद को चुनौती देती हूँ कि मैं यह तभी करूंगी जब मैं दिन भर में अपनी किताब पर काम (या व्यायाम या कोई और लक्ष्य हासिल) कर लूँ। इस तरह अपने लिए निकाला गया समय ही मेरा पुरस्कार होता है। मैं खुद को कुछ और भी छोटे पुरस्कार देती हूँ जैसे चित्रकारी के मनपसंद कलम, जो मैं बहुत समय से खरीदना चाहती थी आदि। खुद को उन चीजों से पुरस्कृत करें जो आपको खुशी दें, जैसे किसी दोस्त से फोन पर बात करना आदि। यह सरल चीजें होनी चाहिए जैसे नई लिपस्टिक या डिओडरेंट आदि कुछ भी। यह अपनी पसंद के टीवी शो की अगली कड़ी देखना भी हो सकता है। यह जो भी है वह पुरस्कार पाने के लिए अपना लक्ष्य तय कीजिये। यह आपके उत्साह को बनाए रखने में मदद करेगा।

बीमारी के दौरान करामाती मन

हम अपने स्वास्थ्य का कितना भी ध्यान क्यों न रखें, कभी न कभी तो बीमार पड़ ही जाते हैं। बीमार होना बहुत बुरा लगता है। हम बाकी समय में कितने भी सकारात्मक क्यों न रहें जब हम बीमार पड़ते हैं तो सब बुरा लगने लगता है। जब हम शारीरिक रूप से स्वस्थ नहीं होते तब

किसी और चीज पर ध्यान केंद्रित करना कठिन हो जाता है। ऐसे में हम जो महसूस करते हैं उसे नकारने की जरूरत नहीं है। किसी को भी सब समय सकारात्मक बने रहना जरूरी नहीं है। जब हम बीमार होते हैं तो 'बस अब जान निकलने ही वाली है' ऐसा महसूस करने की इजाजत हमें होनी चाहिए, भले ही वह सामान्य सी पेट की गड़बड़ी ही क्यों न हो। बीमार होना बुरा लगता है और इसका हम कुछ कर नहीं सकते।

लेकिन रुकिए, यह सही है कि हम कभी बीमार होंगे ही नहीं यह तो हम तय नहीं कर सकते। लेकिन कुछ ऐसा है जो हमें बेहतर महसूस करने में मदद कर सकता है।

1. इंटरनेट पर बीमारी के लक्षण न खोजें :

मेरे डॉक्टर की मेज पर एक मग रखा है जिस पर लिखा है "अपनी गूगल सर्च को मेडिकल की डिग्री समझने की गलती न करें।" मुझे यह बहुत मजेदार लगा। उन्होंने बताया कि यह उन्हें उनके पास आने वाले किसी मरीज ने उपहार के तौर पर दिया था। वह जब उनके पास आई थीं तब उन्हें इस बात का पूरा यकीन था कि उन्हें कैंसर हो चुका है। हालाँकि डॉक्टर ने उन्हें यह यकीन दिलाने की कोशिश की कि उन्हें कैंसर नहीं है लेकिन एक महंगे अस्पताल में हजारों रुपए खर्च कर तमाम तरह की जाँच करवा लेने के बाद ही उन्हें इस बात पर यकीन हुआ। इसके बाद जब वह उन डॉक्टर के पास आईं तो उपहार में देने के लिए यह मग लेकर आईं। वे पूरी तरह ठीक थीं और मेरे डॉक्टर की सलाह सही थी। इसके बाद उन महिला ने यह शपथ ली कि वे कभी भी बीमारी के लक्षण ऑनलाइन नहीं पढ़ेंगी।

कई वेबसाइट ऑनलाइन बीमारियों के लक्षणों की एक बड़ी विविध ता पूर्ण सूची दर्शाती हैं। इन लक्षणों को पढ़कर डर लगना तय है। अक्सर किसी साधारण बीमारी के लक्षण और लाइलाज कैंसर के लक्षण समान हो सकते हैं। उदाहरण के लिए पेट में वायु के लक्षण बहुत हद तक हृदय आघात के समान हो सकते हैं। मैं एक ऐसे व्यक्ति को जानती हूँ जिसे आपात स्थिति में अस्पताल ले जाया गया

क्योंकि उसे यह लग गया था कि उसे दिल का दौरा पड़ रहा है। अस्पताल पहुँचने के बाद पता चला कि उन्हें केवल एक एंटासिड की जरूरत थी (ओह, कितनी राहत मिली!)

मैं बीमारी के लक्षणों को कम गंभीरता से लेने की वकालत नहीं कर रही हूँ। लेकिन उन्हें ऑनलाइन देख कर स्वयं निष्कर्ष न निकाला जाए।

2. **किसी भरोसेमंद डॉक्टर की सलाह लें :**
ऐसे डॉक्टर को ढूँढना जरूरी है जिस पर हम भरोसा कर सकें। भारत में अक्सर मैंने देखा है कि बड़े अस्पतालों में डॉक्टर किसी बड़ी बीमारी की आशंका को नकारने के लिए तमाम तरह की जाँच लिखते हैं। इस बात की पूरी संभावना है कि अगर हम किसी बड़े अस्पताल में पहुँच गए हैं तो हम किसी साधारण सी बीमारी के लिए भी भारी बिल का भुगतान करके निकलें। किसी ऐसे चिकित्सक की पहचान करने का प्रयास करें जिसकी राय पर आप भरोसा कर सकें। फिर किसी भी तकलीफ के लिए उनसे सलाह लें। भरोसा सबसे महत्त्वपूर्ण चीज है। डॉक्टर ऐसा होना चाहिए जो वास्तव में आपकी भलाई और स्वास्थ्य की देखभाल करे।

3. **आराम करें और पानी की कमी न होने दें :**
मेरा यह नियम है कि बीमार पड़ने पर दो दिन इंतजार करने के बाद ही मैं डॉक्टर को दिखाती हूँ। पहले मैं घरेलू नुस्खे आजमाती हूँ। मैं सामान्यतः तीसरे दिन तक ठीक हो जाती हूँ। मैं बहुत कम बीमार पड़ती हूँ, लेकिन अगर मैं बीमार हो जाती हूँ तो बिस्तर से बिल्कुल बाहर नहीं निकलती। मैं तब तक आराम करती हूँ जब तक मुझे नहीं लगता कि अब मैं ठीक हो गई हूँ। मैं यह भी सुनिश्चित करती हूँ कि इस दौरान बहुत सारे तरल पदार्थ का सेवन करती रहूँ। अगर मैं इस दौरान कुछ भी खाती हूँ तो यह ध्यान रखती हूँ कि यह आहार बिल्कुल हल्का हो, पचने में आसान हो। मेरी नानी ने पाँच बच्चों

की परवरिश की। मेरी माँ बताती हैं कि उनके पास हमेशा 'कश्यम' नामक एक पेय रहता था, जिसे वह उन जड़ी-बूटियों और मसालों से बनाती थीं जो खुद ही उगाती थीं। कभी भी उनके बच्चे बीमार पड़ें तो यह उनका सरल इलाज था: वे बच्चों को कश्यम पीने के लिए देतीं और उन्हें कहतीं कि सर के सहित पूरे शरीर को ढँक कर कंबल ओढ़ कर सो जाएँ। जादू की तरह वे दूसरे दिन सुबह ठीक हो जाते थे। हमारे शरीर की कोशिकाओं में स्वत: मरम्मत करने की एक अंतर्निहित क्षमता होती है। हमें बीमार पड़ने पर उन्हें आराम देने और खुद मरम्मत करने का मौका देने की जरूरत होती है।

घरेलू उपचार मामूली बीमारियों के लिए कारगर होते हैं। यदि आपको लगता है कि आप गंभीर रूप से संक्रमित हो गए हैं तो बिना देर किए डॉक्टर को दिखाएँ।

4. लोगों के साथ संपर्क में रहें:

कुछ साल पहले मैं अपने स्वास्थ्य को लेकर बहुत डर गई थी। वह एक सप्ताह मेरे लिए बहुत कष्टप्रद था। मैं बायोप्सी का परिणाम आने का इंतजार कर रही थी, जो अंतत: नकारात्मक आया। लेकिन नतीजा आने तक पूरा एक सप्ताह रोजाना आशंकाओं की गिरफ्त में जागना मुझे याद है। मैंने अपनी सबसे अच्छी दोस्त से बात की, और वह भी मेरे लिए चिंतित थी। उसने मेरे ठीक होने के लिए भगवान से प्रार्थना की और कई तरह के संकल्प लिए। मैं उस तनाव और चिंता का सामना कर सकी क्योंकि मेरे पास ऐसे बहुत सारे लोग थे जिनसे मैं बात कर सकती थी। मेरी एक दोस्त भी एक बार इसी तरह आशंकाओं से घिर गई थी। उसे पक्का यकीन हो गया था की उसे कैंसर हो गया है। जब तक नतीजा आया तनाव और चिंता जी वजह से वह बेहाल थी। मैं उससे लगभग रोजाना बात करती और उसे आश्वस्त करती कि चिंता न करे, वह ठीक हो जाएगी। नतीजे आए तो पता चला कि मामूली सी तकलीफ थी जिसे दवा के साथ आसानी से ठीक किया जा सकता है।

जब हम बीमार पड़ते हैं और तरह-तरह की जाँच करवानी पड़ती है, उस समय बीमारी के बारे में अटकलें लगाते हुए बीतने वाला समय बहुत तनावपूर्ण होता है। ऐसे समय में उन लोगों का आसपास होना मदद करता है जिनसे बात की जा सके। जब हम बीमार होते हैं तब लोगों से संपर्क करना, उनसे बात करना और यह कहने में संकोच नहीं करना चाहिए कि हमें मदद की जरूरत है। लेकिन निश्चय ही यह सावधानी रखें कि ऐसे लोगों से दूर रहें जो हमारी आशंकाओं को बढ़ा सकते हों।

स्वास्थ्य हमारी सबसे बड़ी पूंजी है। विडंबना यह है कि हम में से अधिकांश लोग अपने शरीर के प्रति लापरवाह होते हैं। बीमार पड़ने पर ही हमें अच्छे स्वास्थ्य के महत्व का अहसास होता है। बीमारी के दौरान हम में से अधिकांश ने यह महसूस किया होगा कि बस अब तो जान ही जाने वाली है। ठीक होने के बाद उसे याद करना भी मूर्खतापूर्ण लगता है कि हमने ऐसा सोचा। लेकिन बीमारी में पीड़ा और लाचारी हमारे दिमाग पर हावी हो जाती है।

जब सवाल स्वास्थ्य का हो तो हमारे पास दो विकल्प हैं:

हम स्वस्थ आदतें अपना सकते हैं, खान-पान में समझदारी से काम ले सकते हैं और जीवनशैली से जुड़ी बीमारियों से जहाँ तक संभव हो बचे रह सकते हैं।

हम अपने स्वास्थ्य को नजरअंदाज कर सकते हैं और इस भरोसे चलते रह सकते हैं कि शरीर खुद अपना ध्यान रख लेगा।

हम किसी भी तरह रहें, जीवन चलता रहेगा। लेकिन हम कैसा जीवन जीते हैं यह इस पर निर्भर करता है कि हम कैसा जीवन जीना चाहते हैं।

याद रखें, हम जो करते हैं वही होते हैं! कल हम कैसे होंगे वह इस पर निर्भर करता है कि हम आज क्या करते हैं। आज हम क्या करना चुनते हैं वह हमारे कल को बेहतर बना सकता है।

नोटः– उपरोक्त अध्याय ऐसे लोगों के दृष्टिकोण से लिखा गया है जो कैंसर जैसी गंभीर बीमारियों से पीड़ित नहीं हैं। यदि आप कैंसर जैसी किसी गंभीर बीमारी से जूझ रहे हैं तो मैं आपको कैंसर पर विजय पाने वाले कुछ लोगों की लिखी प्रेरक पुस्तकों को पढ़ने का सुझाव देना चाहुँगी:

- **क्लोज़ टू द ब़ोन**, लिसा रे
- **मेरे जीवन की परीक्षा**, युवराज सिंह
- **हील्ड**, मनीषा कोइराला
- **अपलिफ्ट**, बारबरा डेलिंस्की

स्वास्थ्य के लिए सोच में जादू

सिद्धान्त 1 : उचित आहार

सिद्धान्त 2 : व्यायाम

सुझाव

1. जल्दी उठना

i. पूछें क्यों- और लिख लें
ii. धीरे-धीरे अपनाएँ
iii. स्क्रीन समय को 8.00 बजे तक सीमित करें
iv. अलार्म घड़ी लें और इसे बिस्तर से दूर रखें

2. अधिक व्यायाम

i. प्रत्येक व्यक्ति अलग है
ii. कुछ ऐसा चुनें जिसमें आनंद आए
iii. इसे अपनाना आसान बनाएँ
iv. उन लोगों को फॉलो करें जिन्हें आप पसंद करते हैं

3. स्वस्थ और पोषक खाना खाएँ

i. खाने की तैयारी पहले से कर लें
ii. जंक फूड को निकाल बाहर करें
iii. पेय पदार्थों की तलब पर काबू पाएँ
iv. खुद को सराहें

4. बीमारी के दौरान करामाती मन

i. लक्षणों की ऑनलाइन खोज न करें
ii. भरोसेमंद डॉक्टर को दिखाएँ
iii. आराम करें और पानी पीएँ
iv. लोगों से जुड़े रहें

❒❒❒

भाग–3

लगातार मन की जीतः अथक प्रयास

8

जागरूकता और मन

> *बूंद न हो तो सागर भी न होगा, सोपान न हों तो सीढ़ी भी न होगी, छोटी-छोटी चीजों के बिना बड़ी चीजों का कोई मतलब नहीं होगा!*
>
> **—मेहमेत मूरत इलदान**

हम अपनी आर्थिक स्थिति से खुश हो सकते हैं; हमारे रिश्ते बहुत अच्छी स्थिति में हो सकते है; और हमारा स्वास्थ्य भी उत्तम हो सकता है। जीवन के तमाम पहलू बहुत अच्छी स्थिति में हों तब भी ऐसा हो सकता है कि हम थकान और निराशा महसूस करते हों। वे ऐसी बातें हो सकती हैं जिन्हें हम बहुत महत्त्व न देते हों लेकिन उनमें हमारी जितनी ऊर्जा खर्च होती है वह अंततः हमें थका देती हो।

अक्सर, ये ऐसी चीजें होती हैं जिनके बारे में हमें ऐसा लगता ही नहीं कि वे हमें तनाव दे रही हैं। कई साल पहले, मेरी एक दोस्त अक्सर बात करने के लिए मुझे फोन किया करती थी। अक्सर वह लगभग एक-एक घंटे तक बात किया करती। वह अपनी शादी से थक चुकी थी, और पति के साथ अक्सर झगड़े होते रहते थे। हर दिन उसके पास बात करने के लिए एक नई समस्या होती थी। इस बात से कोई फर्क नहीं पड़ता था मैं क्या 'समाधान' उसे सुझाती या सलाह देती, उसके पास उसे न अपनाने का कोई न कोई कारण मौजूद रहता। बहुत दिनों तक इसी तरह बात करते रहने के बाद मुझे यह अहसास हुआ कि वह

सिर्फ अपनी समस्याओं को मेरे सामने उगल देना चाहती है। वह न अपने पति से तलाक लेना चाहती है और न ही कोई और कदम उठाना चाहती है। वास्तव में वह कोई समाधान नहीं चाहती थी। वह बस किसी के सामने अपने दुखड़े रोना चाहती थी। अच्छी दोस्त होने के नाते यह सब मुझे परेशान कर रहा था। इसने मुझे बहुत थका दिया और मैं बेचैन रहने लगी। उसने मुझसे कभी यह नहीं पूछा कि मेरे पास समय है या नहीं। उसने यह मान लिया था कि मुझे किसी भी वक्त फोन किया जा सकता है। मुझे इस दोस्ती से छुटकारा पाने में कुछ महीने लगे। इससे निकल कर मैंने बहुत हल्का और खुश महसूस किया। जब तक मैंने यह बंद नहीं कर दिया मुझे अनुमान नहीं था कि यह मेरी ऊर्जा को किस कदर नुकसान पहुंचा रहा था।

बातों का मोल

वह चाहे व्यक्तिगत बातचीत हो चाहे सोशल मीडिया पर हम जिस तरह की बात करते हैं - हर तरह की बातचीत का प्रभाव हम पर पड़ता है। हम सोशल मीडिया पर लगभग पैंतालीस मिनट से एक घंटे तक खर्च करते हैं या दस मिनट से कम समय। जितना भी समय हम लगाते हैं और जिस भी किसी सामग्री के साथ हम जुड़ते हैं वह हमें भावनात्मक तौर पर प्रभावित करती है। यह किसी ऐसे मुद्दे पर की गई बेहूदा टिप्पणी हो सकती है, जिस मुद्दे के साथ हम बहुत गहरा जुड़ाव महसूस करते हैं। दुनिया के किसी कोने में हुई किसी क्रूरता या दुखद हादसे की तस्वीर हो सकती है जो हमें बहुत परेशान कर दे। हम मानते हैं कि एक बार जब हम सोशल मीडिया से बाहर निकल जाते हैं और दैनिक जीवन के कामों में लग जाते हैं तो हम इन मुद्दों के बारे में भूल जाते हैं। लेकिन जिन चीजों को हम पढ़ते हैं और जिन लोगों के साथ हम जुड़ते हैं उनका प्रभाव हमारे ऊपर रह जाता है और धीरे-धीरे हमारी ऊर्जा को खर्च करता है; उस वक्त भी जब हमें इसका अहसास भी नहीं होता है। क्योंकि हम सारे विकल्प सोच-समझ कर नहीं चुनते हैं।

एक बार जब मैंने अपने पाठकों से पूछा कि वे कौन सी चीजें हैं जो उन्हें सकारात्मक रहने से रोकती हैं तो मुझे कई तरह के उत्तर मिले, जिनमें परीक्षा और इंटरव्यू के तनाव से लेकर पुरानी यादों में उलझ कर रह जाना, और ऐसी स्थितियों के बारे में बार-बार सोचना जिन पर अब उनका कोई नियंत्रण नहीं और इसी तरह की कई बातें शामिल थीं। इस बात से कोई फर्क नहीं पड़ता कि हमारी ऊर्जा को खाने वाली बात कितनी मामूली है। उससे बचने के तरीके हैं। उन स्थितियों में हम कैसा व्यवहार करते हैं- उसे बदल कर स्थिति को बदला जा सकता है। आगे के कुछ अध्यायों में मैं ऐसी स्थितियों के हेतु करामाती मन को तैयार करने के लिए कुछ सुझाव दूँगी।

❑❑❑

9

बेकाबू हालात में करामाती मन

> *जब कुछ बुरा होता है तो आपके पास तीन विकल्प होते हैं– उसके बहाने खुद को पा लें, उसके हाथों नष्ट हो जाएँ या उसके जरिये खुद को मजबूत करें।*
>
> **– जॉम्बीलैंड**

यहाँ कुछ ऐसी स्थितियों की चर्चा करेंगे जिन पर हमारा कोई नियंत्रण नहीं है, और जिनमें हम खुद को असहाय पाते हैं। मुझ से संपर्क करने वाले लोगों के ऐसे कुछ हालात मैं यहाँ आपको बताऊँगी। (नाम और पहचान बदल दिये हैं।)

महामारी शुरू होने से ठीक पहले तनुश्री की नौकरी चली गई। वह जिस कंपनी के लिए काम करती थी उसने किसी दूसरी फर्म के साथ अनुबंध कर लिया था और इस फर्म में उसकी भूमिका को अर्थहीन बना दिया गया था। तनुश्री सिंगल थी और उम्र का तीसरा दशक पूरा करने को थी और लोन ले कर फ्लैट खरीदने के बारे में सोच रही थी। उसे अपनी योजनाओं को टाल कर पहाड़ में अपने माता-पिता के घर वापस जाना पड़ा क्योंकि उसे तत्काल दूसरी नौकरी नहीं मिल सकी थी। उसने मुझे लिखा कि वह फंसा हुआ महसूस करती है। उसने कई जगह आवेदन भेजे हैं लेकिन कहीं से उसके लिए उपयुक्त अवसर का बुलावा नहीं आया।

धन्या पोस्ट ग्रेजुएशन कर रही है और आर्थिक रूप से आत्मनिर्भर बनना चाहती है। जबकि उसके माता-पिता उस पर शादी करने के लिए

दबाव बना रहे हैं। वह उन्हें यह बताने से डरती है कि वह किसी से प्यार में है। वह तनाव महसूस करती है क्योंकि उसके माता-पिता उसे शादी करने और 'घर बसाने' के लिए बार-बार कहते रहते हैं। वे कहते हैं कि उसकी कक्षाएँ तो 'ऑनलाइन' चल रही हैं, और वह शादी के बाद भी उन्हें जारी रख सकती है।

विवेक एक मध्यमवर्गीय परिवार से आता है। उसकी उम्र तीस के आस-पास है। उसने अपनी मोटी तनख्वाह वाली नौकरी से बचत कर उच्च शिक्षा के लिए पैसा जमा किया और ऑस्ट्रेलिया के एक कॉलेज में दाखिला भी ले किया। उसने फीस का भुगतान कर दिया और अपनी नौकरी भी छोड़ दी। तभी महामारी ने सबकुछ ठप कर दिया। कोर्स स्थगित हो गया और कंपनी ने उसे वापस काम पर लेने से मना कर दिया।

सेल्वम ने अभी अभी एक प्रतिष्ठित कॉलेज से इंजीनियरिंग की पढ़ाई पूरी की है लेकिन उसे कोई अच्छी नौकरी नहीं मिल पा रही है। उसने जिन चार जगह साक्षात्कार दिया, सब जगह से उसे मना कर दिया गया है। हम सब तनुश्री, धन्या, विवेक और सेल्वम के जैसे हालात से परिचित हैं। महामारी हमारे जीवन में भारी बदलाव लेकर आई है। मेरी एक दोस्त ने बताया कि वह पाँच महीने के बाद अपने पड़ोस के एक मॉल में गई। यह एक अविश्वसनीय अनुभव था क्योंकि वहाँ आसपास कोई नहीं था। वह दशकों तक इसी मॉल में जाती रही थी, और दिन या रात के किसी भी पहर यहाँ हजारों लोग हुआ करते थे। इस बार उसे सिर्फ छह लोग मिले और वे भी उसके वापस निकलने तक वहाँ से जा चुके थे। जिस वक्त वह निकली वहाँ और कोई भी नहीं था।

जब मैं बंगलोर में सड़कों पर निकलती हूँ तो मुझे भी ऐसा ही महसूस होता है। पहले ट्रैफिक जाम होना सामान्य बात थी और अब सड़कें सूनी पड़ी हैं। अपने घर से महज तीन किलोमीटर के दायरे में मैंने करीब पंद्रह 'टु-लेट' के साइन बोर्ड देखे। घर से काम करने का विकल्प उपलब्ध होने के कारण बहुत सारे लोग शहर छोड़ कर अपने गृह नगर लौट गए।

नया यथार्थ

बहुत सारे मेरे दोस्त जो कॉर्पोरेट में काम करते हैं उनका कहना है कि उनकी कंपनी ने किराए के लिए एक-तिहाई से छोटी जगह ले ली है। सोशल मीडिया के दौर में यह देख कर कि लोग घर से काम करें तब भी उत्पादकता को बनाए रखा जा सकता है बहुत सारी कंपनियाँ छोटी जगहों में दफ्तर लेकर किराए पर होने वाले खर्च में कटौती कर रही हैं। महामारी ने हमारी जीवन शैली और हमारे नजरिये को बदल दिया है। कोई नहीं जानता कि भविष्य में क्या होने वाला है। नौकरियाँ छूटने और बेरोजगारी बढ़ने के साथ अवसाद और आत्महत्या की खबरें आए दिन सुनने में आ रही हैं। मुझे हाल ही में अपने पड़ोस की एक आवासीय सोसाइटी की प्रबंधन समिति का संदेश मिला, जिसमें हमें पड़ोस में एक कोविड केस पाए जाने के बारे में बताया गया था। संदेश में विस्तार से बताया गया था कि उस घर को कैसे क्वारेंटीन किया गया है और हमें किस तरह के अहतियात बरतने की जरूरत है। फिर पाँच दिन बाद उस घर में एक व्यक्ति का निधन हो गया। हालाँकि मैं उस परिवार में किसी को नहीं जानती थी लेकिन मैं गहरे शोक का अनुभव कर रही थी। मैं जब भी उस घर के आगे से गुजरती हूँ गहरे दु:ख का अनुभव करती हूँ जबकि मैं उनमें से किसी से कभी नहीं मिली और किसी का नाम तक नहीं जानती। लगभग हर किसी के पास ऐसी कोई न कोई कहानी बताने के लिए है। वे ऐसे किसी को जानते हैं जिसके परिजन की महामारी के दौरान मृत्यु हुई या खुद उन्होंने अपने करीब मृत्यु को देखा।

महामारी की चपेट में आने से पहले भी हम आपदाओं के आने की खबर सुनते थे और उन पर दु:खी होते थे लेकिन उसने हमें इस तरह प्रभावित नहीं किया था। हम उन खबरों से दूरी बना पाते थे। लेकिन इन दिनों ऐसा लगता है जैसे दु:ख हमारे सहन करने की क्षमता से ज्यादा बड़ा है। दोस्तों से बात होती है जिनमें किसी की माँ की इस बीच मृत्यु हो गई लेकिन वे पाबंदियों के कारण अंतिम संस्कार के समय में

भी उनके पास नहीं जा सके। सामान्य मनोदशा यह है कि मृत्यु और आर्थिक तबाही दुनिया को निगल जाएगी। हमारे भावनात्मक तन्तु अपनी क्षमता से अधिक तने हुए हैं। एक छोटी सी नाकामी हमें कुचलते हुए गुजर सकती है क्योंकि हम गहन निराशा से घिरे हुए हैं। ऐसे समय में जब हालात इस कदर बेकाबू हैं 'सकारात्मक' होने के बारे में सोचा भी कैसे जा सकता है।

हम सब सकारात्मक रहना चाहते हैं और ऐसा दिखा सकते हैं कि सबकुछ ठीक-ठाक है, लेकिन लंबे समय के लिए तनाव को नकारना या उसे दबाने की कोशिश करना आने वाले समय में हमारे लिए घातक हो सकता है और हमें मनोरोगी बना सकता है।

सिद्धांत 1: भावनाओं को स्वीकार करें

कुछ लोग यह बताना पसंद करते हैं कि दूसरों के हालात इससे भी बदतर हैं। वे हमें बताएंगे कि हमें आभारी होना चाहिए क्योंकि हमारे पास खाने के लिए भोजन है, हमारे सिर पर छत और हगारे जीवन में प्यार है। लेकिन दूसरे लोगों के जीवन में हमसे ज्यादा दुःख है इसलिए हम जो महसूस करते हैं उसे नकार नहीं सकते।

आपने अपने जीवन का जो खाका खींचा था वह पूरा न होने पर उदास होना स्वाभाविक है। हमें जो महसूस होता है वह महसूस करने का हक है। अपने जीवन में सकारात्मक बदलाव लाने की दिशा में यह सबसे महत्त्वपूर्ण कदम है कि हम जो महसूस करते हैं उसे दबाने के बजाय उसे स्वीकारें। हमें खुद को कुछ देर के लिए अपनी उदासी को महसूस करने की भी इजाजत देनी चाहिये। हमें जो महसूस होता है वह हमारे लिए सच है और स्वीकार्य है। यह संभव नहीं कि हमेशा सिर्फ उजले पक्ष को देखा जाए और जो है उसके लिए शुक्रगुजार रहा जाए।

एक बार जब हम अपनी उदासी को स्वीकार कर लेते हैं तो उसके साथ कुछ देर के लिए रहा जा सकता है, इसे समझने के लिए समय दिया जा सकता है और फिर बेहतर के लिए आगे कदम बढ़ाने की

दिशा में खुद को तैयार किया जा सकता है। तनुश्री, धन्या, विवेक और सेल्वम की तरह हम में से कई लोग हैं जिनका ऐसे हालात से सामना होता है जिन पर हमारा कोई काबू नहीं होता। हम अपनी सोच को बदल कर सकारात्मक बदलाव ला सकते हैं।

अभ्यास 9a

एक ऐसी स्थिति लिखिए जिस पर आपको चिढ़ होती है लेकिन जिस पर आपका कोई वश नहीं चलता।
लिखिए कि आपका उस स्थिति पर कोई नियंत्रण क्यों नहीं है।

सिद्धान्त 2 : छोटे-छोटे कदम बढ़ाएँ

जब हालात पर हमारा कोई नियंत्रण नहीं होता है, तो हम बस इतना कर सकते हैं कि छोटे-छोटे प्रयास करते रहें और हर दिन थोड़ा-थोड़ा आगे बढ़ते रहें। प्रतिदिन हमसे जो अपेक्षित है वह करते जाने के साथ आगे क्या होने वाला है उसके बारे में सोचना छोड़ दें। जो हम बदल नहीं सकते उसके बारे में चिंता करना केवल हमें और निराश करेगा।

जब मेरे पिता की मृत्यु हुई और मैं अत्यधिक दुःख में डूब गई थी उसके तुरंत बाद बेहतर महसूस करने के लिए मैं कुछ नहीं कर सकती थी। परंतु जैसे-जैसे दिन महीनों में और महीने साल में बदल गए मैंने सत्य को स्वीकारना सीखा। पीछे मुड़कर देखने पर अब मुझे पता चला है कि दुःख से उबरने और सत्य को स्वीकारने के लिए मैं छोटे-छोटे कदम बढ़ा रही थी। जब हम हालात को बदल नहीं सकते तब हम

हालात के साथ बेहतर सामंजस्य के लिए ऐसी छोटी-छोटी चीजें कर सकते हैं। मैं इसे एसीडीसी का अभ्यास कहती हूं: स्वीकारना, बदलना, दूरी बनाना और रचना। जरूरी नहीं कि हम इन सारे चरणों का पालन करें। कोई भी व्यक्ति यह कैसे करे यह उसकी उदासी के स्तर और मनःस्थिति पर निर्भर करेगा। कुंजी यही है कि प्रत्येक व्यक्ति अपनी जरूरतों के अनुसार इसका अभ्यास करे। किसी भी चरण को अपनी जरूरतों के अनुरूप बदलने और आजमाने के लिए आप स्वतंत्र हैं, बस इतना याद रखें कि इसे महज पढ़ भर लें और कोई ठोस कार्रवाई न करें, तो कुछ नहीं होगा।

1. स्वीकारना:

जीवन में अक्सर हम दुःख, शोक या क्रोध की भावना को दबाने का प्रयास करते हैं। हम खुद को इन्हें पूरी तरह महसूस करने की अनुमति नहीं देते क्योंकि यह असहज करने वाली भावनाएँ हैं। हम तुरंत अपना ध्यान भटकाने के तरीके खोजने लगते हैं जैसे कोई फिल्म देखना, किसी दोस्त को फोन कर लेना, शराब पीना या कोई भी ऐसा तरीका खोजना जो हमें बेहतर महसूस करा सके।

ऐसा मत कीजिए! खुद को इन भावनाओं के साथ रहने दीजिये, इन्हें महसूस कीजिए और व्यक्त कीजिए।

मनोवैज्ञानिक भावनाओं को स्वीकार करने के महत्व पर जोर देते हैं। उदासी या असहायता की भावना को कोई भी पसंद नहीं करता, इसलिए सबसे आसान तरीका है कि इन्हें दूर धकेल दिया जाए। यह भी सच है कि जब किसी से टकराव की नौबत आती है तो ज्यादातर लोग टकराव को पसंद नहीं करते। जब मैं छोटी बच्ची थी तो मैं भी टकराव से बचने के लिए कुछ भी कर सकती थी क्योंकि टकराव के बारे में सोच कर भी मुझे तनाव होता था। लेकिन इस कारण मुझे बहुत कुछ झेलना पड़ा। समय के साथ मैं जिन समस्याओं के समाधान से बचती रही वे बढ़ती ही चली गईं। समस्या कभी दूर नहीं हुई। अब जबकि मैं बूढ़ी हो गई हूँ, अब मैं टकराव से बचने के लिए

समस्याओं को इस हद तक बढ़ने नहीं देती। मैंने इसे सभालना सीख लिया है। हमें असहज करने वाली भावनाओं जैसे दु:ख, गुस्सा और असहायता का सामना करना सीखना ही पड़ता है।

भावनाओं से दूर भागना उन्हें शराब में डूब कर भुलाने की कोशिश करने से किसी लिहाज से बेहतर समाधान नहीं है। यह अस्थायी समाधन हो सकता है: जैसे शराब कुछ देर से किए हमें उस समस्या के बारे में सोचने से रोक सकती हैं लेकिन फिर हमें उससे बचने के लिए और ज्यादा शराब की जरूरत होगी और समस्या अपनी जगह बनी रहेगी।

यदि आप असहज महसूस कराने वाली भावनाओं को स्वीकार करना चाहते हैं, तो उनके बारे में बात करने या उन्हें लिखने का प्रयास करें।

अभ्यास 9b

आपने अभ्यास 9a में जो स्थिति बताई है, उसमें आप कैसा महसूस करते हैं। आपको जो भी महसूस होता है ऐसी कोई एक बात बताइये।

ऊपर दिए गए सवाल का उत्तर आप मौखिक रूप से भी दे सकते हैं जैसे की आप कहें, 'मुझे उदास महसूस हो रहा है क्योंकि मेरे पास बहुत अकेलापन है और कोई मुझे समझता नहीं है' या 'मुझे बहुत गुस्सा आ रहा है क्योंकि मैंने फलां व्यक्ति से इस तरह से व्यवहार की उम्मीद नहीं की थी।'

हम जो महसूस करते हैं उसे व्यक्त करना महत्त्वपूर्ण है। इसे कह देने से हम उस बात को शब्द दे पाते हैं जो किसी अनुभव के दौरान

हमने महसूस किए हों। उदाहरण के लिए, यदि आपके पास करीबी दोस्त हैं तो आप उन्हें बता सकते हैं कि आप किस दौर से गुजर रहे हैं और उनसे अनुरोध कर सकते हैं कि वे सिर्फ आपको सुन लें। यदि आप अपना दु:ख या भावनाएँ किसी व्यक्ति के साथ साझा नहीं करना चाहते हैं तो आप केवल अपने पढ़ने के लिए उन्हें लिख सकते हैं।

यदि आपको अपनी भावनाओं को व्यक्त करने में परेशानी होती है, तो निम्नलिखित अभ्यास मदद कर सकता है। (यदि आपने पहले से ही अभ्यास 9 b कर लिया है तो आप इसे छोड़ सकते हैं।)

अभ्यास 9c

1. *मुझे क्या महसूस हो रहा है? क्या मैं गुस्से में हूँ? क्या मैं आहत हूँ? क्या मुझे हीनता महसूस हो रही है? क्या मैं उपेक्षित महसूस कर रही/रहा हूँ? क्या मैं असहाय महसूस कर रही/रहा हूँ?*
2. *उस एहसास को पैदा करने वाला उत्प्रेरक लिखिए। मुझे _________ महसूस हो रहा है क्योंकि _________ हुआ।*

   या

   मैं _________ हूँ, क्योंकि _________ ने इस तरह व्यवहार किया जिससे मुझे दु:ख हुआ।

एक बार जब आप इसे व्यक्त कर देते हैं, तो आप इससे मुक्त हो जाते हैं। हम जो महसूस करते हैं उसकी पहचान करना, उसे स्वीकार करना और उसे बोल कर व्यक्त कर देना बेहतर महसूस करने की दिशा में पहला कदम हैं। याद रखिए इसे कोई देखने वाला नहीं है। इसलिए किसी प्रकार की मानसिक बाधा को आड़े न आने दें और न ही अपने तार्किक दिमाग को हावी होने दें। एक बार अपने विचारों को खुल कर लिख दें। बाद में इसे फाड़कर फेंक दें। (यदि आप लैपटॉप या फोन का उपयोग करते हैं तो इसे सेव न करें।)

अगर रोना आए तो आँसुओं को खुल कर बहने दें।

जब हम अपनी भावनाओं को पहचानते हैं और स्वीकार करते हैं तब हम यथार्थ को जैसा है वैसा स्वीकार कर पाते हैं। अपनी भावनाओं की उपेक्षा करने की बजाय हम उन्हें बाहर आने देते हैं ताकि वे हमें अंदर ही अंदर कचोटती न रहें। यह 'हमेशा उजले पक्ष को देखने' का दबाव कम करता है। कभी-कभी दरअसल कोई उजला पक्ष नहीं होता है, और यदि ऐसा है तो कोई बात नहीं।

जूलिया कैमरून अपनी किताब 'द आर्टिस्ट्स वे' ('कलाकार का तरीका'), जो मूलतः रचनात्मक लोगों के लिए एक बारह सप्ताह का पाठ्यक्रम है- में ऐसे लोग जो कहीं अटका हुआ महसूस करते हैं, उन्हें एक 'द मॉर्निंग पेज' (सुबह का पन्ना) नामक एक तकनीक सुझाती हैं। वह एक पुस्तिका रखने का सुझाव देती हैं और बिना सोचे-विचारे प्रतिदिन इसमें तीन पृष्ठ लिखने की सलाह देती हैं। वह कहती हैं कि यदि आपके पास लिखने के लिए कुछ नहीं है तो लिख दीजिये की 'मेरे पास लिखने के लिए कुछ नहीं है' और तब तक लिखें जब तक तीन पृष्ठ भर न जाएँ। वे कहती हैं कि अपने मन को विचारों से 'खाली' करके ही नए विचारों के लिए रास्ता बनता है।

मैंने इस अभ्यास को कुछ सप्ताह तक आजमाया और थोड़े समय के बाद जो मुझे समझ में आया उसने मुझे हैरत में डाल दिया। कई लोगों का कहना है कि अपने विचारों को इस तरह मुक्त करके उन्हें बहुत लाभ हुआ। किसी बहुत प्रबल भावना को दबाने का प्रयास अंदर ही अंदर हमें तकलीफ पहुँचाता रह सकता है। जब हम इसे व्यक्त कर देते हैं तो यह एक सेफ्टी वाल्व की तरह काम करता है। अपने सेफ्टी वाल्व को जितना चाहें उतना इस्तेमाल करें।

2. बदलावः

एक बार जब हमने अपनी प्राथमिक भावना को पहचान लिया और व्यक्त कर दिया तब हम करामाती मन को पाने की दिशा में अगला

कदम बढ़ाने के लिए तैयार हैं। इसकी शुरुआत हम जैसा महसूस कर रहे हैं उसमें बदलाव ला कर की जा सकती है।

A. **स्थान बदलें:** ऊर्जा में बदलाव लाने का सबसे आसान तरीका है अपने परिवेश में बदलाव। शारीरिक रूप से खुद को आप वर्तमान में जहाँ हैं उस स्थान से दूर कर लें। हो सके तो बाहर टहलने चले जाएँ। अपने फोन को पीछे छोड़ दें, ताकि अपने फोन में संदेश देखने का मोह आपके विचारों से विचलित न करे। टहलते हुए इस पर विचार कीजिये कि आपने क्या व्यक्त किया है। विचारों को निर्बाध रूप से मन में आने दें। तेज चाल में चलें और गहरी साँस लें। तब तक टहलते रहें जब तक आप बेहतर महसूस न करने लगें। फिर लौट जाइए।

मन को बेहतर महसूस कराने के लिए शारीरिक गतिविधि एक मजबूत माध्यम है। सार्वजनिक स्वास्थ्य के बारे में हार्वर्ड स्कूल द्वारा किए गए एक अध्ययन के अनुसार प्रतिदिन पंद्रह मिनट दौड़ना या रोजाना एक घंटा टहलना 26 प्रतिशत तक गंभीर अवसाद के जोखिम को कम करता है। व्यायाम हमारे मन को शांत करता है। यह हमारे शरीर को बेहतर महसूस कराने वाले एंडरोफिन को निकलने के लिए प्रेरित करता है। विज्ञान हमें यह भी बताता है कि शारीरिक गतिविधि हिप्पोकैम्पस न्यूरॉन्स में गतिविधि को बढ़ाता है, जो नई और पुरानी यादों को संसाधित करने की हमारी क्षमता में वृद्धि करता है और उन्हें अलग रखने में मदद करता है।

जब मैं किसी बात पर बहुत परेशान होती हूँ और कुछ बदल नहीं सकती तो मैं पास की झील तक साइकल चला कर आती हूँ। घर से बाहर निकलना और थोड़ी देर के लिए खुली हवा में साँस लेना मुझे ताजा दम और मेरे मन को शांत कर देता है। मैं बेहतर मनःस्थिति में लौटती हूँ और जीवन जो भी नई चुनौतियाँ मेरे सामने रखना चाहे उसके लिए तैयार होती हूँ।

B. **माहौल बदलें:** अपने कमरे का माहौल बदलने से भी बहुत मदद मिल सकती है। कभी आपने देखा है कि कैसे कमरे में एक साधारण सा बदलाव या एक फर्नीचर की जगह बदलना या कुछ नया जोड़ना जगह के अहसास को अलग बना देता है? प्राचीन चीनी फेंग शुई की प्रणाली के अनुसार चीजों के स्थान बदलने मात्र से जगह की ऊर्जा बदल जाती है और सही जगह पर रखी गई चीजें ऊर्जा का सामंजस्यपूर्ण प्रवाह बनाने लगती हैं।

आप फेंग शुई में विश्वास करते हैं या नहीं, अपने कमरे को फिर से व्यवस्थित करना, फर्नीचर की जगह बदलना हवा में ताजगी का एहसास ला सकता है। अगर आप फर्नीचर की जगह बदलना नहीं चाहते हैं या स्थान सीमित है तो यहाँ तक कि बिस्तर पर चादर और तकिये के कवर बदलना भी मदद कर सकते हैं। आप चाहें तो अपनी अलमारी को ही साफ कर सकते हैं। मेरे कई दोस्त कहते हैं की इतना सा बदलाव कैसे उन्हें हालात पर नियंत्रण का एहसास देते हैं।

रद्दी की छंटनी करें: रद्दी सामान की छंटनी मेरा प्रिय काम है। मैरी कांडो की किताब 'साफ-सफाई का जादू', पढ़ने और उसके सुझाए तरीकों को आजमाने के बाद मैं यह दावे के साथ कह सकती हूँ की उनका तरीका कारगर है। हालाँकि उनका तरीका समय की मांग करता है, इसमें कई सप्ताह का समय लग सकता है लेकिन मैं यह कह सकती हूँ कि उनके सुझाए कुछ तरीके कारगर हैं और हमारे जीवन को बदल सकते हैं जैसे सिर्फ उन चीजों को संजोना जो खुशी का प्रवाह करे।

अपने घर को देखें और उन कोनों पर गौर करें जो सबसे गंदे या सर्वाधिक उपेक्षित रहे हैं। यह आपकी अलमारी, छत या रसोई की सिंक हो सकते हैं। यदि पूरे को साफ करने की

ऊर्जा नहीं है तो उसके किसी एक कोने को साफ घर आपकी आलमारी का यह कोई एक खाना हो सकता है। यदि यह आपकी मेज है तो इसकी कोई एक दराज आप चुन सकते हैं। यह रसोई में सिंक को साफ करना हो सकता है या आपकी कमीज का कोई एक बटन हो सकता है जो निकल आया हो या दरवाजे के कब्जों में तेल लगाना भी हो सकता है। किताबों की अलमारी का कोई एक कोना साफ करना हो सकता है या हो सकता है कि टीवी की मेज पर जमी हुई धूल को हटाना हो। घर का कोई भी कोना चुनें जिसे सफाई की दरकार है और उसे चमका दें।

कुछ लोग कबाड़ की सफाई का मतलब न्यूनतावादी होने से लेते हैं और ऐसी सारी फिजूल चीजों को हटा देना चाहते हैं जिन्हें उन्होंने अच्छा खासा पैसा खर्च कर इकट्ठा किया था। मैं इसमें यकीन नहीं करती। मेरे लिए कबाड़ की सफाई से आशय उन चीजों को हटाना मात्र है जो अब काम में नहीं आती या जो टूट गई हैं। ऐसा करना जगह को साफ कर माहौल कोई ताजा करता है और मुझे हमेशा ऐसा करके बेहतर महसूस हुआ है।

संगीत पर भरोसाः मस्तिष्क के शोधकर्ताओं ने पाया है कि अपने प्रिय संगीत को सुनना हमारे शरीर में डोपामाइन की वृद्धि करता है- यह वही अच्छा महसूस करने वाले रसायन का उत्सर्जन करता है जो प्यार हो जाने पर, सेक्स करने पर या चटपटा खाना खाने पर शरीर से उत्सर्जित होता है। बेहतर संगीत हमारे मन की गहनतम भावनाओं को जगाता है, यही कारण है कि बहुत सारे लोग ओपेरा संगीत को सुन कर रोने लगते हैं, जबकि उन्हें उसकी भाषा तक समझ नहीं आती है। हमारी मन:स्थिति को बदलने का संगीत एक प्रभावी तरीका है।

कुछ साल पहले एक मनोचिकित्सक और एकीकृत चिकित्सा विशेषज्ञ डॉ. श्याम भट्ट ने मेरी एक किताब का लोकार्पण किया। यह किताब एकतरफा प्यार और रिश्तों के न संभल पाने से उपजे गहरे दु:ख के बारे में थी। हालाँकि हमने कई चीजों के बारे में बात की लेकिन एक बात मेरे मन में अटक गई। वह श्रोताओं को बताया गया एक तरीका है जिसमें उन्होंने सुझाया कि जब किसी स्थिति में आप असहाय और उदास महसूस करें तो बेहतर महसूस करने के लिए क्या कर सकते हैं। उन्होंने तीन गाने चुनने के लिए कहा: पहला थोड़ा उदास हो सकता है जिसके साथ आप अपना भावनात्मक जुड़ाव महसूस करें, दूसरा थोड़ा खुशनुमा और तीसरा पूरी तरह खुशी का गीत होना चाहिए। तीसरे गीत तक आते-आते आपका मन पूरी तरह बदल जाएगा।

सुगंधित मोमबत्तियों का प्रयोग करें: मेरे बिस्तर के पास की अलमारी में हमेशा कुछ मोमबत्तियाँ, एक खुशबू वाला तेल या धूप बत्ती रखे रहते हैं। मुझे लगता है कि वे मेरे मिजाज को बेहतर बनाने के लिए बहुत अच्छे हैं। मोमबत्तियां ज्यादातर मेरे दोस्तों से उपहार में मिली हैं और मेरी पसंदीदा मोममत्ती एक प्रिय दोस्त ने दी थी, सफेद पेरिस केफे मोमबत्ती जिसे जलाने पर उससे कॉफी की खुशबू आती है। जब मैं पांडिचेरी में रहती थी तब मुझे ऑरोविल में बने उत्पादों के बारे में पता चला और मुझे उनसे प्यार हो गया। उनके उत्पादों में से एक है प्राकृतिक गंध वाला धूप है जिससे कोई हानिकारक रसायन का उत्सर्जन नहीं होता। मैंने वे सुगंधित उत्पाद एकत्र कर लिए, जो मुझे पसंद हैं- पचौली, चमेली, कस्तूरी आदि। हाल ही में मुझे एक एनजीओ के बारे में पता चला जिसका नाम है- अंतर्क्रान्ति। यह भारतीय कैदियों द्वारा बनाई गई धूप बत्तियाँ बेचता है। मुझे लगा कि यह एक अच्छा प्रयास है

और इसका समर्थन करना चाहिए क्योंकि यह उन कैदियों के लिए आजीविका का साधन उपलब्ध कराती हैं जिनका पुनर्वास किया जा सकता है। यदि उनके पास आय का स्रोत है तो उन्हें समाज में पुनर्वास में मदद मिलेगी।

सुगंध से उपचार या अरोमा थेरेपी, मैं कैसा महसूस करती हूँ, उसे बदलने में प्रभावी भूमिका निभाती है। जानी-पहचानी खुशबू मन को शांत करने में मदद करती है। अलग-अलग तरह की खुशबुओं के साथ प्रयोग करके देखें कि आपको कौनसी पसंद आती है और जब भी उदास महसूस करें तब बेहतर महसूस करने के लिए उन्हें अपने साथ रखें।

फूलों में रुचि लें: मुझे अपने आस-पास ताजे फूल रखना अच्छा लगता है। वे किसी भी जगह को तुरंत खुशनुमा और उत्सवपूर्ण बना देते हैं। आप चाहें तो फूल वाले के पास जाएँ और अपने मनपसंद फूलों का एक गुच्छा लेकर आ जाएँ। इससे आपको थोड़ा सा व्यायाम भी करने को मिलेगा और अपने कमरे को खुशनुमा बनाने के लिए आप कुछ खरीद भी लाएँगे। अगर आप चाहते हैं कि फूल अधिक समय तक ताजा रहें तो उन्हें पानी में रखने से पहले उनकी टहनी को आड़ा काटें। उनकी टहनी को हर दूसरे दिन इसी तरह काटते रहें और रोजाना पानी बदलें, इससे फूल अधिक दिनों तक खिले रहेंगे।

आप अपने लिए फूलों का सब्स्क्रिप्शन भी ले सकते हैं ताकि सप्ताह के एक निश्चित दिन आपके पास ताजा फूल आते रहें। अगर आपके शहर में फूलों के सब्स्क्रिप्शन की सुविधा नहीं है तो आप अपने नजदीक के फूलवाले से बात बात कर सकते हैं। आपको महंगे फूल खरीदने की जरूरत नहीं है; मौसमी फूलों का छोटा गुच्छा भी कारगर है।

C. **व्यवहार में करुणा लाएँ:** किसी चीज के बारे में बेहतर महसूस करने के लिए छोटे-छोटे कामों में करुणा का अभ्यास करें।

अपने पसंद के किसी काम के लिए छोटा सा अनुदान दे सकते हैं; किसी दोस्त के लिए एक छोटा सा उपहार खरीदें; सुपरमार्केट में किसी व्यक्ति को पंक्ति में अपने से आगे बढ़ जाने दें; कॉफी शॉप पर पंक्ति में अपने पीछे खड़े व्यक्ति के लिए कॉफी का भुगतान कर दें; किसी बुजुर्ग व्यक्ति को उनकी पसंद की सामग्री पढ़ कर सुनाने के लिए समय दें - संभावनाएँ अनंत हैं।

अगर आप इनमें से कुछ भी नहीं करना चाहते हैं या नहीं कर सकते तो बस अपने सामने से गुजरने वाले व्यक्ति का मुस्कुरा कर अभिवादन करें। दूसरे शब्दों में, थोड़ी करुणा और खुशी फैलाएँ। यह कर निश्चित रूप से आप अच्छा महसूस करेंगे और सामने वाले के चेहरे पर मुस्कान आएगी।

3. अलग हो जाओ, उलझे मत रहो:

हम सभी इस भ्रम में रहते हैं कि परिणाम पर हमारा नियंत्रण है परिणाम, जो इस अनुकूलन से उपजा है कि यदि हम अपना काम ठीक ढंग से करते रहें तो हम जो चाहते हैं वह हासिल कर सकते हैं। सच तो यह है कि कुछ भी हमारे नियंत्रण में नहीं है, या बहुत कम पर ही हमारा कोई वश चलता है जो वास्तव में मायने रखता हो।

यहाँ एक छोटा सा प्रयोग करते हैं। आप जिन्हें जानते हैं ऐसे दस लोगों से बात करें। उनसे पूछें कि क्या वे जिस पेशे में हैं वे यही करना चाहते थे या उन्होंने अपना रास्ता बदल लिया क्योंकि उन्हें अहसास हुआ कि वे जो कर रहे थे उसमें वे खुश नहीं थे। बहुत संभव है कि दस में से सात लोग यह कहें कि उन्होंने जो काम करना शुरू किया था वह बदल लिया या वे एक ऐसे पेशे में हैं जिसके बारे में उन्होंने कभी सोचा नहीं था कि वे यह काम करेंगे।

जीवन अक्सर हमें उन सुरंगों में ले जाता है जिनकी हमने कल्पना नहीं की होती। हमें उनसे बाहर निकलने का रास्ता बनाने के लिए

खुद को मजबूत बनाने की जरूरत होती है। कई बार हमने जो रास्ता चुना वह पथरीला मिलता है। कई बार हम ऐसी जगह पहुँच जाते हैं जहाँ से आगे कोई रास्ता नजर नहीं आता। जब ऐसा लगे कि हम एक अभेद्य दीवार के सामने पहुँच गए हैं तो क्या करें?

जाचरी मूर की प्रेरक कहानी

मुझे जाचरी मूर की कहानी बहुत प्रेरक लगती है। जाचरी ने एक हत्या के आरोप में जेल की सजा काटने के बाद 100,000 डॉलर के वेतन वाली इंजीनियरिंग की नौकरी की। बाईस वर्षों तक जाचरी 6×9 के एक छोटी सी कोठरी में बंद रहा। आज वह सान फ्रांसिस्को में एक बड़े से दफ्तर में बैठ कर कोडर के रूप में काम कर रहा है। जाचरी घरेलू हिंसा के महौल में बड़ा हुआ था, उसके माता-पिता दोनों शराबी थे। जब वह किशोर हो रहा था तब परिवार में भावनाओं को साझा करने के लिए कोई जगह नहीं थी। उसे अपनी भावनाओं को समझने में बहुत परेशानी का सामना करना पड़ा। इस स्थिति से निपटने के लिए वह मादक पदार्थों और शराब का सेवन करने लगा। वर्षों से उसका दबा हुआ गुस्सा, ईर्ष्या, दर्द और तकलीफ 1996 में परिवार के साथ हुई एक बहस में इस तरह फट पड़ा कि उसने अपने ही भाई की चाकू मार कर जान ले ली। उसे 1997 में छब्बीस साल के लिए आजीवन कारावास की सजा सुनाई गई। अगले कुछ वर्षों तक उसे एक जेल से दूसरी जेल में भेजा जाता रहा और वह यह सोचता रहा कि वह क्या था और उसने यह क्या कर दिया। जेल में रहना नर्क से भी बदतर था, वहाँ अपने से ज्यादा उम्र के कठोर पुरुष अपराधियों के बीच रहना पड़ता। वह बार-बार लोगों से उलझ जाता और उसे अनुशासनहीनता के लिए सजा दी जाती। वर्ष 2000 में उसे एक छोटे से गड्ढे नुमा कोठरी में दिन के 23 घंटे बंद रहना पड़ता, जिसमें किसी तरह का मानवीय संपर्क संभव नहीं था।

यह वह जगह थी जहाँ से उसने आंतरिक यात्रा शुरू की। उसने परत-दर-परत खुद को खोला और यह स्वीकारा कि उसे अपने साथ

कुछ बातों को ठीक करने की जरूरत है। वह हमेशा बेहद तनाव में रहा है और यदि उसे अपने जीवन में बदलाव चाहिए तो उसे मनोवैज्ञानिक तौर पर बदलाव की जरूरत है। वह ऐसे पुरुषों के एक समूह से जुड़ा जो खुद को सुधारने की कोशिश कर रहे थे। हालाँकि उन्हें दूसरों ने अपमानित किया था और सताया था लेकिन उन्होंने आपस में भाईचारा स्थापित किया और एक-दूसरे की भावनात्मक रूप से मदद करना शुरू किया। जाचरी ने बौद्ध कार्यक्रमों में भी जाना शुरू कर दिया। ध्यान ने उसे तनाव से जूझने के तरीके बताए। उसने अपनी भावनाओं के साथ जुड़ाव महसूस करना शुरू किया और यह सीखा कि जो भी महसूस होता है वह महसूस होने में कोई बुराई नहीं है। प्राणायाम के तरीकों ने उसे समय के साथ अपने मन पर नियंत्रण रखना सिखाया। वर्ष 2010 में जब सिलिकॉन वैली से क्रिस रेडिल्त्ज को सान कुएंतिन जेल में कैदियों के साथ व्यवसाय पर चर्चा करने के लिए बुलाया गया तो उसने सोचा था कि उसे कुछ अपराधी किस्म के लोगों से मिलना होगा। लेकिन जब उसने वहाँ बात की तो पाया कि वे सब विभिन्न दक्षताओं वाले उद्यमी हैं जिनके पास अवसरों का अभाव है और खुद को व्यक्त करने के लिए कोई मंच नहीं है। उसने 'द लास्ट माइल' की स्थापना की ताकि काम करने योग्य कौशल वाले कैदियों को सशक्त किया जा सके और अपराध का चक्र टूटे।[1] जाचरी ने 'द लास्ट माइल' द्वारा शुरू किए गए कार्यक्रम में आवेदन किया और वहाँ जाकर उसने यह जाना कि असफलता अस्थाई थी। उसने लोगों के साथ मिल कर साझा लक्ष्य को पाने के लिए काम करना सीखा। जब किसी कोड पर काम करके उसे उसे सफलता मिली तो वह अहसास कमाल का था। जाचरी का कहना है कि एक समय था जब ऐसा लगता था कि जेल से बाहर कभी निकलना होगा ही नहीं, लेकिन कोडिंग ने उसे उस एहसास से खुद को अलग करना सिखाया। जो बात उसके नियंत्रण में नहीं थी उस पर अपना समय जाया करने की बजाय उसने अपने सामने जो काम था उस में मन लगाने पर ध्यान दिया।

1 दस में से सात मुक्त कैदी तीन साल के भीतर कोई अपराध करते थे, क्योंकि उनके पास कोई घर, नौकरी या कोई नहीं होता था।

जाचरी की तरह हमें 'स्विच ऑफ' करना सीखना चाहिए और केवल उन चीजों पर ध्यान केंद्रित करना चाहिए जिन्हें हम नियंत्रित कर सकते हैं। यदि आपकी स्थिति या परिवेश आप पर हावी हो जाए तो थोड़ी देर के लिए इससे दूर हट जाएँ। अपनी सामान्य दिनचर्या से अलग कुछ करें। यह कुछ ऐसा हो सकता है जैसे घास पर नंगे पांव चलना या खाने में कोई नया स्वाद आजमाना। आप अपने किसी भी शौक को फिर से जगा सकते हैं जिसे आपने छोड़ दिया हो या कोई भी छोटा सा काम करें जिससे आपको खुशी मिले।

हमें अपने सोचने को नियमित रूप से थोड़ी देर के लिए आराम देने और उदासी और निराशावाद को खुद पर हावी होने से रोकने की जरूरत है। यह हमें उन बातों से ध्यान हटाने में मदद कर सकता है जिन के बारे में हम असहाय महसूस करते हैं। एक बार जब हम अपनी तरफ से अपने मनवांछित परिणाम पाने की दिशा में पूरा प्रयास कर लें इसके बाद हमें नतीजों का इंतजार करने की बजाय अच्छे की उम्मीद के साथ वहाँ से ध्यान हटा लेना चाहिए। अगर हमने जैसा सोचा वैसे नतीजे नहीं मिले तो इसका मतलब यह है कि ब्रह्मांड ने हमारे लिए कुछ और सोच रखा था। समय के गर्भ में कुछ बेहतर छुपा हुआ है।

4. शान्ति रचें:

जब मैंने ध्यान शब्द का प्रयोग किया तो कई युवा लोगों की प्रतिक्रिया आई, "ऊह, ध्यान तो बड़े-बुजुर्ग करते हैं" या "ध्यान तो उबाऊ होता है।" कुछ ने इसे आजमाया और पाया कि यह कठिन है। कुछ ने इसे इसलिए छोड़ दिया क्योंकि वे अपने विचारों पर नियंत्रण नहीं रख पाते।

बहुत साल पहले जब मैं किशोर थी तब मेरे पिता ने मुझे ध्यान करना सिखाया था। मुझे स्थिर बैठना कठिन लगता था लेकिन उन्होंने मुझे सिखाया। उनकी आवाज में गहरा सम्मोहन था। वे मुझे शांत बैठ कर एक ऐसी झील की कल्पना करने के लिए कहते जिसका पानी

शांत था और उसके ऊपर चमकीले नीले रंग के आसमान में नर्म सफेद बादल तैर रहे हैं। फिर वे मुझसे इस शांत ठहरे हुए पानी में एक पत्थर के गिरने की कल्पना करने के लिए कहते। उससे उठने वाली तरंगों के चित्र की कल्पना करने और यह सोचने के लिए कहते कि कैसे पानी पर लहरें बन और मिट रही हैं और जब तक कि पानी वापस पूरी तरह शांत न हो जाए। मेरे पिता के बोलते जाने के साथ मैं यह करने में सक्षम हो गई। शुरू में मेरे विचार भटकते रहते लेकिन अभ्यास के साथ मुझे स्थिर बैठने की आदत हो गई और धीरे-धीरे मैं यह और बेहतर तरीके से करने लगी।

बाद में मेरे पिता ने मुझे अपनी समस्या को पत्थर से बांध कर झील में डाल देने और तलछट में डूबते हुए देखने की कल्पना करना सिखाया। इसने मुझे बेहतर महसूस करने में मदद की और ध्यान के बाद जो भी समस्या मेरे सामने होती वह मुझे उतनी बड़ी नहीं लगती। वे मुझे दृश्यों की कल्पना करना सिखा रहे थे, एक ऐसा अभ्यास जिसने मुझे 'अपनी शान्ति बनाने' में मदद की।

लेकिन जैसे ही मेरी शादी हुई और मैं दो बच्चों में व्यस्त हो गई, तब घर चलाने और बाकी कामकाज के बीच मैं ध्यान के बारे में सब भूल गई। मेरे पास शान्ति से बैठने और ध्यान लगाने के लिए कोई समय ही नहीं था क्योंकि मेरे साथ दो छोटे बच्चे थे। जब मेरे बच्चे थोड़े बड़े हो गए और स्कूल जाने लगे तब मेरे पास थोड़ा समय रहता लेकिन मुझे इस बात की जरूरत ही महसूस नहीं हुई कि मैं ध्यान करने के लिए थोड़ा समय निकालूँ। सिर्फ योग करने के दौरान थोड़ी देर के लिए आंखें बंद करने के चंद लम्हों के बाद मैं अपने दैनिक जीवन में व्यस्त हो जाती।

कुछ साल पहले मुझे अनिद्रा की बीमारी हो गई थी। मैं कोई भी कोशिश कर लूँ लेकिन नींद नहीं आती थी। मेरी पूरी स्वास्थ्य जाँच की गई लेकिन कोई स्वास्थ्य संबंधी कारण पकड़ में नहीं आया।

हालाँकि डॉक्टरों ने मुझे सोने के लिए एक देसी दवा सुझाई लेकिन मैं इसे लेने की इच्छुक नहीं थी। इस दौरान एक दोस्त ने मुझे प्राणायाम के साथ ध्यान करने का सुझाव दिया। उसने मुझे ध्यान सिखाने का भी प्रस्ताव रखा। बरसों बाद मैंने फिर से नियमित रूप से प्राणायाम के साथ ध्यान करना शुरू किया और कुछ ही सप्ताह के अंतराल में मेरी अनिद्रा के समस्या खुद ही दूर हो गई।

हमारा मन विचारों और भावनाओं का एक भंवर है। कुछ अध्ययन कहते हैं कि हमारे मन में एक दिन में 12,000 से अधिक विचार आते हैं, दूसरों का कहना है कि हमारे मन में प्रतिदिन लगभग 6,000 विचार आते हैं। एक अध्ययन का दावा है कि हमारे मन में आने वाले विचारों में से 85 प्रति नकारात्मक होते हैं। इससे कोई फर्क नहीं पड़ता कि हमारे मन में आने वाले विचारों की वास्तविक संख्या क्या है, यह जानना महत्त्वपूर्ण है कि हमारा मन बहुत व्यस्त जगह है।

एक बार जब हम सोचना शुरू कर देते हैं, तो रुक नहीं पाते। हम अक्सर विचारों के एक घेरे में बार-बार घिरते रहते हैं और हमें पता ही नहीं चलता। उदाहरण के लिए, आप कल देने वाली एक प्रस्तुति के बारे में सोच रहे हैं। तभी आपको याद आता है कि आपके बॉस ने आपसे इस पर गौर करने के लिए कहा था, जबकि यह एक पुराना मुद्दा है। यह आपको उस सहकर्मी की याद दिलाता है जो आपके साथ कुछ जानकारी साझा करने का वादा करके और कभी पलट कर नहीं आया। इस पर आपको यह भी याद आता है कि इसी विषय पर उस सहकर्मी ने पहले कई बार प्रस्तुति दी है। आपको आश्चर्य होता है कि लोग इतने गैर-जिम्मेदार कैसे हो सकते हैं- तो आप समझ गए होंगे। इस तरह आप एक विचार के घेरे में फँसते चले जाते हैं। वे अपने सर में उस वक्त भी घूमते रहते हैं जब आप खाना, नहाना, टहलना, खाना बनाना या घर का काम कोई भी कर रहे होते हैं। वे हमारे मन में तब भी चलते रहते हैं चाहे जब हम अकेले हों या लोगों से घिरे हों। यहाँ तक कि जब हम एक मनोरंजक टीवी शो देख रहे होते हैं, तब भी

हमारे दिमाग में जीवन में जो चल रहा होता है और जो हम देख रहे हैं उसके बीच तालमेल की कोशिश चलती रहती है। सच में सोचने से किसी क्षण मुक्ति नहीं है।

सोचने के इस घेरे में फँसने से खुद को बचाने का एक तारीका यह हो सकता है कि उनके बारे में जागरूक हो जाएँ। मन को प्रशिक्षित किया जा सकता है। ध्यान अपने मन में शान्ति का टापू बनाने का एक आसान और कारगर तारीका है, खासतौर से उस समय जब आप जिन हालात में घिरे हैं उन्हें बदलने पर आपका कोई जोर न चल सकता हो।

यदि आपने पहले कभी ध्यान नहीं किया है तो भी चिंता की कोई बात नहीं। आप जितना सोचते हैं यह उससे कहीं आसान है।

निर्देशित ध्यानः

1. अपने साथ रहने वाले लोगों को बता दें कि आप अगले 20 मिनट के लिए कोई व्यवधान नहीं चाहते।
2. एक जोड़ी अच्छा हेड फोन ले लें। यदि आप ऐसे हेड फोन ले सकें जो बाहर की आवाजों को पूरी तरह रोक दें तो मेरा सुझाव होगा कि उनका ही उपयोग करें।
3. यदि आपने तंग कपड़े पहने हैं तो उन्हें ढीला कर लें। पंखा, एयर कंडीशनर या हीटर जो भी चल रहा है उसे अपने हिसाब से व्यवस्थित कर लें। आपको एकदम आराम की स्थिति में होना चाहिए।
4. यू ट्यूब पर पाँच मिनट के निर्देशित ध्यान का वीडियो खोज लें। इस तरह के कई वीडियो उपलब्ध हैं। कुछ तनाव को कम करने के लिए हैं। कुछ सकारात्मक चिंतन और ऊर्जा के लिए। मुझे द *ऑनेस्ट गाइज़* के वीडियो पसंद आते हैं। आप जो भी चुनें यह ध्यान रखें कि उनकी आवाज शांत करने वाली और सुहावनी होनी चाहिएं यदि आपको आवाज पसंद न आए

या जो आपने चुना वह आपको ठीक न लगे तो उसे बदल दें और कुछ और चुन लें।

5. इस निर्देशित ध्यान का प्रतिदिन अभ्यास करें। दो सप्ताह तक लगातार करने के बाद इसकी अवधि बढ़ा लें। अब आप दस मिनट का निर्देशित ध्यान करें। जल्दी ही आप ऐसी स्थिति में पहुँच जाएंगे कि इसे करते हुए आप को नींद आ जाए। आप अपने मन और शरीर को आराम कराने और अपने सामने मौजूद क्षण में जीने के अभ्यास कर रहे हैं।

6. एक बार निर्देशित ध्यान की आदत बन जाने के बाद आप नियमित ध्यान की शुरुआत कर सकते हैं।

नियमित ध्यान:

1. एक ऐसा एप इन्स्टाल कर लें जो आपके लिए समय का ध्यान रख सके। इसे तीन मिनट पर सेट कर लें।

2. अब आरामदायक स्थिति में बैठें और अपनी आँख बंद कर साँस पर ध्यान केन्द्रित करें।

3. इससे कोई फर्क नहीं पड़ता कि आपके विचार भटकते हैं। जब भी विचार भटकें उसे साँस पर केन्द्रित कर लें। पीछे मन में चल रहे शोर पर ध्यान न दें, बस साँस पर ध्यान केन्द्रित रखें।

   इसे प्रतिदिन करें और धीरे-धीरे समय बढ़ाते जाएँ। जब तीन मिनट करना आसान हो जाए तो समय को बढ़ा कर छह मिनट कर लें या इसी तरीके का पालन करते रहें।

   आप चाहें तो ध्यान से जुड़ी कोई पत्रिका अपने साथ रख सकते हैं ताकि जब आप आँख खोलें तो इससे प्राप्त जानकारी या नजरिये को पढ़ सकते हैं। मैं कई सालों से ध्यान कर रही हूँ और मैं लगभग 30 मिनट तक शान्ति से बैठे रह सकती हूँ। हर सत्र के बाद मिलने वाली दृष्टि मुझे समृद्ध करती है।

विज्ञान ने ध्यान के अनेक स्नायु संबंधी लाभ प्रमाणित किए हैं। एमआरआई स्कैन में ध्यान करने वाले व्यक्ति के मस्तिष्क की हरकतों में अंतर दर्ज किया गया है। यह मस्तिष्क में ऐसे परिवर्तन लाता है जिन्हें नापा जा सकता है; तनाव और अवसाद को कम करता है; एकाग्रता को बढ़ाता है; शारीरिक और मानसिक स्वास्थ्य को दुरुस्त रखने के साथ किसी लंबे समय तक चिंतन को एकाग्र रखने में मदद करता है। सिर्फ दस मिनट का समय लगाने के अलावा इस पर कोई खर्च नहीं आता।

तो फिर इस कमाल की प्रक्रिया को क्यों न एक बार आजमा कर देखा जाए? ध्यान ने मेरा जीवन बदल दिया। यह उतना रहस्यमयी या कठिन नहीं है जितना कि लगता है और यह हमारी सोच और भावनाओं को केन्द्रित करने में मदद करता है, हमें एक ऐसे पहलू से परिचित करता है जिसके बारे में हमने कभी सोचा नहीं था। यदि आप पहले से ही ध्यान करते हैं तो मुझे पक्का यकीन है कि आप मेरी उपरोक्त सभी बातों से सहमत होंगे।

मैं विगत कई सालों से एसीडीसी का भी अभ्यास कर रही हूँ। हालाँकि यह यथार्थ को नहीं बदलता लेकिन उस पर तो वैसे भी आपका कोई नियंत्रण है नहीं, यह उसका सामना करने के लिए आपको बेहतर तैयार करता है।

इस सारी प्रक्रिया को कम से कम दस दिन के लिए आजमा कर देखिये। पहले कदम के तौर पर खुद से वादा कीजिये कि कम से कम इतने समय तक आप इसे नहीं छोड़ेंगे। एक महीने का वादा करना कठिन है, लेकिन जब हम अपने लक्ष्य को छोटे-छोटे हिस्सों में बाँट लेते हैं तो एक चरण पूरा करने पर दूसरे की ओर बढ़ने की प्रेरणा बनी रहती है। प्रत्येक चरण पूरा होने पर उपलब्धि का अहसास होता है और जारी रखने का

मन करता है। आप निश्चय ही अपनी मनःस्थिति और अपने नजरिये में एक बदलाव महसूस करेंगे। एक बार दस दिन तक इसका पालन कर लेने के बाद आप इस अवधि को तब तक के लिए बढ़ा सकते हैं जब तक कि यह आपकी आदत ही न बन जाए, जीने का तरीका और मन की करामात जो आपके जीवन में जबर्दस्त बदलाव और बेहतरी लेकर आ सकते हैं।

बेकाबू हालात में करामाती मन

सिद्धान्त 1 : भावनाओं को स्वीकारें

सिद्धान्त 2 : छोटे-छोटे कदम उठाएँ

ACDC का अभ्यास करें

1. पहचानें
2. बदलें
   - i. स्थान बदलें
   - ii. माहौल बदलें
     - रद्दी हटाएँ
     - संगीत पर भरोसा करें
     - सुगंध वाली मोमबत्ती और धूप का उपयोग करें
     - फूलों में रुचि लें
   - iii. करुणापूर्ण व्यवहार करें
3. अलग हो जाएँ, उलझे न रहें
4. शांति रचें

❑❑❑

10

दुःखद यादों के लिए करामाती मन

यादें बंदूक से निकली उन गोलियों की तरह होती हैं
जिनमें से कई आपको छूकर गुजर जाती हैं और
कई आपको छलनी कर देती हैं।

– रिचर्ड कादरे

मुझे अपनी एक पाठक का मेल मिला है (मान लीजिये कि उनका नाम अक्षिता है), जिसकी उम्र लगभग 25 वर्ष के आसपास होगी। वह एक जनसम्पर्क एजेंसी में नौकरी करती है। अक्षिता का मानना है कि वह एक हँसमुख, मिलनसार और आराम से सामंजस्य बना लेने वाली लड़की है, लेकिन उसे एक कठोर बॉस के साथ काम करना पड़ता है। वह कितनी भी मेहनत करे बॉस को कभी संतुष्टी नहीं होती और उन्हें उसके काम में कोई न कोई कमी निकालनी होती है और उसे अपमानित करना होता है। अक्षिता कहती है कि दफ्तर से घर आने के बाद भी उस दिन जो कुछ हुआ वह उसके दिमाग में घूमता रहता है। वह उससे पीछा में छुड़ा पाती। वह अपने अपमान को लेकर मन ही मन में कुढ़ती रहती है, लेकिन कोई रास्ता नहीं निकाल पाती। वह चाहती है कि अपने लिए आवाज उठाए और हर बार जब बॉस के साथ कोई टकराव होता है तो वह घर आने के बाद उसके बारे में सोचती है कि उसे इस बात का किस तरह जवाब देना था, लेकिन अगली बार जब कोई नई परिस्थिति सामने होती है तो वह चुपचाप अपमान का घूंट

पीकर रह जाती है। वह नौकरी नहीं छोड़ सकती क्योंकि इस काम में उसे अच्छा वेतन मिल जाता है और हालाँकि वह विकल्पों की तलाश करती रहती है, लेकिन अब तक उसे सफलता नहीं मिली है। वह फंसा हुआ महसूस करती है। वह दुखी और परेशान है और हर दिन होने वाले क्रूर अपमान की यादों से उबर नहीं पाती है।

एक और पाठक है (उसे हम प्रत्यूष कह सकते हैं) ने मुझे लिखा कि वह एक लड़की से बहुत प्यार करता था और उसके लिए उसे भुला पाना मुमकिन नहीं है। वे लगभग तीन साल से रिश्ते में थे और उन्होंने एक साथ भविष्य का सपना देखा था। लेकिन लड़की के माता-पिता इस रिश्ते के सख्त खिलाफ थे और अंततः लड़की को उससे रिश्ता तोड़ माता-पिता की पसंद के लड़के से शादी कर लेनी पड़ी। वह अपने जीवन में आगे बढ़ चुकी है और अब उसका एक ढाई साल का बच्चा है। लेकिन प्रत्यूष उस रिश्ते को भुला नहीं पा रहा है। वह उसके साथ बिताए समय की यादों में खोया रहता है और एक जगह अटका हुआ महसूस करता है।

यादें हमें बनाती हैं

एक फिल्म है 'इटरनल सनशाइन ऑफ द स्पॉटलेस माइंड'। यह एक प्रेम कहानी है, जिसमें मुख्य किरदार जोएल और क्लेमेंटीन अपनी यादों को मिटाने की एक वैज्ञानिक प्रक्रिया की मदद लेते हैं। उनकी याद को मिटा दिया गया है इसके बाद वे एक-दूसरे से कहीं मिल जाते हैं और एक-दूसरे के प्रति जबरदस्त आकर्षण महसूस करते है। जबकि उन्हें याद नहीं है कि वे कितने सघन रिश्ते में हुआ करते थे। कहानी धीरे-धीरे वहाँ पहुँचती है जब जोएल की याद को मिटाया जा रहा है और इस प्रक्रिया के बीच में उसे यह एहसास होता है कि वह इन यादों को मिटाना नहीं चाहता।

यादें इंसान को बनाती हैं, हम जो आज हैं वह हमारी यादों की देन है। यादों के बिना हमारा अतीत एक कोरी स्लेट की तरह हो जाएगा, और जो

लोग हमारे अतीत में बहुत करीब रहे उनका महत्त्व ही खत्म हो जाएगा। अल्जाइमर से पीड़ित लोग जब अपने चाहने वालों को पहचानना बंद कर देते हैं तो वह सभी के लिए एक पीड़ादाई अनुभव होता है। हम अपने वर्तमान जीवन में जो भी कार्य करते हैं उसका संबंध हमारी यादों के साथ है, जिनसे सीखे हुए सबक हमारे साथ रहे। हम अपने अनुभवों से अर्जित ज्ञान के सहारे आगे बढ़ते हैं। हमारे जीवन में जो कुछ भी होता है वह हमें किसी न किसी तरह से बदल देता है। यादें चाहे खुशनुमा हों या दुःखद वे हमारे विकास में अपनी भूमिका निभाती हैं। कभी-कभी, अक्षिता या प्रत्यूष की तरह, कुछ यादों पर हम अटक जाते हैं। हम अपने जीवन में किसी खास समय या घटना को भूल नहीं पाते, वह घटना या समय हमारे मन में लगातार घूमते रहते हैं और हम उससे खुद को मुक्त नहीं कर पाते।

अक्षिता और प्रत्यूष के मामले में अतिरेक हो सकता है लेकिन कुछ हद तक हम सभी अपनी यादों से कुछ हद तक प्रभावित होते हैं। हम सबको ऐसी परिस्थितियों का सामना करना पड़ा जहाँ किसी की कोई बात हमें इस तरह प्रभावित कर जाती है कि वर्षों बाद भी वह हमें याद आती रहती है। हम सब ऐसी स्थितियों से वाकिफ हैं जब किसी ने हमारा मजाक उड़ाया हो। उन स्थितियों से भी परिचित हैं जहाँ किसी ने मजाक करते हुए हमें आहत किया हो और उस समय में हमें तुरंत कोई जवाब न सूझा हो। बाद में हम सोचते रहते हैं कि उस वक्त में हम क्या कह या कर सकते थे लेकिन जब वह घटना हुई तब हमारी स्थिति उस हक्के-बक्के हिरन की सी हो गई थी जिसकी आँखें चौंधिया गई हों।

यादें कई बार हमें अपने किसी काम को करने या न करने के लिए शर्मिंदगी के एहसास के साथ भी कचोटती रह सकती हैं। हो सकता है कि परिवार में कोई व्यक्ति बहुत तकलीफ में रहा हो और हम उनकी कोई मदद न कर पाए हों लेकिन उन्हें तकलीफ में देखना हमें उदास करता हो और हम उसके बारे में सोच कर परेशान होते रहें। यदि हम दुःखद यादों को बार-बार अपने मन में दोहराते रहेंगे तो वह पीड़ादाई बनता जाएगा।

यादों में उलझे रहने की समस्या

1. हम एक ही समस्या में उलझ कर रह जाते हैं:

जब हम किसी स्थिति के बारे में सोच-सोच कर इस बात पर अटक जाते हैं कि इतनी त्रासद घटना क्यों हुई और होना भी था तो इस तरह क्यों हुई, तब हम उस एक समस्या पर आकर अटक जाते हैं। हम आगे बढ़ने की बजाय विलाप करते रहते हैं। अक्षिता और प्रत्यूष इस 'समस्या' में इस हद तक फंसे हुए हैं कि वे उससे बाहर निकलने में असमर्थ हैं। अपनी यादों से त्रस्त हो कर वे लगभग असहाय हो गए हैं।

टीवी धारावाहिक लूसिफर में दिमाग में लगातार चल रहे किसी एक विचार में फंस जाने को नर्क के रूप में दिखाया गया है। यह अक्सर ऐसा विचार होता है जिसके बारे में व्यक्ति बहुत शर्मिंदा महसूस कर रहा हो, जिसके बारे में वे ग्लानिबोध से भरे हुए हों वही उनके मन में बार-बार लौट कर आता है। वे अपने नर्क को खुद ही गढ़ते रहते हैं और उसमें फंसे भी रहते हैं। अपने जीवन के बुरे अनुभव की पीड़ा में घुलते रहते हैं - ऐसी घटना जो अतीत में हो चुकी है लेकिन जिसकी यादों से वे अपने वर्तमान को कभी मुक्त नहीं होने देते। इस तरह हम उस दु:खद याद को बार-बार जीते चले जाते हैं और उसके दु:ख से उबर नहीं पाते। जब भी हम अपनी दु:खद याद को दोहरा रहे होते हैं, हम वही गलती कर रहे होते हैं। दिलचस्प बात यह है कि जब कोई खुशी की बात होती है तब हम उस पर इतना विचार नहीं करते, हम बस उसे अपना सौभाग्य मान कर स्वीकार कर लेते हैं। हम यह नहीं सोचते रहते कि "हम इतना सौभाग्यशाली कैसे हो सकते हैं?"

किसी स्थिति या किसी के द्वारा किए गए व्यवहार के बारे में लगातार सोचने से हम उसे बदल नहीं सकते, हम सिर्फ अपने ऊर्जा के क्षेत्र में एक अवरोध डाल देते हैं। तेजी से बहती एक की कल्पना

कीजिये। अब सोचिए कि यदि कोई इस धारा के बीच ग्रेनाइट की एक बड़ी सी चट्टान रख दे तो वह धारा रुक जाएगी क्योंकि उसका रास्ता अवरुद्ध है। अब या तो वह दो धाराओं में बंट जाएगी और चट्टान के इर्द-गिर्द से बह निकलेगी या वह पूरी तरह से अपनी दिशा बदल लेगी। धारा रुकती नहीं है। निरंतर अभ्यास से हम अपने मन को पानी की इस धारा की तरह लगातार बहते रहना सिखा सकते हैं। हमें अतीत में हुई घटनाओं के साथ अटक कर नहीं रह जाना है, उन विचारों से मुक्त होने का रास्ता है।

2. आत्मदया कहीं ले नहीं जाती:

जब हम एक ही स्थिति के बारे में बार-बार बात करते रहते हैं तो हम दरअसल अपने इर्द-गिर्द एक आत्मदया का घेरा बना लेते हैं। हम इतने आहत होते हैं कि हम चाहते हैं कि कोई हमें सुन ले। हम चाहते हैं कि कोई तो यह मान ले कि हम कितनी मुश्किलों से निकले हैं। लेकिन हम एक वृत्त में फँसते जाते हैं और हमें वास्तव में लगने लगता है कि हम कितने असहाय हैं।

हमें अपने दुखड़े रोने की पूरी आजादी है। हम यह बताएँ कि भाग्य हमारे साथ कितना क्रूर रहा और जो हमारे साथ हुआ वह हरगिज नहीं होना चाहिए था। लेकिन हमें उस पर पूर्ण विराम भी लगाना आना चाहिए। जो दोस्त हमें सुनने के लिए मौजूद रहे वे कुछ उदार शब्द कह कर अपने जीवन में आगे बढ़ जाएंगे। हम यह भूल जाते हैं कि उनका भी अपना जीवन है। लेकिन हमारे मन में वही आत्मदया घूमती रहती है। हम में से कई उस घेरे को तोड़ने में नाकाम होते हैं क्योंकि हमारा यथार्थ तो जैसा है वैसा ही है। हालात अच्छे नहीं हैं तो हम यह दिखावा नहीं कर सकते कि वे अच्छे हैं। अपने दोस्तों से उनके बारे में बात करना हमें राहत देता है। इसलिए हम वही करते जाते हैं।

मेरी नानी बहुत सहनशील महिला थीं। ग्यारह बरस की उम्र में उनकी शादी कर दी गई थी। उन दिनों बाल विवाह आम बात थी।

उन्होंने पूरे जीवन बहुत कठिनाइयों का सामना किया। उन्होंने पाँच बच्चों को जन्म दिया और अक्सर घर में पूरा खाने के लिए भी नहीं होता था लेकिन मेरे नाना के साथ मिल कर वे उन सभी की परवरिश कर पाई। मेरे नाना-नानी दोनों ने कभी जीवन से शिकायतें नहीं कीं। मेरी नानी कहती थीं रोने के लिए जितने कंधे मिलते जाएंगे हम उतना ही ज्यादा रोएँगे। वे कहतीं, यदि हम किसी स्थिति को बदल नहीं सकते तो उसे स्वीकार कर आगे बढ़ जाओ। उसके बारे में रोने से आप कहीं नहीं पहुँच सकते, इसलिए अच्छा है कि उस पर हँस लो। मेरी नानी बहुत खुशमिजाज थीं और उनकी हँसी तो संक्रामक थी। मुझे नहीं पता कि वे ऐसा कैसे कर पाती थीं लेकिन उन्होंने मुझे जो सबक सिखाया वह मेरे साथ रह गया।

3. हमें मौजूदा लक्ष्य से भटकाता है:

एक लेखक के रूप में मुझे अनेक स्थानों पर जाने का अवसर मिला, जो अन्यथा शायद न मिल पाता। मुझे उन पुरानी यादों को पलट कर यह देखना होता है कि क्या मेरे द्वारा लिखे जा रहे किसी दृश्य के लिए वहाँ कोई अच्छी सामग्री मौजूद है। यदि मैं किसी एक याद पर अटक जाऊँ तो मुझे अपने मन को उससे आगे बढ़ने के लिए प्रशिक्षित करना पड़ता है। यदि मैं ऐसा न करूँ तो मेरे लिए आगे कुछ भी लिखना कठिन हो जाए। मैंने अपने मन में चीजों को अलग-अलग कोनों में व्यवस्थित करने के लिये प्रशिक्षित किया और पुरानी यादों पर ढक्कन लगाना सीखा। किसी भी एक याद को जांच-परख लेने के बाद मुझे उसे बंद कर रखना होता है। मैं ऐसा करने के लिए अपने लिखने से कुछ देर के लिए विराम ले लेती हूँ। अपने लिए चाय बनाती हूँ, बगीचे में समय बिताती हूँ या अपनी पसंद का टीवी कार्यक्रम देखती हूँ। यदि मैं ऐसा न करूँ तो यादों की भूलभुलैया में खो जाऊँ और यह मुझे उस लक्ष्य से भटका सकता है जो उस वक्त मेरे सामने है, जैसे कि अपनी एक किताब को पूरा करना।

जब हम किसी बात के बारे में सोचते रहते हैं तो हम खुद को अपने लक्ष्य से दूर ले जाते हैं। जितना हम उसके बारे में सोचते जाते हैं उतना ही अपनी मंजिल से दूर होते जाते हैं। यादों की गलियाँ घुमावदार होती हैं और उनमें न ही जाएँ तो अच्छा, यदि उनमें जाना ही पड़े तो जल्दी से निकल भी आएँ। अतीत के गलियारों में उलझ कर न रह जाएँ।

4. हमें नुकसान पहुँचाता है:

अत्यधिक सोचते रहना और विलाप करते रहना हमें हीनता बोध से भरता है। यह हमारे मानसिक स्वास्थ्य को नुकसान पहुँचाता है। यह हमारे आत्मविश्वास को कम करता है और हम वर्तमान को भी अतीत के साये में देखते हैं। प्रत्यूष किसी नए रिश्ते में नहीं जा पाता क्योंकि वह पिछले रिश्ते में अपने साथ हुए अन्याय के बारे में सोच कर विचलित है। अक्षिता अपने लिए खड़ी नहीं हो पाती क्योंकि वह खुद को पीड़िता की तरह देखती है। उसके सर में लगातार चलने वाला शोर उसे बताता है की उसे निशाना बनाया जा रहा है और उसके साथ होने वाली घटनाएँ उसकी इस सोच को प्रमाण देती चलती हैं।

मुझे यूनानी दार्शनिक हरक्युलिस की यह बात बहुत पसंद है: 'एक व्यक्ति एक ही नदी में दो बार नहीं उतर सकता। न तो नदी वही रहती है और न व्यक्ति ही वही रह जाता है।' इसका मतलब यह है की हम लगातार बदल रहे हैं और हमारे हालात भी लगातार बदलते हैं। जब कोई घटना हमारे साथ पहली बार होती है तो हम एक अलग व्यक्ति होते हैं। उसके बाद पहले वाले से एक हम एक अलग व्यक्ति में तब्दील हो जाते हैं। हालाँकि हमारा व्यवहार हमारी यादों से संचालित होता है लेकिन उन्हीं विचारों में उलझे रहना हमारे अच्छे वर्तमान को खराब कर सकता है।

क्या अतीत के जाल से निकलने का कोई रास्ता है? यदि कोई स्थिति इतनी बुरी है की कोई उपाय ही नजर न आता हो तो क्या करें?

यदि हमारे किसी परिजन को कोई असाध्य बीमारी हो तो क्या करें? यदि हम किसी बहुत बुरे रिश्ते में फंसे हों और निकलने का कोई उपाय न हो तो क्या करें? यदि परिवार के किसी सदस्य का व्यवहार हमें बार-बार आहत करता है और अनेक बार इस बारे में बात करने के बावजूद उनके स्वार्थी व्यवहार में कोई सुधार न आए तो क्या करें? क्या करें यदि अक्षिता के बॉस जैसे व्यक्ति के साथ काम करना पड़े या अतीत में प्रत्यूष के जैसे रिश्ते का अनुभव रहा हो?

अभ्यास 10a

यदि अतीत में हुई किसी घटना से जुड़ी कोई ख़ास याद आपको सताती है तो उसके बारे में लिख लीजिए।

अभ्यास 10b

स्वीकारोक्ति लिखें: 'मैंने उस समय में अपनी समझ और अपनी क्षमता के अनुसार अपनी तरफ से पूरा प्रयास किया। मेरा वह रूप अब मौजूद नहीं है। मैंने अपने उस रूप को मुक्त कर दिया है। मैंने खुद को क्षमा किया।'

यह स्वीकारोक्ति लिखने के बाद आपने अपनी याद को मुक्त कर दिया।

अब आप इस तरह व्यवहार करना चुन सकते हैं जो आपके हित में हो।

अपने विचारों का कैदी हो कर रहने की बजाय हम कुछ ठोस कदम उठा सकते हैं ताकि हम बेहतर महसूस कर सकें। यदि हम हालात नहीं भी बदल सकते तो उन्हें देखने का नजरिया तो बदल सकते हैं। कठिन से कठिन स्थिति में भी हमें बेहतर ढंग से निर्वाह करने के कुछ तरीके तो मिल ही सकते हैं।

लगातार अभ्यास के साथ हम अपने मन को अलग तरह से सोचने के लिए प्रशिक्षित कर सकते हैं। जैसे की बीच में चट्टान रख दिये जाने पर पानी की धारा अपना रास्ता बदल लेती है हम भी अपने लिए वैकल्पिक रास्ते बना सकते हैं। हमें अपने अतीत का कैदी बन कर रहने की जरूरत नहीं। हम खुद को नुकसान पहुँचाने वाले उन आत्मघाती सोच के तरीकों से बाहर निकल सकते हैं।

सिद्धान्त 1 : खुद को पुनः परिभाषित करें

कई साल पहले मैंने खुद को एक नकारात्मक मन:स्थिति में पाया। मेरे साथ काम की जगह पर बहुत गलत बर्ताव हो रहा था। मुझे एक परियोजना पर काम करना था जिसमें मैंने अपनी पूरी ऊर्जा लगा दी। मैंने अपने नियोक्ताओं की माँग को पूरा करने के लिए अपनी दिनचर्या में तमाम तरह के बदलाव किए। मैंने अपने लिए महत्त्वपूर्ण बहुत से व्यक्तिगत कामों को नजरअंदाज किया। एकदम अंतिम क्षण में उस बड़ी परियोजना पर काम को निरस्त कर दिया गया। मैं जिन लोगों के साथ काम कर रही थी उन्होंने कोई फिजूल सा बहाना बना दिया और कोई संतोषजनक जवाब नहीं दिया। इसका मेरी मानसिक शान्ति पर बहुत असर हुआ। मैं लगातार यह सोचती रही कि मेरे साथ नाइंसाफी हुई। मेरा अनुबंध इस तरह का था कि मैं न काम छोड़ सकती थी न आगे के वादों को पूरा करने से इंकार कर सकती थी। इतना बुरा बर्ताव किए जाने के बावजूद मुझे अपनी आगे की जिम्मेदारियों को पूरा करते जाना था।

कुछ सप्ताह तक मैं अपने नियोक्ता को कोसती रही। इसका असर मेरे जीवन के अन्य क्षेत्रों पर पड़ने लगा। मेरी झुंझलाहट बढ़ती जा रही थी

और मैं इसे उन लोगों पर उतार रही थी जिनका इससे कुछ लेना-देना नहीं था। कुछ ही सप्ताह में मैं इस मन:स्थिति में रहने से तंग आ गई। मैंने तय किया कि अब बहुत हुआ, मुझे इससे निकलने में अपनी मदद करनी होगी। हम अपनी ही सोच के कैदी हो जाते हैं और इससे निकलने का एक ही तारीका है कि हम खुद को पुनः परिभाषित करें।

सिद्धान्त 2: पीड़ित नहीं, योद्धा बनें

जब मैंने यह तय कर लिया कि मैं अपने नियोक्ता के उस व्यवहार से अब और निर्देशित नहीं होना चाहती तब मैंने चार चरण में आजमाई जाने वाली उस तकनीक का सहारा लिया जो मैंने खुद अपने लिए खोजी थी। मैंने उसे 'ऊपर उठने' की तकनीक का नाम दिया।

जब आप अगली बार ऐसी किसी स्थिति में फँसें तो उससे निकलने के लिए आप इन चार चरणों का इस्तेमाल कर सकते हैं।

1. पहचानें:

पहला चरण है इस बात को पहचानें कि आप कब किसी विचार से अत्यधिक प्रभावित होने लगते हैं। इस तरह के विचार पहली बार जब कोई बात आपको उत्तेजित करे वहाँ से शुरू होते हैं। (किसी का कुछ कहना, करना या हमारा कुछ देखना)। इसके बाद हम अनचाहे विचारों से घिरने लगते हैं। मेरे सिलसिले में यह एक कंपनी से जुड़ा था जिसके साथ मैंने काम किया था। जब मैंने उसका कोई विज्ञापन सोशल मीडिया पर देखा तो मेरे मन में नकारात्मक विचार आए। पहला चरण है कि उसके बारे में सजग हो जाएँ।

अगली बार जब आप ऐसा कुछ देखें तो यह पहचानने की कोशिश करें कि आप क्या करते हैं। अपने विचारों के बारे में सजग रहें। यदि आपके विचार बहुत घेरने वाले हैं तो अपने फोन, लैपटाप या कॉपी में उन्हें नोट करना शुरू कर दें। इसे आप विचारों की पुस्तिका का नाम दे सकते हैं। आपके मन में आने वाले विचारों को दिन, तारीख

और समय के साथ दर्ज करते जाएँ। यह कुछ ऐसा भी हो सकता है:

मैंने अपनी दोस्त को टेक्स्ट भेजा और हर दो मिनट में फोन देख रही थी कि उसने मेरे टेक्स्ट को देखा कि नहीं।

या

मैं ________________ पर नाराज हूँ क्योंकि उसे इस बात की परवाह ही नहीं है कि वह मुझे कैसा महसूस कराता है। मुझे लगता है कि वह जानबूझकर मुझे दुःख पहुंचाने के लिए ऐसा करता है।

या

मुझे लगता है कि मेरा ही व्यवहार मूर्खतापूर्ण था कि मैंने ________________ को ऐसा जवाब दिया। उसे क्या लगेगा कि मैं कितनी मूर्ख हूँ।

या

उन्होंने मेरे साथ जैसा व्यवहार किया इससे मैं बहुत आहत हूँ। मुझे बहुत गुस्सा आ रहा है। मेरी मुट्ठियाँ तन गई हैं और सांस तेज चल रही है।

या

________________ ने मेरे प्रति कितना खराब व्यवहार किया। कितना बद्‌तमीज और बुरा। वह तो भाई कहलाने के लायक ही नहीं है।

या

मैं कभी उसके साथ इस तरह पेश नहीं आती तो फिर वह ऐसा कैसे कर सकता है?

एक बार जब यह सारे विचार सामने आ जाएँ और आपके शब्दों में स्पष्ट रूप से दर्ज हो जाएँ तो आपको उत्तेजित करने वाले कारणों और उनके ढर्रे को पहचाना जा सकता है। आपको यह पता

चल जाएगा कि दिन में कितनी बार इस तरह के विचार आपके मन में आते हैं और आप यह पाएँगे कि इस तरह लिख देने से आप उन्हें अपने मन से निकाल पाते हैं और कुछ देर के लिए ही सही आपको राहत मिल जाती है।

2. दखल:

इस तरह के विचारों के बीच दखल देना बहुत जरूरी है। इस दिशा में पहला कदम अपनी कॉपी में इन विचारों को लिखना है। इसके बाद आपने जो लिखा है उसे पढ़ें। एक समय मापक लें और आपने जो लिखा है उसके बारे में सोचने के लिए खुद को दस मिनट या इससे भी कम समय दें। इस समय में जब आप इन्हें पढ़ रहे हैं तब खुद को गुस्सा, दया, दुःख, अवसाद जो भी महसूस होता है उसमें डूब जाने दें। जब तय समय समाप्त हो जाए तब रुक जाएँ। खुद को बताएँ की दया की घड़ी या गुस्से का समय समाप्त हो गया, अब आपको काम पर लौटना है।

याद रखें जो लिखा है वह सिर्फ विचार है जो सिर्फ आपके मन में चलते रहते हैं। वे सिर्फ कुछ स्नायु हैं जो आपके मस्तिष्क की कोशिकाओं पर आघात करते रहते हैं। उन्हें जाने दें, उनसे झगड़ा न करें। उन्हें बदलने की कोशिश न करें। उन्हें स्वीकारें। ये विचार मौजूदा सच नहीं हैं। वे अतीत की बातें हैं जिन्होंने आपको एक खास तरह से महसूस कराया। यह आपका वर्तमान सच नहीं है। आप सिर्फ अतीत के अपने दुःख, पीड़ा, शर्मिंदगी को फिर से जी रहे हैं। अब आप एक अलग व्यक्ति हैं। खुद को बताएं कि आप इन विचारों के साथ भी जी सकते हैं। अब आपको उनके बारे में कुछ करना नहीं है। सिर्फ उनके बारे में सजग होना पर्याप्त है, उन्हें लिखें और भूल जाएँ। जब आप उनके बारे में कुछ नहीं करेंगे तो वे बीत जाएंगे। वे सिर्फ गुजरते हुए विचार हैं।

एक बार जब आप इन विचारों को दर्ज करने लगेंगे तो पाएंगे कि उनकी आवृत्ति कम होने लगी है। इस तरह के घेरने वाले विचारों के आने के बीच समय का अंतराल बढ़ता चला जाएगा।

3. सारे समाधान लिख लें:

जब आप कुछ बार उपरोक्त गतिविधियाँ दोहरा चुके हों तब आप पाएंगे कि इस विचारों के साथ आपने एक दूरी बना ली है। अब आप उन घटनाओं के साथ भावनात्मक रूप से दूरी बनाने में सक्षम हैं। यदि आप अब भी ऐसा नहीं कर पा रहे हैं तो दूसरे चरण पर लौट कर जाएँ और उसे कुछ और दिन या सप्ताह तक और दोहरा लें।

हमारे मन को प्रशिक्षित करना समय और अभ्यास मांगता है। सोचने के तरीका जैसा बन जाता है उसके साथ हम सालों साल बिता चुके होते हैं। वे किसी अभ्यास को एक बार कर लेने से जादू की तरह गायब नहीं होते। इस बात को स्वीकारें कि इसे व्यवहार में ढलने में समय लगेगा। बार-बार दोहराएँ। इस बात पर ध्यान दें कि जब भी आप को 'यादों का दौरा' पड़ता है आपने किस तरह उसे पहचानना सीख लिया है और आप उसमें दखल कर पाते हैं।

जब आप अतीत में हुई घटनाओं से भावनाओं को अलग करना सीख जाते हैं तब समस्या को किसी बाहरी व्यक्ति की तरह देखें और उसका विश्लेषण करें। आप चाहें तो किसी ऐसे पात्र की कल्पना कर सकते हैं जिसे आपकी ही तरह की समस्या का सामना करना पड़ा हो। एक उपन्यासकार के रूप में जब मैं पात्रों की रचना करती हूँ, उनके व्यक्तित्व गढ़ती हूँ, तब उन्हें समस्याओं में डालती हूँ और उन्हें उनके साथ जूझने देती हूँ और मैं देखती हूँ कि पात्र अपनी समस्याओं का समाधान खुद ही ढूंढ लेते हैं। मैं इसके लिए किसी सजग प्रक्रिया का पालन नहीं करती।

समस्या के साथ दूरी बनाने के बाद खुद उसके बार में एक तीसरे व्यक्ति की तरह या किसी कहानी के पात्र की तरह सोचते हुए आप तात्कालिक भावनात्मक जुड़ाव को कम कर पाएँगे और संभव है कि आप समस्या का कोई अधिक रचनात्मक समाधान ढूंढ पाएँ।

अपने मन में जितने भी समाधान आते हैं उन सब को लिख लें- संभव और असंभव दोनों प्रकार के समाधान। इन्हें तीसरे व्यक्ति की

तरह लिखें। तीसरे व्यक्ति की तरह लिखते हुए दिमाग आपके साथ खेल करता है और आपको भावनात्मक रूप से जुड़ने से बचाए रखता है, वस्तुनिष्ठता लाता है।

उदाहरण के लिए:

अक्षिता अपने बॉस से बात कर सकती है और कह सकती है कि वह अब और बर्दाश्त नहीं करेगी।

या

अक्षिता उन कामों को रेखांकित कर सकती है जिसमें उसे सफलता मिली।

या

अक्षिता किसी अनुभवी दोस्त से बात कर सलाह ले सकती है। एक बार जब आप उपरोक्त समाधानों की संभावना को जाँच लें तब आप जो सबसे सही विकल्प है उसे चुन पाएँगे। हो सकता है आप यही तय करें कि कुछ भी न करना ही सबसे सही उपाय है। या शायद आप ऊपर लिखे विकल्पों में से किसी एक को चुन लें। यह भी हो सकता है कि इस पर इतना सोच विचार लेने और दिल का गुबार निकाल लेने के बाद आप खुद ही इससे मुक्त हो जाएँ।

4. मन को खाली करें:

कुछ देर के लिए शांत बैठ जाएँ। ध्यान का अभ्यास करें। (पिछले अध्याय में दिये ध्यान के तरीकों को देखें।) सोच पर ध्यान केन्द्रित करें। शान्ति से बैठे हैं तब सांस पर ध्यान दें, उसे महसूस करें। विचारों को आने और जाने दें। इस बारे में सजग रहें कि वे बादलों की तरह हैं। कभी वे घने काले होंगे और बरस जाना चाहेंगे। एक बार बरस जाने के बाद वे छंट जाते हैं। कभी वे हल्के मुलायम फाहों से होंगे और धीरे से तैर जाएँगे।

जिस बारे में सबसे अधिक सजग रहने की जरूरत है वह यह कि विचार जैसे आते हैं वैसे आएँगे और चले भी जाएँगे। उन्हें आने और

जाने दें। आपको उन पर कुछ नहीं करना है। आपको सिर्फ यादों से बिना टकराए जूझना है और समय के साथ आपमें उनसे उबरने की ताकत आ जाएगी। अगली बार जब भी आप अतीत में हुई किसी बात के बारे में लगातार सोचने लगें तो उपरोक्त सभी चरणों का इस्तेमाल करते हुए उनसे ऊपर उठ जाएँ।

दु:खद यादों के लिए करामाती मन

सिद्धान्त 1 : खुद को पुन: परिभाषित करें

सिद्धान्त 2 : पीड़ित नहीं, योद्धा बनें

यादों में उलझे रहने की समस्या :

1. हम एक ही समस्या में उलझ कर रह जाते हैं
2. आत्मदया कहीं ले नहीं जाती
3. हमें मौजूदा लक्ष्य से भटकाता है
4. हमें नुकसान पहुँचाता है

यादें आपके जीवन को नियंत्रित न करें इसलिए उनसे ऊपर उठें:

- पहचानें
- दखल
- सारे समाधान लिख लें
- मन को खाली करें

❑❑❑

11

परीक्षा और साक्षात्कार के लिए करामाती मन

हाना अबोट वैद्य की परीक्षा के दौरान रोने लगी कि वह कितनी मूर्ख थी जो परीक्षा देने आई और अब वह स्कूल ही छोड़ कर जाना चाहती है। इसके बाद वह मदाम पोम्फ्रे से कामिंग ड्रॉट काढ़ा पाने वाली पहली व्यक्ति बनी।

– जे.के. रोलिंग

हम सब जीवन में कभी न कभी इस स्थिति से गुजरे हैं जब हमने किसी परीक्षा या नौकरी के साक्षात्कार के लिए भरपूर अभ्यास किया हो। जब हम अकेले होते हैं तब पूरे आत्मविश्वास में होते हैं, ऐसा लगता है की हमें सब आता है। मन में थोड़ी शंका रहती है लेकिन भरोसा होता है कि हम ठीक से पार हो जाएँगे। और फिर जब वह घड़ी आती है जब प्रश्नपत्र हमें थमाया जाता है, एक पल के लिए तनाव बढ़ जाता है। दिल इतना जोर से धड़कने लगता है कि कानों में उसकी आवाज सुनाई देने लगती है। हथेलियों में पसीना आने लगता है। अजीब डर हमें जकड़ लेता है। सारे तर्क और विवेक खिड़की से बाहर कूद जाते हैं। हम बेवजह गलतियाँ करते हैं जबकि हमने खूब अभ्यास किया था। इससे हमारी आशंका और बढ़ने लगती है। यदि हमें कोई साक्षात्कार देना हो तो हमारी हथेलियाँ ठंडी पड़ने लगती हैं।

हमारे मुंह से ऐसी बातें निकल जाती हैं जो हम कहना नहीं चाहते थे। यदि यह कोई ऐसा साक्षात्कार है जिसमें हमें किसी वास्तविक समस्या को हल करना है जबकि साक्षात्कारकर्ता हमें देख रहे हों तो हमारे हाथ-पाँव फूलने लगते हैं।

मैं आज तक किसी ऐसे व्यक्ति से नहीं मिली जिसने इन स्थितियों का कभी सामना न किया हो। तनाव होना स्वाभाविक है। हमें तनाव होता है क्योंकि वहाँ हमारा प्रदर्शन हमारे जीवन पर असर डालने वाला होता है। हम पूरी तरह पारंगत होना चाहते हैं। हम अपना बेहतरीन प्रदर्शन करना चाहते हैं – और यह तो एक अच्छी बात है, नहीं क्या?

तनाव से पूरी तरह छुटकारा शायद संभव न हो, लेकिन हम इसके प्रबंधन के लिए कुछ उपाय कर सकते हैं जो हमारे लिए हितकर हो सकते हैं।

सिद्धान्त 1: तैयारी सही हो तो आधी जंग जीत लेते हैं

एक महत्वपूर्ण परीक्षा या साक्षात्कार में जाना किसी जंग में जाने जितना ही महत्वपूर्ण होता है। हमें इसके लिए कई माह, साप्ताह या कम से कम कई दिनों तक तैयारी करने की जरूरत होती है। जब मैं एक विद्यार्थी थी तब मुझे परीक्षाओं में भयंकर तनाव होता था। मैं पढ़ाई में अच्छी थी और लगभग सभी परीक्षाओं में टॉप करती थी, लेकिन उससे मेरा तनाव कम नहीं होता था। मुझे खराब प्रदर्शन का बहुत डर लगता था। समय बीतने के साथ तनाव से मुक्ति के मैंने अपने तरीके खोजे।

1. अच्छी तैयारी करें:

पहला कदम निश्चय ही अच्छी तैयारी है। यह तो स्वाभाविक ही है, लेकिन आपको यह जान कर हैरानी होगी कि कितने सारे लोग तैयारी नहीं करते हैं या पर्याप्त तैयारी नहीं करते हैं जिसके कारण वे ज्यादा तनाव में आ जाते हैं।

जब मैं स्कूल में थी तब केन्द्रीय विद्यालय स्कूल की तरफ से बास्केट बाल के राष्ट्रीय खेलों में भागीदारी के लिए मेरा चयन हुआ।

यह बड़ी उपलब्धि थी क्योंकि टीम को विभिन्न राज्यों की टीमों के मुकाबले खेलने के लिए विभिन्न जगहों की यात्रा करनी थी। इसका यह भी मतलब था कि बहुत सारी कक्षाएँ छूट जाने वाली थीं। घंटों के खेल के अभ्यास का यह भी मतलब था कि कक्षा के दौरान पूरी तरह सजग रहने के लिहाज से मैं बहुत थकी हुई होती थी। इसकी भरपाई के लिए मैंने घर पर कड़ी मेहनत की। मैंने दीवार पर अपना प्लानर चिपका लिया था। पहली चीज मैंने यह की कि उस पर अपनी परीक्षा की तारीखें लिख लीं। इससे मुझे यह याद रहता कि परीक्षा के दिन के बीच अभी मेरे पास कितना समय बचा हुआ है। इसके बाद मैंने अपने सभी विषयों के पाठों का दिनों के अनुसार बंटवारा कर लिया। मैंने हर दिन के हिस्से में कुछ पाठों को रखा। उदाहरण के लिए सोमवार - गणित पाठ एक से तीन। इस तरह मुझे यह पता रहता कि कौन से दिन मुझे कौन सा पाठ पढ़ना है। मैंने इस तरह सारे पाठों को बाँटा कि परीक्षा के दिन तक मैंने सभी पाठों का अभ्यास और दोहराना लूँ। दीवार पर लगाए इस प्लानर ने मुझे अपने समय का सही इस्तेमाल करने में मदद की। इसने मुझे छोटे-छोटे लक्ष्य दिये जो पूरे किए जा सकते थे। मुझे दिन के अंत में अपने पूरे किए गए काम पर सही का निशान लगाते हुए उपलब्धि का अहसास होता था। और सबसे अच्छी बात यह कि यह ठीक मेरी आँखों के सामने रहता था- मैं एक निगाह में अपनी प्रगति को देख सकती थी और आगे क्या करने की जरूरत है यह तय कर सकती थी। इसने मुझे हालात नियंत्रण से बाहर होने के अहसास से बचाए रखा, क्योंकि मैं जानती थी कि मेरी तैयारी ठीक है।

2. सूचनाओं को ज़ज्ब करने के लिए - छुट्टी लें

तैयारी तभी प्रभावी होती है जब हम अपने दिमाग को आराम करने के लिए समय दें ताकि जो अर्जित किया गया ज्ञान या प्राप्त जानकारी है वह जज्ब हो सके और याद रहे। आराम करना इसका महत्वपूर्ण हिस्सा है। यह कुछ ऐसा है जिसका मैं आज भी पालन

करती हूँ, जब अपनी किताब पर काम करती हूँ, तब भी। किताब लिखना लंबा और श्रमसाध्य काम है जो महीनों के अनुशासन और प्रतिबद्धता की माँग करता है। मुझे बीच-बीच में छुट्टी लेना मदद करता है जब मैं थोड़ी देर के लिए खुद को उससे अलग कर लेती हूँ। उस समय बगीचे में काम करती हूँ या कुछ पकाती हूँ। कई बार मैं अपनी साइकिल चलाने निकल जाती हूँ।

आप किसी परीक्षा या साक्षात्कार की तैयारी के दौरान भी इस तरीके का उपयोग कर सकते हैं। किसी परीक्षा के लिए लगातार तीन घंटे पढ़ने की बजाय बीस से तीस मिनट पढ़ें। फिर पाँच मिनट की छुट्टी लें और उस दौरान यह न सोचें की आपने क्या पढ़ा। यह आपको जानकारी को जज़्ब करने में मदद करता है। यह सर को हल्का और तरोताजा करने में मदद करता है। इसका मूल मंत्र यह है कि इस छोटे से अवकाश के दौरान आप अपने लक्ष्य से भटकें नहीं। इस पाँच मिनट के अवकाश को किसी रील, इंस्टाग्राम या यूट्यूब में उलझ कर पंद्रह मिनट में न बदलने दें। यदि आप बाहर निकल कर पाँच मिनट टहल सकते हैं तो अपना फोन घर पर छोड़ कर जाएँ। फिर लौट आएँ। यदि आप किन्हीं अपार्टमेंट में रहते हैं तो अपनी इमारत के इर्द-गिर्द घूम लें। यह थोड़ा-थोड़ा घूमना आपको न सिर्फ एकाग्र रहने में मदद करेगा बल्कि आपके स्वस्थ्य के लिए भी अच्छा है।

सिद्धान्त 2 : पलट कर देखें कि आप कहाँ पहुँचे

1. समूचे परिदृश्य पर नजर रखें:

कई बार जब हम किसी परीक्षा में उतरते हैं या किसी साक्षात्कार में जाते हैं तो दीर्घकालीन लक्ष्य को भूल जाते हैं। हमारी निगाह सिर्फ एक ही काम पर अटक जाती है जो परीक्षा या साक्षात्कार तुरंत हमारे सामने होता है। हम अपनी सारी ऊर्जा उस एक लक्ष्य को पाने में लगा देते हैं और बड़ी तस्वीर को भूल जाते हैं। पाँच साल, दस साल पहले हम क्या थे और हम कितना आगे बढ़ आए हैं, इसके लिए खुद को श्रेय नहीं देते।

खुद को अपना पूरा जीवन याद दिलाएँ। यह याद रखें कि आप कहाँ से चले थे और कहाँ आ गए हैं। पीछे के रास्ते पर नजर डालें। हो सकता है कि पाँच साल पहले आप सपने में भी इस परीक्षा में हिस्सा लेने के बारे में सोचने की भी स्थिति में न रहे हों। थोड़ा रुकें। हो सकता है कि आने वाले दो साल के बाद और भी आगे बढ़ जाएँ। यह परीक्षा आपकी जीवन रेखा पर एक छोटा सा बिन्दु मात्र हो। यदि किसी कारण इसमें सफलता न भी मिले तो हमेशा दूसरे अवसर मौजूद रहते हैं। इस तरह सोचना आपको स्थिति को सही नजरिये के साथ देखने में मदद करेगा।

अभ्यास 11

इस अभ्यास को करने के लिए आपको अबाध दस से पंद्रह मिनट का समय चाहिए। अपने जीवन को पाँच हिस्सों में बाँट लें। जन्म से लेकर अब तक आपको जितनी भी यादें आती हैं उन सब छोटी बड़ी उपलब्धियों को लिख लें। छोटी से छोटी बात जो आपको याद आती है वह लिख लें। इससे फर्क नहीं पड़ता कि आप इसे बड़ी बात मानते हैं या नहीं और बाकी सब भी ऐसा तो कर ही लेते हैं। यह आपके बारे में और आपकी उपलब्धियों के बारे में है।

2. अपनी उपलब्धियों का लेखा-जोखा रखें

अपनी आँखें बंद करें और तीन मिनट के लिए विश्राम लें (टाइमर का उपयोग करें)। इसके बाद आँख खोल कर सूची को पढ़ें। इस अभ्यास का उद्देश्य आपको मानसिक ऊर्जा देना है। जब आप वह सब लिख चुके हैं जो आपने उपलब्धियाँ हासिल की हैं, तब उन सब कामों पर ध्यान दें जो आपने अब तक सही किए हैं और जिनमें आपको सफलता मिली है। यह एक परीक्षा या साक्षात्कार आपके पूरे जीवन के लिए निर्णायक नहीं हो सकता।

सिद्धान्त 3 : छोड़ दें और आराम करें

परीक्षा या साक्षात्कार से एक दिन पहले कुछ कदम यह तय करने में मदद करेंगे की आप शांत चित्त है। परीक्षा से पहले या साक्षात्कार के लिए बुलाए जाने के लिए जब बाहर आप इंतजार कर रहे हैं, वे पंद्रह मिनट महत्वपूर्ण हैं। यही समय है जब तनाव अपने चरम पर होता है, जो आपके प्रदर्शन को प्रभावित कर सकता है।

परीक्षा या साक्षात्कार के दिन शांत रहने के लिए नीचे दिये गए कुछ तरीके आजमा कर देखें, मेरे लिए यह कारगर रहे।

1. ध्यान हटाएँ:

समय के साथ मैंने यह सीखा कि ध्यान हटाना तनाव को कम करने में मदद करता है। मेरा स्कूल केन्द्रीय विद्यालय चेन्नई में आईआईटी परिसर में स्थित था। पूरा वातावरण बहुत प्रतिस्पर्द्धा का था। मेरे अधिकांश सहपाठियों के माता-पिता आईआईटी में प्राध्यापक थे। यह तय था कि वे सब आईआईटी की प्रवेश परीक्षा देंगे। अकादमिक प्रदर्शन की अपेक्षा तनाव पैदा करती थी।

तब तक मुझे नहीं पता था कि मैं क्या करना चाहती हूँ। मैं बस इतना जानती थी कि मेरा विज्ञान में बिल्कुल मन नहीं लगता। ऐसे माहौल में मुझे अपना अलग क्षेत्र तलाशना था। इसका मतलब था कि खुद को एक ऐसे सुरक्षित घेरे में रखना जिसमें मेरे सहपाठी जो भी करें वह मुझे प्रभावित न करे। ज़्यादतर लोग परीक्षा से पहले आखिरी घड़ी में किताबों के पन्ने पलटते ताकि अंतिम क्षण की पढ़ाई भी कर लें। मुझे ऐसा करने का औचित्य समझ नहीं आता। यदि मैंने बीते तमाम सप्ताहों में पढ़ाई नहीं की है तो परीक्षा कक्ष में घुसने के पहले के आखिरी मिनट में घबराहट में पन्ने पलटने से मुझे कैसे मदद मिल सकती है, बल्कि यह तो मेरी घबराहट को और बढ़ा सकता है खासतौर से अगर उस वक्त मुझे कुछ ऐसा दिख जाए जिसकी मेरी तैयारी नहीं है। वह तो मेरे आत्मविश्वास को और हिला देगा। इसलिए मैं इसके बजाय उपन्यास पढ़ती, ताकि मुझे परीक्षा की

चिंता न हो। सब मेरी तरफ ऐसे देखते जैसे या तो मेरी बहुत अच्छी तैयारी है (मेरी तैयारी ठीक-ठाक होती थी) या मुझे परवाह नहीं है। वे गलत थे। मैं अपने तनाव से जूझने के लिए ऐसा करती थी। और पता है क्या? इससे मुझे मदद मिली। मैंने अधिकांश परीक्षाओं में सबसे अधिक अंक पाए क्योंकि मैं शांत थी और दूसरे जो करते हैं वही करने की बजाय बेहतर विकल्प चुन सकी। (निश्चय ही इस बात ने तो मदद की ही कि मैं परीक्षा से पहले ठीक से तैयारी कर लेती थी)। दूसरों के पीछे न चल कर अपनी अलग राह बनाने से झिझकें नहीं। अपने तनाव को नियंत्रण में रखने के लिए अपना ध्यान हटाएँ और इंतजार करते समय इस चिंता में न घुलें कि क्या सवाल आने वाला है।

2. आप क्या पीकर जाते हैं

परीक्षा से पहले आपने किन पेय पदार्थों का उपयोग किया है यह भी आपके प्रदर्शन को प्रभावित करता है। जब कोई खतरा हमारे सामने होता है, जैसे मान लीजिये कि गली में अकेले चलते हुए अचानक कोई कुत्ता आपके सामने भौंकने लगे तो हमारा हिपोथलमस (दिमाग का एक छोटा सा हिस्सा) एक चेतावनी का संकेत भेजता है। यह हमारे गुर्दे के ऊपर बनी आड्रेनल ग्रंथि को आड्रेनल और कोर्टिसोल हारमोन निष्कासित करने के लिए प्रेरित करता है।

आड्रेनल हृदय गति को बढ़ाता है और ऊर्जा का संचार करता है। कोरिटोसोल तनाव का हारमोन है और शरीर में शुगर की मात्रा बढ़ाता है, जिससे मस्तिष्क की ग्लुकोज की खपत बढ़ जाती है। दूसरे शब्दों में कहा जाए तो हमारा मस्तिष्क 'लड़ने या उड़ने' के लिए तैयार रहता है। साक्षात्कार या परीक्षा के समय आड्रेनल और कोर्टिसोल पहले ही बढ़े हुए होते हैं इसलिए कम मीठा पीना हमें शांत रहने में मदद कर सकता है।

कोला (जिनमें शक्कर की मात्रा बहुत ज्यादा होती है) या चीनी मिले फलों के जूस न पीएं। यह आपके तनाव को बढ़ा सकता है।

यदि कॉफी पीना जरूरी हो तो कोशिश कीजिये कि बिना शक्कर के लें। शांत करने के लिए कमोमाइल चाय या तुलसी- पुदीना के साथ सामान्य चाय पीजिए। परीक्षा या साक्षात्कार से पहले आप क्या पीते हैं इसमें मामूली सा बदलाव आपको शांत रहने में मदद कर सकता है।

3. जबरन शांत रहने की कोशिश न करें

मेरी प्रिय फिल्मों में एक 'द शॉशंक रीडेंप्शन' में नायक एंडी डुफेरेंस पर अपनी पत्नी और उसके प्रेमी के कत्ल का आरोप है और उसे आजीवन सश्रम कारावास की कठोर सजा सुनाई गई है। उसे जेल में सताया और परेशान किया जाता है और वह भ्रष्ट तंत्र और पदानुक्रम से संचालित व्यवस्था की क्रूरता के बीच जीना सीख जाता है। एक अवसर ऐसा आता है जब वार्डेन एंडी को अलग कोठरी में भेज देता है एक बहुत ही छोटी सी कोठरी जहाँ उसे रोशनी और लोगों से दूर कर दिया जाता है। यह एक ऐसी सजा है जिससे सब डरते हैं और जिसे बहुत कठोर माना जाता है। एंडी बाद में अपने साथियों को बताता है कि वह उस कोठरी में अपने मन में मोज़ार्ट की सिम्फ़नी फिगारो बजाता रहा और बिना पागल हुए उस सजा को काट सका।

हालाँकि यह फिल्म काल्पनिक कहानी पर आधारित है लेकिन इससे सीखा जा सकता है। ऑश्विट्ज में समय बिता चुके कई कैदी जीवन की ऐसी ही छोटी-छोटी कहानियाँ सुनाते हैं। सिर्फ एक चीज जो उन्हें इस सब हालात का सामना करने की ताकत देती रही वे अच्छी यादें हैं, जिन्होंने उन्हें अपने वर्तमान की तमाम मुश्किलों को झलने की सामर्थ्य दी। हम उन्हीं तकनीकों का इस्तेमाल तनाव का मुकाबला करने के लिए कर सकते हैं। कई बार जब हम खुद को शांत रखने के बहुत अधिक प्रयास करते हैं तो उसका विपरीत प्रभाव पड़ सकता है। यदि हम लगातार इसके बारे में सोच रहे हैं कि हम बहुत तनाव में हैं तो इससे भी तनाव बढ़ता है। तनाव मत लो यह कहने से भी काम नहीं चलता, क्योंकि उसमें तो हम हैं।

इसकी बजाय आँख बंद करो और किसी अच्छे लम्हे को याद करो। इस लम्हे से जुड़ी हर बात को याद करो। इस वक्त की गंध, दृश्य, ध्वनियाँ सब कुछ याद करो। यह याद करो कि आपको कैसा महसूस हुआ, आपके साथ कौन था। आपके आसपास का माहौल कैसा था। आप जितना इस याद के विस्तार में जा सकें उतना अच्छा। सोचिए कि उस दिन आपने कितना अच्छा समय बिताया। कुछ मिनट के लिए खुद को दिन में सपने देखने की छूट दें। अपने मस्तिष्क को इस तरह ताजा हवा लेने का मौका देकर आप शांत महसूस करेंगे। अच्छी यादों का पिटारा अपने पास रखें और जब भी तनाव में हों तो अपने मन में इस खुशनुमा जगह की सैर पर चले जाएँ।

4. साँस लें:

जब हम तनाव में होते हैं तो साँस भी गहरी नहीं आती, इससे शरीर की कोशिकाओं को मिलने वाली जरूरी ऑक्सिजन में कमी आ जाती है। अपनी साँस के बारे में सजग रहें। यदि परीक्षा या साक्षात्कार के लिए इंतजार करते हुए आपको बहुत अधिक तनाव होने लगे तो अपने परीक्षा स्थल से कुछ दूर तक टहल आइये। ध्यान दे कर लंबी और गहरी साँस लें। साँस लेते और छोड़ते हुए उसे गिनें। खुद को सकारात्मक संबल दें:

'सब चीजें उसी तरह होंगी जैसे कि उन्हें होना चाहिए। हमारे वश में कुछ नहीं है। उम्मीद है कि जो सबसे सही है वही होगा।'

या

'नतीजा कुछ भी हो, मैं इसमें शामिल हूँ यह महत्त्वपूर्ण है। यहाँ होना ही खास बात है।'

या

'सब सही है, सब अच्छा होगा।'

कुछ भी ऐसा कहें जो आपके लिए कारगर हो, एक ग्लास पानी पीजिए और नए आत्मविश्वास और आश्वस्ति के साथ परीक्षा केन्द्र

की ओर या प्रतीक्षा कक्ष की ओर लौट जाइए। याद रखिए कि एक परीक्षा या साक्षात्कार किसी को बनाता या मिटाता नहीं। यदि आप नाकाम रहते हैं तो आगे और विकल्प होंगे। हो सकता है कि ब्रह्मांड आपको किसी और रास्ते पर ले जाना चाहता है। शांत रहिए, अपना पूरा प्रयास कीजिये और बाकी आगे के लिए छोड़ दीजिये। परिणाम की चिंता मत कीजिए।

शुभकामनाएँ!

परीक्षा और साक्षात्कार के लिए करामाती मन

सिद्धान्त 1 : तैयारी सही हो तो आधी जंग जीत लेते हैं

सिद्धान्त 2 : पलट कर देखें कि आप कहाँ पहुँचे

सिद्धान्त 3 : छोड़ दें और आराम करें

दूरगामी योजना

1. अच्छी तैयारी करें
2. सूचनाओं को ज़ज्ब करने के लिए – छुट्टी लें
3. समूचे परिदृश्य पर नजर रखें
4. अपनी उपलब्धियों का लेखा-जोखा रखें

परीक्षा या साक्षात्कार से ठीक पहले

i. ध्यान हटाएँ
ii. आप क्या पीकर जाते हैं
iii. जबरन शांत रहने की कोशिश न करें
iv. साँस लें

❑❑❑

12

दूसरे लोगों के साथ सामंजस्य बनाने में करामाती मन

> *जब आप लोगों से परिपूर्ण होने की अपेक्षा करना बंद कर देते हैं, तब आप उन्हें, वे जैसे हैं वैसा, स्वीकार कर पाते हैं।*
>
> **–डोनाल्ड मिलर**

कुछ समय पहले मैंने अपने सोशल मीडिया पर सकारात्मकता के बारे में एक उद्धरण पोस्ट किया। मेरा यह कहना था कि यदि कोई व्यक्ति या स्थिति हमें अपने बारे में अच्छा महसूस नहीं कराती है तो यह समय है जब वहाँ से दूर हो जाएँ। इसके जवाब में मुझे कई संदेश मिले जिसमें लोगों ने पूछा कि यदि यह व्यक्ति कोई परिवार का निकट संबंधी है जिससे दूर न हुआ जा सके तो क्या करें।

मेरी एक युवा पाठक ने बताया कि उसके माता-पिता किसी भी बात में उसका नजरिया नहीं समझते। एक अन्य पाठक ने बताया कि उसकी सास उसके पति और उसके बीच होने वाली हर बात में शामिल होना चाहती हैं। एक अन्य पंद्रह वर्षीय ने लिखा कि उसका परिवार कर्ज में दबा हुआ है और जब कर्ज देने वाले उसके घर पर आते हैं तो उसे बहुत शर्मिंदगी का अहसास होता है, वह असहाय महसूस करता है, कुछ कर नहीं पाता और इस कारण अपनी परीक्षा की तैयारी पर ध्यान नहीं दे पाता। एक लगभग तीस वर्षीय व्यक्ति ने कहा कि वह प्रेम में है

और उसके साथी को भी उससे उतना ही प्रेम है लेकिन दोनों की जाति अलग है इसलिए उसके माता-पिता उसे स्वीकार करने के लिए राजी नहीं हैं। हर माह मुझे इस तरह के सैकड़ों संदेश मिलते हैं जहाँ लोग उन स्थितियों में फंसे हैं, असहाय महसूस करते हैं दूसरे लोगों के व्यवहार के कारण बुरी तरह प्रभावित होते हैं लेकिन कुछ कर नहीं पाते।

टकराव से बचने की आदत।

यदि आप मेरी तरह भारत में पैदा हुए और पले-बढ़े हैं तो इस बात की संभावना ज्यादा है कि आपको बचपन से ही इस बात के लिए प्रशिक्षित किया गया हो कि बड़ों का सम्मान करें, अपने परिवार को प्राथमिकता दें और परिवार में शान्ति बनाए रखने के लिए अपनी व्यक्तिगत आकाँक्षाओं को किनारे रखते रहें। बिना जाने ही हमारे व्यवहार में यह ढलता जाता है कि हम टकराव से बच कर चलते हैं। यहाँ तक कि हम कौनसे कपड़े पहनेंगे से लेकर हम कौनसा पेशा चुनेंगे तक, हम सब कमोबेश माता-पिता और समाज की अपेक्षाओं से पीड़ित हैं।

मैं एक व्यक्ति को जानती हूँ जो परंपरागत मारवाड़ी परिवार से है लेकिन अपने झोले में पाश्चात्य कपड़े रख कर चलती हैं। कायदा यह है कि परिवार की बहू को हमेशा साड़ी पहननी चाहिए और घूँघट लेकर रहना चाहिए। इसके साथ तालमेल के लिए बेटे का अपनी पत्नी को सुझाव यह है कि वह माता-पिता के सामने साड़ी में रहे और अपने झोले में पाश्चात्य कपड़े लेकर चले। जैसे ही वे घर से कहीं बाहर जाते हैं तो बहू किसी होटल के रेस्ट रूम में जाकर कपड़े बदल लेती है। इसके बाद यह जोड़ा पब में या बार में जाता है और घर लौटने से पहले वह इसी तरह वापस अपनी परम्परागत पोशाक में आ जाती है। जब मैंने इसे सुना तो मैं भौंचक्की रह गई। जब मैंने उससे पूछा कि वह और उसका पति इस बारे में उसकी सास से बात क्यों नहीं कर लेते तो उसने कहा कि टकराव से बचने का यही सबसे सीधा रास्ता था।

जब मैं कॉलेज में थी, तब मेरी एक दोस्त थी जिसके माता-पिता उसे कान में छेद नहीं कराने देते थे। वह कहती कि उसे हम सब की

तरह सुंदर-सुंदर झुमकियाँ पहनने का बहुत मन करता है लेकिन वह सिर्फ प्लास्टिक के क्लिप वाले बुँदे ही पहन सकती है क्योंकि उसके कान छिदे नहीं हैं। जब मैंने उससे पूछा कि अगर वह कान छिदवा कर घर पहुँच जाए तो? लेकिन वह इस ख्याल मात्र से ही आतंकित हो गई।

माता-पिता की अपेक्षाओं का बोझ

भारत में सामान्य तौर पर सभी बच्चों को यह सिखाया जाता है कि हमेशा अपने माता-पिता की बात मानो। लेकिन तब क्या हो जब माता-पिता जो चाहते हैं उसकी बजाय आप अपने लिए कुछ अलग चाहते हों?

नेटफ्लिक्स पर एक रिएलिटी शो इंडियन मैचमेकिंग अंतरराष्ट्रीय स्तर पर खूब चर्चा में रहा, जिसमें यह दिखाया गया है कि भारतीय माता-पिता किस तरह जीवन के तमाम महत्वपूर्ण फैसलों को नियंत्रित करते हैं। एक प्रतिभागी अक्षय दिल्ली के एक अमीर परिवार का 25 वर्षीय बेटा है। यह उसकी माँ तय करेंगी कि वह कब शादी करे और वे इस बारे में पूरी तरह आश्वस्त हैं कि उनके दोनों बेटों को उनकी आज्ञा का पालन करना चाहिए। उनके पास इसके अलावा कोई विकल्प नहीं है। वे सिर्फ उन में से 'चुन' सकते हैं जो उनकी माँ उनके सामने विकल्प रखती हैं। लेकिन जब शादी का सवाल आता है तो यह निर्णय भी माँ ही करेंगी कि वे कब शादी करें।

मैंने अपने इंस्टाग्राम पर एक रायशुमारी की जिसमें मैंने 22-30 वर्ष के लोगों से एक सवाल पूछा। लगभग 66 प्रतिशत युवाओं ने यह बताया कि उनके सामने शादी का सवाल उनके मात-पिता ने उठाया और वे चाहते थे कि वे शादी कर लें। जब मैंने यह पूछा कि क्या उनके माता-पिता इस बात पर सहमत हैं कि वे अपनी पसंद के व्यक्ति से शादी करें इस पर 51 प्रतशत का जवाब 'न' में था। जिन मामलों में माता-पिता ने अपने वयस्क बच्चों पर अपना जीवन साथी चुनने का

निर्णय छोड़ रखा था उन्होंने भी गुड्डो बताया कि उनके मात-पिता यह कहते हैं कि उन्हें खुशी होगी यदि वे प्रेम और विवाह के लिए सजातीय व्यक्ति को ही चुनें।

हमारी व्यक्तिगत जरूरतों और हमारे परिवार की अपेक्षाओं के बीच यह टकराव जीवन के विभिन्न क्षेत्रों में निर्णय लेने में हमारे सामने चुनौती खड़ी करता है - चाहे वह शादी करने जैसा बड़ा फैसला हो चाहे बाल कैसे कटवाएँ या दोस्त किसे बनाएँ, या हमारे शौक क्या हों जैसे रोजमर्रा के निर्णय ही क्यों न हों। हम क्या चाहते हैं और हमारा परिवार हमसे क्या चाहता है- इसके बीच का टकराव हमारे सामने मुश्किल खड़ी कर देता है। यदि हम दूसरों की अपेक्षा के अनुसार जीते चले जाएँ तो तनाव का स्तर इतना बढ़ जाएगा कि उसमें रहना कठिन होगा। उनकी सलाह और सुझाव बेशक अच्छे इरादे से दिये गए हो सकते हैं। वे जरूर हमारा भला ही चाहते हैं लेकिन हमारा भला किसमें है इसके बारे में उनकी राय हमसे बहुत अलग हो सकती है। अक्सर परिवारों को ऐसा लगता है कि वे हमें अच्छी तरह जानते हैं लेकिन ऐसा होता नहीं है।

हमारे परिवार हमें बचपन से जानते हैं, कई व्यवहार उसके सामने स्थापित होते हैं। उन व्यवहारों के बनाने में माता-पिता की बड़ी भूमिका रही होती है। परिवार में कोई 'सितारा है' कोई 'समस्या पैदा करने वाला' और कोई 'अतिरिक्त संवेदनशील'। जब हम लंबे अंतराल के बाद मिलते हैं तो हमसे खास तरह के व्यवहार की अपेक्षा होती है। भले ही बीच के बरसों में हम कितने ही बदल क्यों न गए हों, भले ही हम कितने ही बड़े क्यों न हो गए हों, जब तक हम इस बारे में सजग प्रयास न करें हम बचपन की भूमिकाओं में लौट कर जाते रहते हैं। अक्सर हम अपने अवचेतन में इन व्यवहारों को अपना लेते हैं। बचपन में परिवारों में बड़े होते हुए बच्चों के बीच काफी प्रतिस्पर्द्धा होती है, वही टकराव बड़े होने के बाद भी बीच में आते रहते हैं। अजीब बात यह है कि वे सिर्फ अपने परिवार में जा कर ही इस तरह का व्यवहार करते हैं। वे पूरी तरह भले व्यक्ति होते हैं, अच्छे बॉस होते हैं, आदर्श कर्मचारी होते हैं,

अपने दोस्तों के प्रति उदार होते हैं। लेकिन जैसे ही वे परिवार में लौटते हैं यह सब गायब हो जाता है।

मेरी एक परिचित ने मुझे बताया कि जब उसकी सास आती हैं तो कैसे उसके पति एकदम अलग व्यक्ति बन जाते हैं। वह बताती हैं कि वे बहुत अच्छे पति और पिता हैं, लेकिन जैसे ही उनकी माँ आती हैं वे उनके व्यवहार का एक अलग ही पहलू देखती हैं (खासतौर से अपने बच्चों के अनुशासन को लेकर) जिसे देख कर वो हैरान रह जाती हैं। इस मामले में पति के व्यवहार में बदलाव का उत्प्रेरक उनकी माँ हैं, जो उन्हें प्रभावित करता है। वे अपने पति से यह नहीं कह सकतीं कि अपनी माँ से दूर रहें; न वे उनके व्यवहार के बारे में कुछ कर सकती हैं और न ही वे उनके व्यवहार में आने वाले इस बदलाव को नजरअंदाज कर सकती हैं।

सिद्धान्त 1 : दूसरों पर नियंत्रण की बजाय अपनी प्रतिक्रिया पर काबू पाएँ

हमारा इस बात पर कोई नियंत्रण नहीं है कि हमारे जीवन में जो लोग हैं - दोस्त, परिवार, सहकर्मी और परिचित - उनका दुनिया के प्रति नजरिया क्या हो। लेकिन अपनी भावनाओं पर, और हम दूसरों को कैसी प्रतिक्रिया देते हैं, इस पर हमारा नियंत्रण हो सकता है। समय के साथ टकराव की स्थिति में या दूसरे जब कोई आहत करने वाली बात कहते हों तो, उसके जवाब में हम कैसे प्रतिक्रिया करते हैं, हमारे व्यवहार में भी उसकी कुछ परिपाटी बन गई हो। हम भी चुभती बात कह कर उन्हें चुप करना सीख गए हों; या हम चुप रह कर बाद में उसके बारे में बुरा महसूस करते रहते हों; हम उन्हें नजरअंदाज करने लगे हों और जिसके कारण लगातार उनका टोकते रहना चलता हो और लगातार माहौल में तनाव बना रहता हो। लेकिन यदि दूसरों के व्यवहार हम पर असर डालते हैं तो हम उन स्थितियों में उससे अलग तरह से व्यवहार करना भी चुन सकते हैं। जब हम ऐसी स्थिति में हों जब किसी की कोई टिप्पणी

या व्यवहार या अपेक्षा नकारात्मकता पैदा करती हो तब कुछ उपाय हैं जिनके द्वारा हम खुद के लिए तनाव को कम कर सकते हैं।

1. उत्प्रेरक को पहचानें:

अधिकांश बार हम सहज होते हैं। हम अपने काम कर रहे होते हैं, सब ठीक चल रहा होता है और दिन सामन्यतः खुशनुमा बीत रहे होते हैं। तभी अचानक हमारा कोई करीबी व्यक्ति कोई ऐसी बात कह देता है या कुछ ऐसा व्यवहार करता है जिसकी हम उनसे उम्मीद नहीं करते थे। एक भावनात्मक विस्फोट होता है और हम अपना आपा खो बैठते हैं।

अक्सर उस व्यक्ति ने हमें चोट पहुँचाने के इरादे से वह बात नहीं कही होती है। वह सिर्फ उनके मुंह से लापरवाही में निकली बात हो सकती है। लेकिन हमें वह गहरे चुभ जाती है और हम आहत हो जाते हैं। ये भावनात्मक उत्प्रेरक हैं। यह अलग-अलग लोगों के लिए अलग-अलग हो सकते हैं। यहाँ उत्प्रेरक से आशय उन स्थितियों या व्यक्ति से है जो हमें अपने सामान्य व्यवहार से अधिक अतिरंजित प्रतिक्रिया करने के लिए विवश करते हैं जिसकी तुलना 'आक्रोश' या 'अपराध' से की जा सकती है।

अभ्यास 12a

यदि आप अन्य व्यक्तियों के व्यवहार से प्रभावित होते हैं और अधिक संयम से व्यवहार करना चाहते हैं तो यह विवरण लिखें

1. ऐसा कहाँ होता है? (स्थान)

2. ऐसा समान्यतः कब होता है? (समय)

3. क्या हुआ? (घटना का संक्षिप्त विवरण)

हम में से कुछ लोग कुछ बातों के प्रति संवेदनशील होते हैं। जो बात किसी एक व्यक्ति के लिए साधारण सी बात हो सकती है वही किसी अन्य के लिए बहुत महत्वपूर्ण हो सकती है। जो किसी के लिए एक नादान टिप्पणी मात्र हो वह किसी दूसरे के मन में बरसों तक ठेस की तरह मौजूद रह सकती है। हम सब अपने अनुकूलन और अपनी परवरिश की देन हैं। कहा नहीं जा सकता कि किस कारण कौनसी स्मृति कौंध जाए।

स्कूल के समय से हमें वास्तविक दुनिया के लिए तैयार किया जाता है। हमें बार-बार बताया जाता है कि 'मजबूत बनो', 'बड़े हो जाओ' या 'जीवन का सामना करो'। सामाजिक अनुकूलन और हमारे सामने रखी गई स्थितियों के कारण ही हम बहस में पड़े बिना अपनी भावनाओं को दबा कर आगे बढ़ जाना सीखते हैं। हम खुद को ही समझा लेते हैं छोटी सी बात पर क्या बतंगड़ बनाना। हम दूसरों के व्यवहारों को यह कह कर नजरअंदाज करने की कोशिश करते हैं कि उन्होंने जैसा कहा उनका इरादा उस तरह कहने का नहीं था।

हम जिस बात को नहीं पहचानते या जिस पर ध्यान नहीं देते कि हमारी इस तरह की प्रतिक्रिया का उत्प्रेरक क्या है। पहली बात तो यह कि हम इससे आहत ही क्यों हुए? क्या इसने हमारे मन में कुछ अनुचित होने की भावना जगी है? क्या इस बात ने हमारे आत्मसंशय को उभार दिया, जिसके बारे में हमें लगता था कि हम बहुत पहले ही उबर चुके हैं? यदि हम तनाव के उत्प्रेरकों से खुद को बचाना चाहते हैं तो यह विचारणीय प्रश्न हैं। उपरोक्त अभ्यास आपको यह करने में मदद करेगा।

2. अपनी भावनाओं के बारे में जागरूक रहें:

ज्यादातर जब कोई कुछ कहता है जिससे हम सहमत न हों या जो हमें पसंद न हो तो हम प्रतिक्रियात्मक हो जाते हैं। हम उनके कहे या किए पर प्रतिक्रिया करने लगते हैं। बरस दर बरस हम व्यवहार की

एक तरह की परिपाटी बना लेते हैं और अक्सर प्रतिक्रिया करने से पहले उस पर विचार भी नहीं करते। हमें गुस्सा आता है, झुंझलाहट, चिड़चिड़ापन, खीझ, उदासी, आहत होना, तनाव और नाराजगी कुछ भी महसूस हो सकता है।

इस बारे में जागरूक होना महत्त्वपूर्ण है कि कोई उत्प्रेरक हमें क्या महसूस कराता है।

अभ्यास 12b

जब आप किसी स्थिति में खुद को भावनात्मक प्रतिक्रिया देते पाएँ तो खुद का अवलोकन करें। आपको क्या महसूस हो रहा है उस भावना को नाम देने का प्रयास करें।

मैं ________________________ महसूस कर रही हूँ क्योंकि ________________________

जब आप प्रतिक्रिया करें तब आपको क्या महसूस हो रहा है, इसे पहचानने के लिए कुछ समय दें। क्या यह गुस्सा है? यदि हाँ तो आप कितने नाराज हैं? क्या यह उदासी है? यदि हाँ तो आप क्यों उदास हैं? क्या आप शर्मिंदा हैं? यदि हाँ तो शर्मिंदगी का उत्प्रेरक क्या है?

3. दूरी बनाएँ:

किसी स्थिति की आवृत्ति को नियंत्रण से बाहर जाने से रोकने के लिए यह महत्त्वपूर्ण है कि उससे दूरी बनाई जाए। लेकिन इसी के साथ यह भी महत्त्वपूर्ण है कि दूरी बनाने से पहले इस पर स्पष्ट बात की जाए। यह उन लोगों के लिए ज्यादा कठिन हो सकता है जो कभी अपने लिए खड़े नहीं होते। सामने वाले व्यक्ति को यह बुरा लग सकता है कि हम उनके मुँह पर दरवाजा बंद कर रहे हैं।

आप उन्हें क्या कहते हैं यह महत्वपूर्ण है। आप उनसे यह कह सकते हैं कि 'यह मेरे लिए महत्वपूर्ण है और मैं इस पर विचार करना चाहूँगी। मुझे इसके लिए कुछ समय चाहिए। यदि आप भी बात करना चाहें तो मैं इसके बारे में आपसे कुछ समय बाद बात करती हूँ।'

आपको सामने वाले व्यक्ति को यह महसूस कराना होगा कि आप परेशान हैं और जो हुआ उसे समझने के लिए आपको समय चाहिए। आपको उन्हें यह बताना चाहिए कि आप उनसे दूर भाग नहीं रहे हैं बल्कि आपको सोचने के लिए समय चाहिए। इसके बाद दूर चले जाइए। यदि आपका अपना कमरा है तो उसमें चले जाइए, यदि नहीं तो टहलने चले जाइए।

4. जाँचें:

अपने कमरे के एकांत में (या पार्क की बेंच पर या जहाँ भी आपको एकांत मिले), बैठ जाइए और आपने जो लिखा है उसके आधार पर अपनी भावनाओं को जाँचिए। अपनी भावना को स्वीकार कीजिये और समस्या की जड़ तक जाने का प्रयास कीजिये। खुद से पूछिये कि यह व्यक्ति आपको इतना क्यों प्रभावित करता है। आपको उनकी सहमति क्यों चाहिए? आपको इस बात से इतना फर्क क्यों पड़ता है कि वे आपके बारे में क्या कहते हैं या सोचते हैं? उनके कार्य आपको क्यों प्रभावित करते हैं?

यदि कोई अपरिचित हमारे प्रति बुरा व्यवहार करे तो हम शायद उस पर इतना ध्यान न दें, हम यह सोचें कि न तो वे हमें जानते हैं और न वे हमारे बारे में क्या सोचते हैं इससे हमें कोई फर्क पड़ता है। जितना महत्त्व हम अपने परिजनों को देते हैं उसकी तुलना में हम उन्हें जरा अहमियत नहीं देंगे। ऐसा इसलिए कि अपने परिजनों से हम कुछ अपेक्षाएँ रखते हैं। हम यह सोचते हैं कि वे हमेशा इस तरह का व्यवहार करेंगे जो हमारे लिए सुविधाजनक होगा। हम सोचते हैं कि परिजन हमारी बात सुनें और हमारी राय को अहमियत दें।

अक्सर हम इस कदर आहत हो जाते हैं कि इस पर ध्यान नहीं दे पाते कि हम जिसे प्यार करते हैं उस व्यक्ति ने ऐसा व्यवहार क्यों किया? क्या उनका व्यवहार लापरवाही का प्रमाण है? क्या वे आहत हैं? क्या वे अधिक जानकारी नहीं रखते हैं? वे अपने लिए जो चुनते हैं

वह आपके चयन से अलग है और इस पर आपको तनाव होता है क्योंकि फिर उनके कार्यों पर आपका कोई नियंत्रण नहीं रह जाएगा। एक बार आपको इस क्यों का जवाब मिल जाए तो आप इसे बेहतर ढंग से समझ पाएंगे। लेकिन इसका यह मतलब नहीं कि हमें तुरंत उन्हें माफ कर देना है।

गुस्सा, आहत होने या अपमान की हमारी भावनाएँ वास्तविक हैं। यदि हम अपनी भावना को समझे बिना व्यक्ति को माफ करने के लिए खुद पर दबाव बनाते हैं तब हम अंततः अपनी उस भावना का दमन कर रहे होंगे। यह हमारे भीतर गुस्से को जमा करता जाएगा। हमें उनके साथ नाराज होने का अधिकार है और उनके कार्यों से आहत महसूस करने का भी अधिकार है। याद रखिए हमारी सारी भावनाएँ महत्वपूर्ण हैं और यह समझना जरूरी है कि वे आ कहाँ से रही हैं।

5. स्वीकारें कि लोगों के पास अपने कारण होते हैं:

टकराव का एक कारण अवसर अपेक्षा होती है। हम अपने माता-पिता से यह उम्मीद करते हैं कि वे हमें समझेंगे और हमारे फैसलों में हमारा साथ देंगे। हम अपने बहन-भाई से यह उम्मीद करते हैं कि वे हमारे प्रति प्रेमिल, उदार और सरोकार रखने वाले होंगे। हम अपने दोस्तों से उम्मीद रखते हैं कि जैसे हम उनके लिए मौजूद रहते हैं वैसे ही वे भी हमारे लिए मौजूद रहेंगे।

लेकिन सच तो यह है कि कभी न कभी वे हमें निराश कर सकते हैं। हम उनके व्यवहार से निराश हो सकते हैं। वे क्या कहते या करते हैं इस पर हमारा कोई वश नहीं है। मुझे ऐसे पाठकों के मेल आते हैं जिनमें वे बताते हैं कि उन्होंने अपने दोस्तों या रिश्तेदारों के लिए कितने सारे काम किए लेकिन जब उन्होंने मदद मांगी तब दोस्त या प्रिय व्यक्ति ने वैसा ही जवाब नहीं दिया।

यह संभव है कि वह व्यक्ति स्वार्थी हो। यह भी संभव है कि वह व्यक्ति किसी ऐसी स्थिति में हो जिसमें वह आपकी मदद करने की स्थिति में न हो। आपको लगता है कि आपके सहकर्मी को आपकी

पदोन्नति के कारण आपसे ईर्ष्या होती है, लेकिन हो सकता है कि आप उन्हें इस बात की याद दिलाते हों कि वे क्या नहीं हो सके। शायद आपने अनजाने में अतीत में उन्हें आहत किया हो और वे उसे लेकर आपसे नाराज हों। हम इस बारे में अटकल लगाने में बहुत सारा समय लगा सकते हैं कि लोग जैसा व्यवहार करते हैं वैसा क्यों करते हैं। या हम खुद को यह बता सकते हैं कि लोग उस तरह व्यवहार कर सकते हैं क्योंकि उस में वही उनका व्यक्तित्व है। वे यही करने में सक्षम हैं। वे इससे अधिक देने की स्थिति में नहीं हैं।

सिद्धान्त 2 : अपनी ताकत फिर से पहचानें

अपनी भावनाओं को पहचान कर, उन पर दावा कर, उन्हें व्यवस्थित होने का अवसर देकर हम अपनी ताकत को फिर से हासिल कर सकते हैं। हालाँकि हमारा इस पर कोई नियंत्रण नहीं है कि दूसरा व्यक्ति अपने व्यवहार को फिर नहीं दोहराएगा, लेकिन हमारा इस पर नियंत्रण है कि हम उस पर किस तरह प्रतिक्रिया करना चुनते हैं। उत्प्रेरक और उसके बाद होने वाले व्यवहार के बीच थोड़ी दूरी और कुछ चिंतन को जोड़ कर हम उन उत्प्रेरकों का मुकाबला करना सीख जाते हैं।

बदलाव अचानक नहीं आता। इसमें अभ्यास और समय लगता है कई बार कई सप्ताह या महीने भी। हमें धैर्य की जरूरत होती है। सजग कदम उठाते हुए बदलाव संभव है। यहाँ तक कि दूसरा व्यक्ति न भी बदले समय के साथ हम उनके कार्यों से कम प्रभावित होना सीख सकते हैं क्योंकि उन पर हमारा नियंत्रण नहीं है।

1. तय करें:

शांत होने के बाद और तनाव के उत्प्रेरकों और भावनाओं की जाँच के बाद आगे की कार्य योजना के बारे में निर्णय कर सकते हैं। यहाँ मूल मंत्र यह है कि जब तक आप खुद यह महसूस न करने लग जाएँ कि अब आप बेहतर महसूस कर रहे हैं, तब तक कुछ दिन इंतजार कर लें। जब कुछ दिनों में हालात बदल जाए तब हो सकता है कि आपको

उस बात पर कोई कदम उठाना उतना जरूरी ही न लगे। हर दिन कुछ न कुछ ऐसा होता है जो हमारे नजरिये को बदलता है। समय के पास हर बात को परिप्रेक्ष्य में रखने का तरीका मौजूद है।

यदि समय बीत जाने के कुछ समय बाद भी आपको वह बात उसी तरह आहत कर रही हो तो आपको उस व्यक्ति से बात कर लेनी चाहिए। यह महत्त्वपूर्ण है कि इस तरह की बातचीत पूरी तरह शांत मन से की जाए जब दुःख और गुस्से की भावना पर पूरी तरह काबू पा लिया गया हो। अपने शब्द बहुत सावधानी से चुनें और बहुत सोच समझ कर सकारात्मक वाक्य बनाएँ। आप सामने वाले व्यक्ति के द्वारा की गई किसी बात की तारीफ से शुरू कर सकते हैं और यह बता सकते हैं कि उस बात से आपने कितना अच्छा महसूस किया। इसके बाद आप उस व्यवहार का जिक्र कर सकते हैं जिसने आपको आहत किया। वाक्य का निर्माण इस तरह करें कि वह आपको कैसा महसूस हुआ यह बताएँ लेकिन उन्हें गलती के लिए शर्मिंदा न करें।

आरोप की भाषा का इस्तेमाल न करें। यह न कहें कि 'तुम हमेशा ऐसा करते हो ...' जब तक कि आप कोई सकारात्मक या करुणापूर्ण बात का उल्लेख न करने वाले हों। जब आप आहत होते हैं तो समान्यतः 'तुमने यह किया ...' या 'तुम ऐसा कैसे कर सकते हो; जैसे वाक्य मुँह से निकलते हैं। इसकी बजाय अपने वक्तव्यों को बदलें। आराम से यह कहें कि क्या हुआ और उसने आपको कैसा महसूस कराया। यह महत्वपूर्ण है कि हम अपनी भावनाओं की जिम्मेदारी लें और यह माँग करें कि उन्हें अनदेखा न किया जाए बल्कि उन्हें सुना जाए और उन्हें पहचाना जाए। कई बार लोगों को यह अहसास नहीं होता कि उनके कार्यों या शब्दों ने दूसरों पर कैसा असर डाला होगा। यह संभव है कि जिस व्यक्ति की बात से आप आहत महसूस कर रहे हैं उसे इस बात का अनुमान भी न हो वह मुद्दा कि लिए कितना संवेदनशील था और उससे आप कैसा महसूस कि रहे थे। यदि आपको जो महसूस होता है यह उनके लिए महत्वपूर्ण है तो वे आगे से वैसा व्यवहार नहीं करेंगे।

2. प्रभावी तरीके से बात कहें:

एक सामान्य गलती हम यह करते हैं कि जब अपने किसी प्रियजन से बात करते हैं तो यह मान लेते हैं कि हम क्या चाहते या नहीं चाहते हैं यह उन्हें पता होगा और वे उसको ध्यान में रख कर व्यवहार करेंगे। जब कोई व्यक्ति हमें निराश करता है तो हम या तो चुप रह जाते हैं (यदि हम ऐसे व्यक्ति हैं जो टकराव को नापसंद करते हैं) और अंदर ही अंदर घुलते हैं या फिर अपना गुस्सा व्यक्त कर देते हैं। सामने वाला व्यक्ति तब हमारे लहजे या बदले हुए स्वर से समझ कर अपना व्यवहार बदल लेता है।

हम में से कुछ लोग अपनी भावनाओं को दबाने में बहुत माहिर होते हैं। एक कनाडाई टीवी धारावाहिक किम्स कनवीनिएंस में लगभग पचास वर्षीय एक किराने की दूकान का मालिक अपनी पत्नी के साथ मिल कर दुकान चलाता है। वह कनाडा में एक प्रवासी है और अब उसके दो बच्चे भी हैं। किम परिवारों के मुखिया मर्द होते हैं उसका एक आदर्श उदाहरण है। वह कभी अपनी भावनाओं को कैस व्यक्त नहीं करता और ज्यादातर उदासीन रहता है। जबकि वह अपने परिवार के प्रति बहुत लगाव रखता है, ऐसा कई लम्हों में पता चलता है जब वह चुपके से अपने आँसू पोंछ लेता है। श्रीमान किम उन अधिकांश पिताओं की तरह हैं, जिन्हें हम जानते हैं। उनकी बेटी जेनेट कई बार उनके साथ संवाद की कोशिश करती है जिसका अंत अक्सर खीझ में होता है और वह पैर पटकते हुए वहाँ से चली जाती है लेकिन अपनी बात उन्हें समझा नहीं पाती। अपनी बातों को प्रभावी ढंग से कहने के लिए आपको पहले से अभ्यास करने की जरूरत होती है। यदि दूसरों को आपसे एक खास तरह से बात करने की आदत है तो याद रखें जब आप बदले हुए तरीके से बात करेंगे तो वे उलझन में पड़ सकते हैं। अपनी शारीरिक भंगिमा और आवाज पर ध्यान दें। चेहरे पर सहजता का भाव रखें और नर्म आवाज में बात करें। सामने वाले व्यक्ति की आँख से आँख मिला कर कहें:

'मुझे आपसे बात करनी है और कृपया मुझे ध्यान से सुनें। मैंने बहुत समय से यह देखा है कि ____________ ।

इसे देख कर मुझे ऐसा लगता है कि ____________ ।

इसका अंत अक्सर ____________ से होता है।

मैं जानती हूँ कि आप ____________ करते हैं लेकिन इस बात का मुझ पर यह असर होता है कि यह मुझसे ____________ छीन लेता है। मैं आपकी बात को मान लेती हूँ क्योंकि मैं आपको नाराज नहीं करना चाहती। इसलिए अब से ____________ ।

आप अपनी परिस्थिति के अनुसार इसमें संशोधन कर सकते हैं। प्रभावी ढंग से अपनी बात कहने में तीन बातों का शामिल होना जरूरी है:

1. दूसरे व्यक्ति के नजरिये को समझना।
2. समस्या को सही ढंग से बताना।
3. यह बताना कि आप क्या चाहते हैं।

अभ्यास 12c

जिस व्यक्ति के कारण आपके व्यवहार पर फर्क पड़ता है उसे आप क्या कहने वाले हैं, इसे लिख लें। तारीफ से शुरू करें। (यह लिखने में अजीब लग सकता है, लेकिन ऐसा करने से आपको मदद मिलेगी।) यदि आपको अपनी बात प्रभावी ढंग से कहने का अभ्यास नहीं रहा है तो इसमें आपको कुछ बार प्रयास करने की जरूरत पड़ सकती है। हिम्मत न हारें। इस पर ध्यान दें–आराम से, उदारता से और प्रभावी तरीके से।

भले ही दूसरे लोगों के व्यवहार पर हमारा कोई नियंत्रण न हो उपरोक्त चरणों का पालन कर हम हालात पर थोड़ा सा नियंत्रण हासिल कर सकते हैं। यदि हम अपने तरीके और दूसरों के साथ

अपने व्यवहार में बदलाव ला रहे हैं तो हम हालात को बदलने की दिशा में एक कदम बढ़ा रहे हैं। जब दूसरे हमारी अपेक्षा से अलग व्यवहार करते हैं तो एकमात्र उपाय यही है कि इस बात का ठीक से आकलन करें कि हम चाहते क्या हैं और शांत रहें और प्रभावी तरीके से अपनी बात कहें। हमें निराश महसूस करने का अधिकार है, लेकिन हमें अपने मस्तिष्क को प्रतिक्रियात्मक होने से बचाने का अभ्यास करना चाहिए। बदलाव एक धीमी प्रक्रिया है और हमें इसके लिए उपरोक्त चरणों का नियमित अभ्यास करने की जरूरत पड़ सकती है।

कोशिश करते रहें। हिम्मत न हारें। और याद रखें, लोग हर समय आपके साथ नहीं रहेंगे। उन्हें उनकी खूबियों और खामियों के साथ स्वीकारें। जब लोग हमारे साथ नहीं रहेंगे तब हो सकता है कि आज जो बातें हममें खीझ पैदा करती हैं, उनके लिए ही हम उन्हें याद करें।

दूसरे लोगों के साथ सामंजस्य बनाने के लिए करामाती मन

सिद्धान्त 1 : दूसरों पर नियंत्रण की बजाय अपनी प्रतिक्रिया पर काबू पाएँ

सिद्धान्त 2 : अपनी ताकत फिर से पहचानें

कुछ उपाय

1. उत्प्रेरक को पहचानें
2. अपनी भावनाओं के बारे में जागरूक रहें
3. दूरी बनाएँ
4. जाँचें
5. स्वीकारें कि लोगों के पास अपने कारण होते हैं
6. तय करें
7. प्रभावी तरीके से बात कहें

❐❐❐

13

'न!' कहने के लिए करामाती मन

जब लोगों के साथ पेश आएँ तो यह याद रखें कि आपका सामना तार्किक जीवों से नहीं हो रहा है बल्कि पूर्वाग्रहों से ग्रस्त, दंभ और गुरूर से चूर लोगों से हो रहा है।

–डेल कारनेगी

एक बार मेरी एक पाठक ने मुझसे मेल में पूछा कि 'लोगों को खुश रखने' से कैसे बचा जाए। जब मैंने उससे पूछा कि उसका आशय क्या है तो उसने बताया कि अक्सर उसे मालूम होता है कि लोग उसे अपने फायदे के लिए इस्तेमाल कर लेते हैं लेकिन वह मना नहीं कर पाती। उसके सवाल में मुझे टीवी पर देखे एक ऐसे चरित्र की याद दिलाई जिसका बार-बार फायदा उठा लिया जाता है। वह एक भला व्यक्ति है लेकिन लोगों को न नहीं कह पाने के कारण उसे ऐसे काम करने पड़ते हैं जिन्हें कोई भी करना नहीं चाहता। उसे जितना वेतन मिलता है वह उससे अधिक काम करता है, उसे सप्ताहांत का अवकाश भी नहीं मिल पाता क्योंकि वह आखिरी क्षण में अपने सहकर्मियों की ओर से आए अनुरोध को मना नहीं कर पाता।

जब मैं किशोर थी तो मैं भी लोगों को किसी काम के लिए मना नहीं कर पाती थी। मैं बहाने बनाने की कोशिश करती ताकि जिन स्थितियों में नहीं फसना चाहती हूँ उनसे बच सकूँ। कई बार मुझे जो भी करने

के लिए कहा जाता, मैं कर देती और बाद में बुरा महसूस करती रहती। बीस बरस की होते-होते मैंने सजग अभ्यास करके न कहना सीखा। मैंने हरबर्ट फेंसटेरहीम की किताब 'डोंट से येस, वेन यू वांट टू से नो' पढ़ी थी और मैंने किताब में सुझाई गई सारी गतिविधियों का पालन किया था। कुछ गतिविधियाँ कठिन थीं, लेकिन मैंने अपनी असहजता को किनारे रख कर किताब में सुझाई गई सारी गतिविधियों का पालन करने का निर्णय किया। एक बात जो मुझे सख्त नापसंद है, वह अपनी किताब लोगों को देना है। पहले मैं किताबें दे दिया करती थी और वे कभी लौट कर आती नहीं थीं। (एक बार जब किसी ने लौटाई तो उसके पन्ने मुड़े हुए थे और किताब को ठीक ढंग से नहीं रखा गया था।) मैने अपनी नई-नई अर्जित न कहने की दक्षता को परखने का निर्णय किया, और अगली बार जब किसी ने मेरे खजाने में से मुझसे किताब माँगी तो मैंने कहा, 'सॉरी लेकिन मैं अपनी किताब किसी को नहीं देती।' किताब माँगने वाला व्यक्ति एक रिश्तेदार था और आप अनुमान कर सकते हैं कि उन्हें न कहना मेरे लिए कितना कठिन रहा होगा। लेकिन बाद में मुझे ऐसा करके अच्छा लगा। मुझे लगा कि मैं अपनी किताब को रिश्ता टूट जाने की कीमत पर भी बचाना पसंद करूगी।

कई बार हमारे पास कोई विकल्प नहीं होता और हमें ऐसे काम करने लिए राजी होना पड़ता है जो हम नहीं करना चाहते, खासतौर से जब हम परिवार के बीच में रहते हैं। परिवार के लिए कई बार हम अपना थोड़ा समय लगा कर भी कुछ ऐसा करने के लिए राजी हो जाते हैं जो दरअसल हमें करने का मन नहीं होता। हम ऐसा करते हैं क्योंकि हम उन्हें प्यार करते हैं और उनके लिए कुछ अच्छा करना चाहते हैं। लेकिन एक बारीक सी रेखा होती है जिसका हम ध्यान रखते हैं। खासतौर से तब, जब हम किसी के लिए कोई ऐसा काम करते हैं जो हम करना नहीं चाहते हों।

मरियम वेबस्टर शब्दकोश 'लोगों को खुश रखने वालों' को इस तरह के व्यक्ति के रूप में परिभाषित करता है जिनके लिए खुद अपनी

इच्छाओं को कुर्बान कर दूसरों की इच्छाओं को पूरा करना एक भावनात्मक जरूरत होती है। लोगों को खुश करने वाले उनसे किए जाने वाले किसी भी अनुरोध के लिए हाँ कह देते हैं।

मनोवैज्ञानिक कहते हैं कि जब आप नहीं चाहते तब भी किसी काम के लिए 'हाँ' कह देना हमेशा बुरा नहीं होता। यह इस बात को जाहिर करता है कि आप सबका खयाल रखने वाले व्यक्ति हैं और आपको दूसरों की खुशी का खयाल कर संबंध बनाए रखना अच्छा लगता है। लेकिन यदि यह आपके लिए बहुत सारी मुश्किलें लेकर आता है और आपको यह समझ आने लगे कि यह आपके आत्मसम्मान को चोट पहुँचा रहा है तब आपको इसे रोक देना चाहिए।

अभ्यास 13a

उन अवसरों के बारे में लिखें जब आप न कहना चाहते थे लेकिन आपने हाँ कहा।

अभ्यास 13b

आपको इसके बाद कैसा लगा? क्या इसने आपको आहत किया या इस्तेमाल किया?

सिद्धान्त 1 : 'न' कहना आपका अधिकार है

जब मैं बीस बरस की थी मुझे इस बात का अनुमान भी नहीं था कि मैं नाजायज मांग पर 'न' कह सकती हूँ, यह मेरा अधिकार है। हम में से अधिकांश ऐसा सोचते हैं कि कुछ भी माँग हो, दूसरों के

साथ अच्छे से पेश आने के लिए हाँ कहना चाहिए। मुझे बहुत साल पहले अपनी एक किताब के विमोचन से जुड़ी एक बहुत खराब घटना याद है। मैंने उस दिन पाठकों के लिए पचास प्रतियों पर हस्ताक्षर किए होंगे और उसके बाद मैं शाम का समय अपने परिवार और दोस्तों के साथ बिताना चाहती थी जो बहुत दूर से विमोचन में शामिल होने और मेरे साथ समय बिताने के लिए आए थे। किताब का विमोचन पाठकों के लिए ही नहीं लेखक के लिए भी एक उत्सव का पल होता है। वे महीनों एकांत में काम करते रहने के बाद कुछ समय उसका आनंद लेना चाहते हैं। इस अवसर पर एक प्रशंसक पूरे समय मेरे पीछे-पीछे सेल्फी लेने के लिए लगा रहा। सारी प्रतियों पर हस्ताक्षर कर देने के बाद भी वह साथ छोड़ कर जाने के लिए तैयार नहीं था। मैं तब बहुत नई थी और मुझे यह कहना नहीं आता था कि अब मुझे निजता चाहिए और मैं उसकी तमाम माँगें पूरी कर चुकी हूँ। मेरे खयाल से वह जितनी भी तस्वीरें लेना चाहता था, मैंने उसे लेने दी थीं। उसने शायद मेरे साथ बीस तस्वीरें ली होंगी। उसने हर समय साथ लगे रह कर मेरी शाम बर्बाद कर दी थी, यहाँ तक कि उसने परिवार और दोस्तों के साथ बात करने के लिए भी मुझे समय नहीं दिया। इतने साल के बाद भी मुझे याद है कि इस तरह उस व्यक्ति के पीछे लगे रहने के कारण उस दिन मुझे कितना बुरा लगता रहा था। अब मैं ज्यादा स्पष्टता से साथ अपनी बात कह पाती हूँ और किताबों पर हस्ताक्षर करने और सेल्फी लेने के बाद जब मुझे एकांत चाहिए तो मैं उन्हें मना कर पाती हूँ।

याद रखिए जब भी आप किसी की नावाजिब माँग के लिए हाँ कहते हैं, आप अपनी किसी जरूरत को नकार रहे होते हैं। लोगों को न कहना आपका अधिकार है। दूसरों के प्रति करुणा दिखाने से पहले अपने प्रति करुणा का प्रदर्शन करें।

1. लोग क्या सोचेंगे इसकी परवाह न करें:

अक्सर किसी की नाजायज माँग को मान लेना दूसरों की नजर में अपनी जगह बनाने की जरूरत से आता है। हमें इस बात की आशंका

रहती है कि यदि न कह दिया तो हमें पसंद नहीं किया जाएगा। लोग क्या सोचेंगे हमें इसकी परवाह रहती है। खासतौर से किशोरों और बीस-बाईस की उम्र तक युवाओं में यह प्रवृत्ति अधिक रहती है। लेकिन यह याद रखें : यदि किसी का आपको पसंद करना इस बात पर निर्भर करता है कि आप उनकी सारी बातों को मान लें, तो ऐसे लोगों की आपको जरूरत नहीं है। वे अनिवार्यत: आपको इस्तेमाल कर रहे हैं।

उम्र बढ़ने के साथ हमें यह समझ आने लगता है। हम जो हैं उसके साथ सहज महसूस करने लगते हैं। मैं जल्दी ही पचास की होने वाली हूँ और बीस की उम्र में जैसी थी उससे कहीं अधिक आत्मविश्वास महसूस करती हूँ। लोग मेरे बारे में क्या सोचेंग इसकी परवाह नहीं करती। मुझसे जो अधिक उम्र की दोस्त हैं वे बताती हैं कि यह और बेहतर महसूस होना जारी रहेगा। हम लोगों की राय की परवाह करना कम करते जाते हैं।

मैंने यह सीखा कि आप कितने भी भले रहें और संजीदगी से अपने प्रयास करते रहें लोग आपके कामों के बारे में अपनी तरह से ही सोचेंगे - और जरूरी नहीं कि हमेशा अच्छा ही सोचें। यदि मुझे यह बात बीस की उम्र में समझ आ जाती तो मैं तब से ही ज्यादा दृढ़ता से अपनी बात कहती।

2. तुरंत जवाब देना जरूरी नहीं:

जब मैंने दृढ़ता का अभ्यास करना शुरू किया तो मैंने समय लेना शुरू किया। मैं तुरंत हाँ कहने की अपनी प्रवृत्ति से लड़ती थी। मैंने सजग रह कर यह कहना शुरू किया कि 'मुझे सोचने के लिए कुछ समय चाहिए। मैं बाद में बताती हूँ।' मैंने पाया कि हाँ कहने से बचने में यह तरीका बहुत कारगर रहा। ज़्यादतर लोग तुरंत जवाब नहीं चाहते। जब हम समय माँगते हैं तो यह उन्हें समझ आता है। खासतौर से जब अचानक लोग मुझे फोन कर मदद माँगते हैं तो मैं इस तरीके का इस्तेमाल करती हूँ।

जब भी कोई आपसे कुछ ऐसा करने के लिए कहे जो आप नहीं करना चाहते तो समय लें।

सिद्धान्त 2: अपने भले को प्राथमिकता देना आपको स्वार्थी नहीं बनाता

1. ध्यान दें कहीं आपको इस्तेमाल तो नहीं किया जा रहा:

जब आपके पास निर्णय करने के लिए समय है तब इस पर विचार करें कि इस व्यक्ति ने अतीत में और कितनी बार इस तरह के अनुरोध किए हैं और क्या आप एक बार फिर उनके लिए यह काम करना चाहेंगे। इस बारे में तटस्थता से सोचें कि उनका व्यवहार आपके प्रति कैसा है। क्या वे सिर्फ जरूरत पड़ने पर ही आपको याद करते हैं? यदि हालात बादल जाएँ तो क्या वे आपके लिए भी उसी तरह उपलब्ध होंगे? इन तमाम पहलुओं पर विचार करने के बाद तय करें कि आपको हाँ कहना चाहिए या नहीं।

याद रखें जब भी हम किसी को अपना समय देते हैं, हम अपने जीवन का एक हिस्सा दे रहे होते हैं जो हमें कभी वापस नहीं मिल सकता। इसलिए करने से पहले जरूर सोचें कि क्या यह किए जाने योग्य है।

2. अपनी सफाई न दें:

जब हम न कहते हैं तब हम अक्सर ग्लानिबोध से भर जाते हैं या बहुत चिंतित हो जाते हैं। यदि आपने न कहने का निर्णय किया है तो उसके बारे में शर्मिंदा न हों, बल्कि इन वाक्यांशों का अभ्यास करें :

- फिलहाल यह मेरे लिए संभव नहीं है।
- अच्छा तो लग रहा लेकिन मैं अभी नहीं कर पाऊँगी, अगली बार देखते हैं?
- अभी मैं बहुत व्यस्त हूँ, इस वक्त बिल्कुल नहीं कर पाऊँगी।
- आपने मेरे बारे में सोचा इसके लिए शुक्रिया, लेकिन अभी मेरे पास समय नहीं है।

- पूछने के लिए शुक्रिया, लेकिन अभी नहीं हो पाएगा।
- इधर बहुत कुछ चल रहा है।

इस तरह के वाक्यांशों का इस्तेमाल कर आप खुद को प्राथमिकता दे रहे हैं और दूसरों को अपना फायदा उठाने से रोक रहे हैं। यह खुद से प्यार करने और अपनी परवाह का एक तरीका है।

3. खुद को सराहें :

मनुष्य स्वाभाविक तौर पर सराहा जाना चाहता है लेकिन हर बात के लिए दूसरों से सराहना की उम्मीद रखना छोड़ें। यदि हम खुद की कीमत पर दूसरों को खुश करते रहेंगे तो हम खुद को नजरअंदाज करेंगे और ज्यादा से ज्यादा दु:खी रहेंगे।

हम अक्सर अपने प्रति कठोर होते हैं। अपने साथ उस तरह पेश आएँ जैसे हम अपने किसी बहुत अजीज दोस्त के साथ आते हैं तो हम अपने प्रति ज्यादा उदार और क्षमाशील हो सकते हैं। मेरी एक दोस्त का यह नियम है कि वह खुद से बात करते समय इस बात का ध्यान रखती है क्या यही बात वह अपनी किसी दोस्त से भी कह सकती है? यदि उत्तर न है तो वह अपने लिए भी उस भाषा का इस्तेमाल नहीं करेगी।

खुद को प्राथमिकता देना, अपने स्वाभाविक व्यक्तित्व को स्वीकारना और यह बताना कि आप प्रेम और करुणा के हकदार हैं, यह महत्वपूर्ण है। आपको दुनिया से सराहना नहीं चाहिए। एक बार आप खुद से प्रेम करना सीखा जाएंगे तो आप खुद में ही संतुष्ट महसूस करेंगे, बाहरी सराहना के लिए तरसना छोड़ देंगे।

इसके साथ ही दूसरों को खुश रखने की इच्छा भी चली जाएगी। न कहना अभ्यास की मांग करता है और यह एक निरंतर चलने वाली प्रक्रिया है। खुद को प्राथमिकता देना स्वार्थी होना नहीं है। खुद से प्यार की आदत डालें। लोग आपके बारे में क्या सोचते हैं इसकी परवाह करना बंद करें। क्योंकि यह अभ्यास से अर्जित की जाती है,

आपको आदत बनाए रखनी होगी। सुधार धीरे-धीरे आएगा लेकिन जब तक आप सजग हैं आप इसे अर्जित कर लेंगे। उम्र के साथ और खुद में भरोसे के साथ यह आसान होता जाएगा।

न कहने के लिए करामाती मन

सिद्धान्त 1 : 'न' कहना आपका अधिकार है

सिद्धान्त 2 : अपने भले को प्राथमिकता देना आपको स्वार्थी नहीं बनाता

नाजायज आग्रहों के लिए 'न' कहें

1. लोग क्या सोचेंगे इसकी परवाह न करें
2. तुरंत जवाब देना जरूरी नहीं
3. ध्यान दें कहीं आपको इस्तेमाल तो नहीं किया जा रहा
4. अपनी सफाई न दें
5. खुद को सराहें

❑❑❑

14

सोशल मीडिया के लिए करामाती मन

लोग इन दिनों सबकुछ साझा करना चाहते हैं, खाने से लेकर रात को बाहर घूमने तक, आईने के सामने अपनी निर्वस्त्र तस्वीर तक। निजी और सार्वजनिक के बीच की सीमाएँ धूमिल हो रही हैं।

–बेरनारडीन एवरिस्टो

मैं इंटरनेट और टेलीविजन से पहले के दौर की पैदाइश हूँ। मैंने घर में पहली बार जब टीवी देखा तब मैं चौदह बरस की थी। इसलिए मेरा अधिकांश बचपन टीवी से मुक्त रहा। जब तक इंटरनेट घर-घर में आया तब तक मैं एक बच्चे की माँ बन चुकी थी। पहली बार हमने डायल-अप कनेक्शन लगवाया। लोगों को याद होगा नब्बे के दशक में जब मोडम सर्वर से जुड़ने के लिए डायल करता था तो कैसी घर्घराने की आवाज आती थी। कभी-कभी तो कई बार प्रयास करने के बाद कनेक्शन जुड़ पाता था। लैपटॉप नहीं होते थे और सिर्फ बेढंगे से डेस्कटॉप हुआ करते थे - 386 या 486 । मुझे तकनीक हमेशा रोमांचित करती रही है और जब मैंने पहली बार 'इन्फॉर्मेशन सुपर हाइवे' वे बारे में सुना तो मैंने यह तय कर लिया था कि मुझे इसे आजमा कर देखना है जबकि आज की तुलना में कनेक्शन की गति बहुत धीमी होती थी। हालाँकि आज स्थितियाँ बहुत उन दिनों अलग हैं, तकनीक ने बहुत

तरक्की कर ली है और मैं इस बात के लिए शुक्रगुजार महसूस करती हूँ कि इस दौर में जीने का अवसर मिल रहा है। आज मेरे पास दो सेवा प्रदाताओं से इंटरनेट के दो कनेक्शन हैं जिनमें से एक पर कमाल की 300 एमबीपीएस की स्पीड से इंटरनेट उपलब्ध है; एक धीमा हो तो दूसरे का इस्तेमाल कर निरंतर इंटरनेट सेवा का इस्तेमाल किया जा सकता है; लगभग सभी सोशल मीडिया प्लैटफार्म - ट्विटर, इंस्टाग्राम, फेसबुक पर मेरी अच्छी खासी उपस्थिति है। यहाँ तक कि जब तक भारत में प्रतिबंधित नहीं हुआ था, मैं टिकटॉक पर भी थी। मुझे सोशल मीडिया पर चीजें साझा करना असल में बहुत अच्छा लगता है और मुझे इसमें कोई भी नया बदलाव बहुत उत्साहित करता है। मेरे कई बचपन के दोस्त बमुश्किल ही इनका इस्तेमाल करते हैं, जैसे कि यह हमारे जीवन में है ही नहीं। लेकिन यदि हम समय के साथ चलना चाहते हैं तो सोशल मीडिया एक ऐसी जगह है जिसे नजरअंदाज नहीं किया जा सकता।

बहुत सारे लोगों के लिए, खसतौर से 14 से 35 वर्ष के बीच की उम्र के लोगों के लिए, यह उनके जीवन का हिस्सा बन गया है। यहाँ तक कि बुजुर्ग लोग भी, जिन्होंने एक बार इन संदेश के आदान-प्रदान के मंचों का स्वाद जान लिया है, वे सोशल मीडिया से दूर नहीं रह पाते हैं। आखिर यह सुविधाजनक हैं, त्वरित हैं, सरल हैं और बहुत सारी सूचना तक आपकी पहुँच संभव बनाते हैं।

लेकिन जैसे दुनिया में तमाम चीजों के साथ होता है, इसके साथ भी कुछ खामियाँ जुड़ी हैं। विभिन्न विज्ञान पत्र-पत्रिकाओं में प्रकाशित अध्ययनों ने सोशल मीडिया के अत्यधिक इस्तेमाल को अवसाद, तनाव, अनिद्रा और व्यर्थताबोध के एहसास से जोड़ा है। सोशल मीडिया का मकसद तो हमें हमारे दोस्तों से जोड़ना होना चाहिए, लेकिन विडम्बना यह है कि यह हमें अकेलेपन और उदासी की ओर धकेल रहा है।

कारण? हम अपने जीवन की तुलना अपने दोस्तों से करने लगते हैं खासतौर से उस रूप से जो वे सोशल मीडिया पर पेश करते हैं। जितना

अधिक समय हम सोशल मीडिया पर बिताते हैं उतना ही ज्यादा हम अकेलेपन में घिरते जाते हैं। हम सैकड़ों तस्वीरें देखते हैं और अपने जीवन में अभाव के एहसास से घिरते जाते हैं। यह जो पिछड़ जाने का डर है यह बहुत वास्तविक है। कुछ बरस पहले जब मैं अपनी तीसरी किताब पर काम कर रही थी तब मैंने पाया की मेरी आवासीय इमारत में सारी महिलाएँ फिल्म देखने गई हैं और उन्होंने मुझे नहीं शामिल किया। मुझे वाकई इसके बारे में सोच कर बहुत बुरा लगा, और मैंने अपने पति को बताया। तब उन्होंने पूछा कि फिल्म देखने जाना जरूरी था या अपनी किताब पर ध्यान लगाना। इस बात ने मुझे मदद की और मैं उस घटना से जल्दी ही उबर गई।

ध्यान देने की बात यह है कि एक व्यस्त वयस्क व्यक्ति होते हुए भी, जिसके पास देखरेख के लिए एक घर और दो बच्चे हैं, एक छोटी सी बात के लिए मुझे पिछड़ने के अहसास ने घेर लिया। मैं इस बात की कल्पना कर सकती हूँ कि सोशल मीडिया के दौर में बड़े होने वाले किशोर और कोमल मन के लिए इन बातों का असर कितना गहरा होता होगा। कई युवा मुझे कहते हैं कि मैं उनके अकाउंट पर कुछ कहूँ, जिससे उनके दोस्त प्रभावित होंगे। सोशल मीडिया एक दिखावे की दुनिया है जहाँ लोग सिर्फ अपने सकारात्मक पक्षों का प्रदर्शन करते हैं।

आज के समय में सोशल मीडिया से दूर रहना शायद संभव न हो लेकिन हम इसे अपने हित में कैसे इस्तेमाल करें? हम इसके नकारात्मक प्रभाव से खुद को कैसे बचाएँ?

सिद्धान्त 1: याद रखें कि सोशल मीडिया वास्तविक जीवन का एक हिस्सा मात्र है

आजकल हर अनुभव ऑनलाइन साझा किया जाने लगा है। ट्विटर, इंस्टाग्राम, फेसबुक सब एक-दूसरे की नकल में लगे हैं और अपने इस्तेमाल करने वालों को स्टोरी और फ्लीट और तमाम चीजें साझा करने के लिए प्रेरित करते हैं जो चौबीस घंटे में गायब हो जाते हैं। इस प्रलोभन से खुद को बचा पाना लगभग असंभव सा लगता है। हम जो खाना खाते हैं

उसकी तस्वीरें खींचते हैं, अपनी पसंद के जेवर की तस्वीरें लेते हैं, निगाह से गुजरे किसी उद्धरण की तस्वीरें लेते हैं। हम रुक कर सोचते भी नहीं कि हम क्या साझा कर रहे हैं। आखिर सब तो 24 घंटे में गायब होने वाला है और फिर डिलीट बटन तो है ही।

1. असल जिंदगी ऑनलाइन नहीं है:

यदि हम बहुत सारे लोगों को फॉलो करते हैं तो देखने के लिए ऐसी सैकड़ों स्टोरी हो सकती हैं। अक्सर वे मनोरंजक होती हैं और थोड़ी देर के लिए हमारा दिल बहलाती हैं। जितना ज्यादा हम ब्राउज करते हैं उतना ज्यादा हमारा ध्यान बटा रहता है। यह सामग्री मजेदार होती है और हमें अपने में उलझाए रखती है। लेकिन हमें याद रखना चाहिए कि यदि हम दूसरे लोगों की स्टोरी देखते रहेंगे तो बहुत संभव है कि हम तुलना में उलझ जाएँ। जितना ज्यादा दूसरे लोगों के जीवन में मजेदार अनुभव हम देखते हैं अपना जीवन उतना ही उबाऊ लगने लगता है। एक दोस्त ने लजीज तिरामिसु बनाया है, एक अन्य ने शानदार पोर्ट्रेट बनाया है, और एक अपनी वर्जिश की कहानी साझा कर रही है और इसी तरह की कहानियाँ।

खुद से पूछें क्या आप सच में यह जानने में रुचि रखती हैं कि आपके दोस्त हर दिन क्या-क्या करते हैं। यदि आप पचास दोस्तों को फॉलो करते हैं और उनमें से प्रत्येक तीन स्टोरी साझा करते हैं तो आपके 150 सेकड खर्च हो चुके हैं। हम 2,250 सेकड ब्राउज करने पर खर्च कर चुके हैं जो हमारे समय के 37 मिनट हैं। इस 37 मिनट में हमने हासिल क्या किया? आप अपना समय कहाँ खर्च करते हैं इसका चुनाव सोच समझ कर करें। इस बारे में सजग रहें कि अंत में आप महसूस कैसा करते हैं। यदि आपको अच्छा महसूस नहीं होता है तो रुक जाइए।

2. सोशल मीडिया के लिए चीजों को ज्यादा सजाया गया है

कुछ सप्ताह पहले मैं एक प्रतिष्ठित इंटीरियर डिजाइनर के साथ आंतरिक साज-सज्जा पर एक ऑनलाइन कोर्स कर रही थी। उन्होंने

एक कमरे को सजाने के कई तरीके दिखाए। उन्होंने बताया कि यदि यह इंस्टाग्राम के लिए है तो हम इसमें कुछ और साज-सज्जा जोड़ देंगे ताकि यह तस्वीरों में खूबसूरत दिखाई दे। लेकिन यदि यह ऐसी जगह है जिसमें हमें रहना है और इसका इस्तेमाल करना है तो हम उन चीजों को नहीं जोड़ेंगे।

इंस्टाग्राम या अन्य सोशल मीडिया पर हम जो चीजें देखते हैं वह इसी तरह की होती है। उसे एक खास तरह के मूड के लिए सजाया जाता है। हम सिर्फ लोगों के जीवन की एक झलक देखते हैं, सिर्फ जो बेहतरीन हिस्से को प्रदर्शित करता है। जब हम कोई तस्वीर देखते हैं या कोई कैप्शन पढ़ते हैं तो उसके पीछे चली प्रक्रिया के बारे में हम नहीं जानते। तस्वीरें सिर्फ एक क्षण को दर्ज करती है, लेकिन पीछे एक पूरी कहानी हो सकती है जिसका हमें अनुमान ही न हो। जब लोग इंस्टाग्राम पर तस्वीरें साझा करते हैं तब वे अपने बारे में अच्छा महसूस करने के लिए करते हैं। वे जो लम्हा साझा करते हैं वह वास्तविक होगा लेकिन उनका जीवन तस्वीर के जितना ही परिपूर्ण हो यह जरूरी नहीं। किसी का भी जीवन ऐसा नहीं होता। उनके सामने हमसे ज्यादा बड़ी चुनौतियाँ हो सकती हैं। वे भी अवसाद और तनाव से जूझ रहे हो सकते हैं। उनके माता-पिता में से कोई मृत्यु शैया पर हो सकता है। पोस्ट से हम किसी के जीवन की सारी कहानी नहीं जान सकते।

ज़्यादतर प्रभावित करने वाले लोग यह कहते हैं कि जो सामग्री वे साझा करते हैं उसे बहुत सोच कर सजाया जाता है। जब बात इंस्टाग्राम या सोशल मीडिया की हो तो जो है उसी पर भरोसा नहीं कर लेना चाहिए।

सिद्धान्त 2: सोशल मीडिया पर बिताए गए समय और फॉलो किए गए अकाउंट को परखें

सोशल मीडिया का इस्तेमाल करामाती मन के साथ करें, ताकि यह हमें अपने बारे में अच्छा महसूस कराए और ऊर्जा प्रदान करे, इसके लिए हम कुछ चीजें कर सकते हैं।

1. सीमित अकाउंट ही फॉलो करें:

यदि आप मेरा इंस्टाग्राम अकाउंट देखेंगे तो आप पाएंगे कि मैं सिर्फ दस लोगों को फॉलो करती हूँ। जब मैं युवा लोगों से बात करती हूँ तो यह पाती हूँ कि उनके लिए किसी को फॉलो या अनफॉलो करना महत्त्वपूर्ण होता है। कोई किसी को अचानक से अनफॉलो नहीं कर सकता; इसे बदतमीजी माना जाता है। यदि वे ऐसा करते हैं तो वे जिसके साथ ऐसा करते हैं वह व्यक्ति उन्हें मेसेज भेज कर इसके बारे में पूछता है। यदि अनफॉलो का विकल्प न भी हो तो हम सेटिंग में जा कर उन सारे अकाउंट को म्यूट कर सकते हैं, जिनके बारे में वास्तव में हमारी जानने की इच्छा नहीं है।

इस पर विचार कीजिए। आपको वास्तव में इस बात से कितना फर्क पड़ता है कि आपके कोई परिचित छुट्टियाँ बिताने स्पेन या कंबोडिया गए या वे वर्तमान में क्या कर रहे हैं? यदि हम जानना ही चाहते हैं तो हम उनका अकाउंट खोज कर उनके पोस्ट देख कर पता लगा सकते हैं।

किसी को फॉलो करना अपने मन पर उनके असर को आमंत्रित करना है। यह सामने के दरवाजे को खुला छोड़ कर किसी को भी घर में घुसने की इजाजत देने की तरह है।

एक लेखक के रूप में मेरा मन मेरी पूंजी है। मुझे इस बारे में बहुत सजग रहना होता है कि मैं इसमें किसे प्रवेश की इजाजत देती हूँ। जो लेखक नहीं हैं उनके लिए भी यह इतना ही सही है। यदि हम दूसरे लोगों के पोस्ट देखते रहते हैं तो यह दूसरों को हमारे मन में घुसपैठ की छूट देना है। ऐसा कम कीजिये। आप किसे भीतर आने देते हैं इस पर नजर रखिए और अनफॉलो कीजिए या म्यूट कर दीजिए। यह बटन किसी वजह से दिये गए हैं, इनका इस्तेमाल कीजिए।

2. देखिये कि आपको इससे क्या हासिल हुआ:

थोड़े-थोड़े समय के अंतराल पर यह देखते रहिए कि हम जो अकाउंट फॉलो करते हैं उनसे हमें क्या हासिल होता है। मेरा एक आर्ट अकाउंट

और एक सामान्य अकाउंट है। आर्ट अकाउंट में मैं उन्हें फॉलो करती हूँ जिनकी कला को मैं पसंद करती हूँ। उन्हें जब भी मैं देखती हूँ तो मुझे कुछ कलात्मक रचने की प्रेरणा मिलती है। मैं बहुत सावधानी से देख कर चुनती हूँ और उन्हें ही फॉलो करती हूँ जिनकी कला मुझे बहुत प्रभावित करती है। मैं खासतौर से जिस पोस्ट को पसंद करती हूँ उस पर कमेन्ट जरूर करती हूँ। इन अकाउंट को फॉलो करने से मुझे बहुत कुछ हासिल होता है; वे मेरी कलात्मक भूख मिटाने में मदद करते हैं।

अपने सामान्य खाते में मैं परिवार और कुछ प्रेरणदाई फिटनेस के अकाउंट को फॉलो करती हूँ, क्योंकि फिटनेस मेरी रुचियों में प्रमुख है। फिटनेस के अकाउंट भी वे हैं जिन्हें मैं व्यक्तिगत रूप से जुड़ कर उनसे कुछ सीखती रही हूँ, और जो मुझे वर्जिश के लिए प्रेरित रखते हैं। फिटनेस के भी बहुत सारे अकाउंट हैं लेकिन उनमें से कुछ असंभव से लक्ष्य हमारे सामने रखते हैं। उन्होंने जो उपलब्धि हासिल की उसमें बहुत मेहनत की होगी लेकिन यदि वे हमें अपने बारे में अच्छा महसूस नहीं कराते हैं तो हमें उन्हें फॉलो करने की जरूरत नहीं। मैं किन लोगों को फॉलो करती हूँ उस सूची में काट-छाँट करती रहती हूँ। कई बार हम जिन प्रसिद्ध लोगों को फॉलो करते हैं वे अपने सामान्य विषय-वस्तु से हट कर पोस्ट करते हैं। कई बार उनके द्वारा पोस्ट की जाने वाली सामग्री से हम आगे बढ़ जाते हैं। वे बदल जाते हैं या हम बदल जाते हैं। हम जिन्हें फॉलो करते हैं उन अकाउंट पर दी जा रही सामग्री हमारे लिए रुचिकर न रहे तो बिना झिझक उन्हें अनफॉलो कर दें।

समय-समय पर आप जिन अकाउंट के साथ जुड़ते हैं उनका आकलन करें और इस बारे में सजग रहें कि आप उन्हें अपने मन में जगह देते हैं, इस तरह आपके मिजाज और आपकी सेहत को वे प्रभावित कितनी कर सकते हैं। इसलिए उन्हें चुनने में बहुत सचेत रहें।

3. डिटॉक्स करें:

मैं ऐसे कई युवा लोगों को जानती हूँ जो समय-समय पर सोशल मीडिया डिटॉक्स पर जाते हैं। वे कहते हैं कि वे हर समय अपने फोन से चिपके रहने से तंग आ जाते हैं। वे सप्ताह भर के लिए सोशल मीडिया को निष्क्रिय कर देते हैं, कुछ तो महीने भर तक के लिए भी कर देते हैं।

उनका कहना है कि उनकी एकाग्रता बढ़ जाती है, तनाव का स्तर कम हो जाता है और उनके पास ज्यादा समय उपलब्ध होता है। पोस्ट लिखने का तनाव चला जाता है, दूसरों के पोस्ट को पढ़ने और पसंद करने का दबाव चला जाता है और इस पूरे ड्रामा में शामिल होने से मुक्त हो जाते हैं।

उनमें से ज़्यादतर का कहना है कि वे ज्यादा शांत महसूस करते हैं और ज्यादा पढ़ पाते हैं। हम सब डिजिटल दुनिया में उलझे हैं, और हम सब को प्यार, स्वीकार्यता, और सराहना पसंद आती है - फिर चाहे वह नितांत अजनबियों से ही क्यों न मिले।

सोशल मीडिया से डिटॉक्स का अनुभव लेने की कोशिश करें और देखें कि आपको कैसा महसूस होता है। हम सोशल मीडिया का कैसे इस्तेमाल करते हैं; जब तक हमारा इस पर नियंत्रण तब तक यह बहुत उपयोगी उपकरण हो सकता है। यदि हम इसे ऐसे है अकाउंट को फॉलो करने के लिए इस्तेमाल करते हैं जो हमें खुशी दे, ऐसा सिखाए जो प्रेरणा दे तो सब अच्छा है। लेकिन अक्सर हमें पता नहीं चलता कि कहाँ रुक जाएँ।

यदि आपके साथ यह हो रहा है तो पीछे हटने के लिए ऊपर बताए गए उपायों का इस्तेमाल करें। उम्मीद है कि शुरुआत में अचानक अलग-थलग हो जाने की असहजता से उबरने के बाद आप खुश महसूस करेंगे। असल जीवन में दोस्तों से जुड़ने के लिए आपको सोशल मीडिया की जरूरत नहीं है - आप उनके साथ फोन मिला कर कभी भी बात कर सकते हैं।

सोशल मीडिया के लिए करामाती मन

सिद्धान्त 1: याद रखें कि सोशल मीडिया वास्तविक जीवन का एक हिस्सा मात्र है

सिद्धान्त 2: सोशल मीडिया पर बिताए समय और फॉलो किए अकाउंट को परखें

याद रखें

i. असल जिंदगी ऑनलाइन नहीं है

ii. सोशल मीडिया के लिए चीजों को ज्यादा सजाया गया है

अभ्यास करें

1. सीमित अकाउंट ही फॉलो करें
2. देखिये कि आपको इससे क्या हासिल हुआ
3. डिटॉक्स करें

❑❑❑

भाग–4

करामाती मन के साथ कुछ खेल!

करामाती मन के सफर पर आपकी शुरुआत के लिए 14 दिन की गतिविधियों वाली चुनौती

15

चौदह दिन की चुनौती

> *शब्दों में उदारता से आत्मविश्वास आता है। चिंतन में उदारता से परिपूर्णता आती है। देने में उदारता से प्रेम बढ़ता है।*
>
> **–लाओत्सु**

करामाती मन के अभ्यास का एकमात्र तरीका यही है कि इसे आजमाया जाए। संभव है कि आप अपने नजरिये में बदलाव के लिए तैयार हों लेकिन आपको यह पता ही न हो कि इसकी शुरुआत कहाँ से की जाए। संभव है कि आप आलस में इतने डूबे हों कि खुद को कुछ करने के लिए राजी ही न कर पाएँ या आप ऐसी जगह में हों कि आपको कुछ भी उत्साहित न करता हो।

यदि आप ऐसी मन:स्थिति में हैं कि आप खुश नहीं महसूस करते हैं, आप अपने पेशे से ऊब चुके हैं, जीवन से थके हैं या सामान्यत: अपने आसपास होने वाली हर बात से निराश हैं, तो यही समय है जब हालात को संभाल लें। रातों-रात आपके हालात नहीं बदल जाएँगे लेकिन आप अपनी सोच बदलने की दिशा में एक छोटी सी पहल कर सकेंगे। अपने करामाती मन को तैयार करने के लिए क्या आप कुछ मजेदार चुनौतियों का सामना करने के लिए तैयार हैं?

मैंने 14 दिन की गतिविधियों की एक योजना बनाई है। आपने ऐसा कुछ पहले कभी किया नहीं है इसलिए आपको यह थोड़ी बचकानी या बेतुकी लग सकती हैं। आपका तार्किक मन कह सकता है, 'इन गतिविधियों

को करने से मेरे हालात नहीं बदलने वाले' या 'इससे मुझे कैसे मदद मिल सकती है?'

कृपया ऐसे सारे विचारों को खारिज कर दें। बस एक बार इन गतिविधियों को कर जाइए, आपका कोई नुकसान नहीं है। यह वादा कीजिए कि आप पूरी संजीदगी से इन सब को पूरा करेंगे। कृपया किसी भी एक गतिविधि को करते ही तुरंत खुश महसूस करने की अपेक्षा मत रखिए (हालाँकि ऐसा हो भी सकता है)। कई बार ऐसा भी हो सकता है कि इसे करने के बाद आपको तुरंत कुछ महसूस ही न हो। लेकिन यहाँ दिये गए सभी कार्यों को पूरा करना महत्वपूर्ण है।

नियमः

1. आप जब चाहें तब शुरू कर सकते हैं।
2. एक बार शुरू कर देने के बाद बीच में छोड़ें नहीं।
3. यदि कोई एक दिन चूक जाए तो उस दिन तक की गई गतिविधियों में से कोई एक चुन लें और आगे की गतिविधि शुरू करने से पहले उसे एक बार दोहरा लें।

इसे और रोचक बनाने के लिए करामाती मन की चुनौती को अपने किसी दोस्त के साथ साझा करें।

सोच में बदलाव एक धीमी प्रक्रिया है। इसके लिए सजग और निरंतर प्रयास की जरूरत होती है। यहाँ मैंने जिन कामों की सूची बनाई है वे इस दिशा में एक छोटा सा प्रयास हैं, जो आपको हल्के से आगे बढ़ने में मदद कर सकते हैं, खासतौर से यदि आप किसी एक निश्चित ढर्रे के अभ्यस्त हो चुके हैं तो। आप जो भी गतिविधि करते हैं वह करामाती मन के बैंक में जमा हो जाती है। इन कार्यों को करते हुए आप खुशियों का छोटा सा खजाना जमा कर रहे हैं।

एक बार जब आप इन चुनौतियों को आजमाने के लिए एक तारीख तय कर लें उसके बाद उस पर कायम रहना महत्वपूर्ण है। मैंने विस्तार से बताया है कि आप इन गतिविधियों को कैसे कर सकते हैं। मैंने सरल

विकल्प भी बताए हैं। आप मेरे द्वारा सुझाई गई गतिविधियों में अपनी तरह के संशोधन भी कर सकते हैं। यह तो सिर्फ दिशा-निर्देश मात्र हैं।

आपको प्रतिदिन इन गतिविधियों को करने के लिए 30 मिनट से अधिक समय की आवश्यकता नहीं होगी। इनमें से कुछ तो उतना समय भी नहीं लेंगी। अध्याय के अंत में दिये गए चार्ट का इस्तेमाल कर आपने किस तारीख को कौन सी गतिविधि की उसकी तारीख भी लिखते रहें, साथ ही यह भी दर्ज करें कि उसे करते ही आपने कैसा महसूस किया। पहला सप्ताह आप पर केन्द्रित है। इस दौरान आप ऐसी तमाम गतिविधियाँ करेंगे जो आपको खुद अपने बारे में अच्छा महसूस कराएँगी।

सप्ताह 1

दिन 1 : अपने थके पैरों की मालिश करें

आवश्यक सामाग्रीः नरियल का तेल, जैतून का तेल, सरसों का तेल, बड़ा तौलिया, एक जोड़ी पुरानी चप्पल

एक कटोरी में तीन चम्मच सरसों का तेल डालें, तीन चम्मच जैतून का तेल और तीन चम्मच नारियल का तेल डालें। चम्मच से अच्छे से मिला लें। गतिविधि शुरू करने से पहले पुराने हवाई चप्पल की जोड़ी अपने पास रख लें और बड़े तौलिया को जमीन पर फैला लें। आप चाहें तो तौलिया का इस्तेमाल रहने दे सकते हैं लेकिन मैंने यह पाया कि यह स्मार्ट तरीका है, इससे तेल को जमीन पर फैलने से बचाया जा सकता है और यह चीजों को और आसान बना देता है।

तौलिये के बीचों-बीच में बैठ जाएँ। यदि आपको जमीन पर बैठने में कठिनाई होती है तो बाथरूम का पट्टा इस्तेमाल कर लें। अपने बाएँ पैर को उठा कर आराम से दाईं जांघ के ऊपर रख लें। अब तेलों के मिश्रण को अपने पैर के तलुए में लगाएँ। शुरुआत पैर के पंजे से करें और हाथ को गोलाकार घुमाते हुए बारी-बारी से दोनों पैर में तेल लगाएँ। अतिरिक्त दबाव के लिए आप अपने हाथों के पोरों का भी इस्तेमाल कर सकते हैं।

इसके बाद गोलाकार हाथ घुमाते हुए एड़ी की मालिश करें। ऐसा करने के लिए अपने दोनों हाथों का इस्तेमाल करें। अपने पैर के किनारे की सभी नसों को महसूस करें। आप मसाज कर के पैरों में रक्त प्रवाह को गति दे रहे हैं। धीरे से पंजे नीचे रख दें। अब पंजों के बीच में मसाज करें। पंजों के बीच में अंगुलियाँ फंसा कर उन्हें खींचें और मसाज करें। अब उन्हें आराम से घुमाएँ। अपने टखनों की भी मालिश करें। यह प्रक्रिया दूसरे पैर के साथ करें। आप अपनी पसंद के गाने चला कर जब तक गाने चलते हैं तब तक के लिए अपने पैरों की मसाज कर सकते हैं, दोनों पैरों के लिए दो-दो गाने।

बस इतना ही! हो गई आपकी पहले दिन की गतिविधि। आप ऐसा करने के बाद बहुत हल्का महसूस करेंगे। मैंने अपने दोनों बच्चों को यह मसाज दी और उन्हें इसमें मजा आया। बाद में उन्होंने मेरे लिए भी यही किया। यह सरल सी गतिविधि बेहद आराम और आनंद लेकर आती है।

नोट: कृपया चप्पल पहनते समय या तेल धोने के लिए बाथरूम में जाते समय सावधानी रखें। पहली बार जब मैंने किया था तो मैं इतने आनंद में थी की मुझे लग रहा था मानो मैं हवा पर चल रही हूँ।

दिन 2: अपनी मेज या अलमारी जमाएँ

अपनी मेज या अलमारी में से कुछ भी चुन लें (जिसे आपने बहुत समय से साफ न किया हो)। इसमें से सारा समान बाहर निकाल लें। यह तकनीक मैरी कोंडो इस्तेमाल करती है। मैं सफाई के कोनमारी तारीके की जबरदस्त प्रशंसक हूँ, और मैंने अपनी सारी चीजों को उनके रखने के तरीके अनुसार व्यवस्थित किया है।

जब मैंने पहली बार इस तरीके का इस्तेमाल किया तब मेरे पास बहुत सारी कीमती पोशाकें थीं जो मैंने कई साल पहले खरीदी थीं। तब से अब तक पहनावे को लेकर मेरा तरीका बदल गया है। हालाँकि वे कपड़े कीमती हैं, लेकिन मैं जानती हूँ कि मैं उन्हें कभी पहनने वाली नहीं हूँ। मैंने उन्हें दान कर दिया और बहुत हल्का महसूस किया।

यदि आपने अलमारी को साफ करना तय किया है तो उस सारे सामान को निकाल लें जो आपने पिछले छह महीने से नहीं पहना है। विचार करें – क्या आप सच में उन्हें रखना चाहती हैं। वे कीमती हो सकते हैं या उनका भावनात्मक मूल्य हो सकता है। आपने बहुत समय से उन्हें अपने साथ रखा है ताकि जब वजन कम हो जाए तो आप उन्हें पहन सकें। वे ऐसी चीजें हो सकती हैं जो किसी एक समय में आपके लिए बहुत उपयोगी रही हों लेकिन यदि अब वे आपको नहीं आती हैं या अब आपको उनमें खुद को देखना पसंद नहीं आता तो यही समय है कि उन्हें निकाल दें, फिर चाहे वे कितनी ही महंगी चीजें क्यों न हों। मैरी कोंडो वस्तुओं को शुक्रिया कहने और अपनी रास्ते जाने देने की सलाह देती हैं।

आपकी अलमारी में ऐसी वस्तुएँ हो सकती हैं जिन्हें थोड़ी मरम्मत की जरूरत हो। कोई बटन निकल गया हो या कहीं से फट गया हो जिसे आपने रफू कराने के लिए रखा हो। इसे ठीक करा के आप फिर से पहन सकते हैं लेकिन आप टालते जा रहे हैं। यदि ऐसा है तो यह समय है जब आप इसे ठीक करा लें। अंत में जिन कपड़ों को आपने रखना तय किया है उन्हें समेट कर अलमारी में जमा दें।

बस इतना ही! दूसरे दिन का काम भी हो गया। चाहें तो पहले और बाद की तस्वीरें साझा करें। करामातीमन का हैश टैग इस्तेमाल करें ताकि मैं इसे अपने सोशल मीडिया पर ढूंढ सकूँ।

नोटः यदि आपकी अलमारी बहुत बड़ी है और आपने बहुत समय से इसे साफ नहीं किया है तो एक दिन में किसी एक हिस्से को साफ करना चुनें। जब मैं अपनी अलमारी साफ करती हूँ तो पूरी अलमारी एक दिन में साफ करना मुझे बहुत थकाने वाला लगता है। इसलिए मैं इसे कुछ दिनों में बाँट देती हूँ और एक बार में एक हिस्सा ही करती हूँ।

दिन 3: कमरे में बदलाव करें

हमारे घर की बैठक का हमारे मिजाज पर बड़ा असर होता है कि हम कैसा महसूस कर रहे हैं। स्नायु वैज्ञानिक और मनोवैज्ञानिक दोनों इस बात की पुष्टि करते हैं कि हमारे मस्तिष्क के हिप्पोकैंप क्षेत्र में ऐसी कोशिकाएँ होती हैं जो हमारे आसपास की जगहों की सज्जा और रंगों से प्रभावित होती हैं। ऐसी तमाम जगहों के बारे में सोचिए जहाँ आप रहे और वहाँ आपने जो महसूस किया। वह जगह कैसी थी? क्या वह खुली और हवादार थी? क्या वहाँ बहुत सी दिलचस्प वस्तुएँ रखी थीं? आपके लिए उस स्थान का क्या महत्व है?

हमारे आस-पास के रंग, वस्तुएँ, साज-सज्जा यह सब असर डालते हैं। कमरे की आंतरिक सज्जा में बदलाव घर में ऊर्जा के प्रवाह को बदल सकता है। इसके लिए कीमती सजावट के सामान की जरूरत नहीं होती, न दीवारों के रंग बदलने या कोई बड़ा बदलाव करने की। छोटे से बदलाव से भी हम इसे हासिल कर सकते हैं।

मेरी एक दोस्त के पास एक बार इतना पैसा नहीं था कि वह अपने शयनकक्ष में नए पर्दे लगा पाती, उसने अपनी माँ की साड़ियाँ दर्जी को दीं और बहुत सुंदर पर्दे बन कर तैयार हो गए। उसने साथ ही सरकंडों वाली दरियाँ लीं और उन पर अच्छे से कुशन सजा कर जमीन पर बैठने की अच्छी व्यवस्था कर ली। दो हजार से भी कम से बजट में उसने अपने शयन कक्ष की पूरी सज्जा बदल ली। यहाँ तक कि कमरे में बदलाव करने के लिए आपको एक पैसा भी खर्च करने की जरूरत नहीं।

अपने कमरे को देखें और सोचें कि आप क्या बदलना चाहते हैं। यह एक पलंग की चादर बदल कर अधिक व्यवस्थित रंग संयोजन के इस्तेमाल जितनी सामान्य सी बात भी हो सकती है। आप सुंदर सी सजावटी लाइट भी अपने कमरे में सजा सकते हैं या अपने फर्नीचर के रखने की जगह में बदलाव कर सकते हैं। आप अपनी मेज पर एक काँच लगा सकते हैं जिसके नीचे आप कुछ रोजमर्रा के लक्ष्य या प्रिय

तस्वीरों से सजा सकते हैं। आप चाहें तो रोजाना ताजा फूल खरीद सकते हैं। अपने कमरे को साफ करना और हर चीज को ठीक से साफ करना भी कमरे की ऊर्जा जो बदल सकता है। अपनी रचनात्मकता को प्रकट होने दें और अपने आसपास की जगह को तुरंत बदलें।

आपका तीसरे दिन का भी काम हो गया। अब आप अपने नए सजाए कमरे में बैठ कर अपने मनपसंद पेय का आनंद ले सकते हैं।

दिन 4 : कोई नया व्यंजन आजमाएँ

कुछ भी नया आजमाना हमारी रचनात्मक क्षमता का विस्तार करता है। जब भी हम खुद को ऐसी स्थितियों में डालते हैं जिनका सामना हमने पहले नहीं किया था तब हम अपने दिमाग को कुछ नया काम करने के लिए सौंपते हैं। इसकी प्रतिक्रिया में स्नायु सक्रिय हो जाते हैं और उस काम को करने के लिए जो सूचना चाहिए उसके साथ सामंजस्य बनाने, गणनाएँ करने और उसके अनुरूप कार्य करने के लिए मस्तिष्क को संकेत भेजने में लग जाते हैं।

जब मेरे दोनों बच्चे कॉलेज की पढ़ाई के लिए विदेश में रह रहे थे, उन्होंने खाना बनाना सीखा। ज्यादातर बाहर का खाना खाने के बाद कभी-कभार घर पर बना कर खाना उनके लिए एक ताजगी भरा अनुभव होता था। दोनों कहते कि उन्हें पता ही नहीं था कि खाना बनाना इतना असान होता है और खुद खाना बनाना सीख कर वे बहुत सारी बचत भी कर पाते हैं। दोनों अब मजेदार चीजें बनाते हैं जो उन्होंने खुद प्रयोग करते हुए सीखी हैं। अपने पति के जन्मदिन पर मैंने उन्हें एक खास बेकिंग कार्यशाला का उपहार दिया (क्योंकि उन्हें केक बहुत पसंद हैं)। वे हमेशा बाजार में मिलने वाले केक के रेडी मिक्स पैकेट से केक बनाते थे। एकदम शुरुआत से केक बनाना सीखना ऐसा काम था जिसे करने में उन्हें बहुत मजा आया।

यदि आप लंबे समय से खाना बनाते रहे हैं और एक ही तरह की चीजें बनाने के अभ्यस्त हैं तो कुछ नया बनाना आजमाइए। आप शायद

कोई मेक्सिकन या अरबी पकवान बनाना पसंद करें। कुछ नया बनाने की कोशिश कर आप सिर्फ अपने मस्तिष्क को ही सक्रिय नहीं करते अपनी स्वाद ग्रंथि को भी जाग्रत करते हैं।

कोई आसानी से बनने वाली चीज चुनें, जिसकी सामग्री भी आसानी से उपलब्ध हो। यदि आपने पहले कभी नहीं पकाया है तो भी आसानी से बनाने वाली चीज चुनें - शायद ऐसी चीज जो आपकी माँ बनाती हों। उनसे बनाने की विधि पूछें।

आपका चौथे दिन का काम भी पूरा हुआ। आपने जो भी बनाया है उसका का लुत्फ उठाएँ। और याद रखें की इसे अच्छे से प्रस्तुत करने पर भी आपको ध्यान देना है।

दिन 5 : सोशल मीडिया डिटॉक्स

सोशल मीडिया उत्साहवर्द्धक और प्रेरणदाई भी हो सकता है। हम पिंटरेस्ट या इंस्टाग्राम पर सुंदर तस्वीरें देख तरोताजा महसूस करते हैं। हमारे प्रिय ब्लॉगर या इंस्टाग्रामर क्या पोस्ट करते हैं यह देखना हमें अच्छा लगता है। हम बैठे-बैठे दूसरे लोगों के फोटो और स्टोरी देखते रहते हैं। हम अपनी रुचि की सामग्री पढ़ते हैं। मीम देख कर हँसते हैं। कोई रोचक वीडियो हमारा ध्यान खींच लेता है और पता चलता है की एक घंटा बीत गया। इंटरनेट वह अंधेरा गड्ढा है जिसमें पता ही नहीं चलता और हमारा बहुत सारा समय कैसे निकल जाता है।

कुछ बरस पहले मुझे अपने फोन बंद करने के प्रभाव का अहसास हुआ था। मैं जितना पढ़ पाती थी, अपने पढ़ने के लक्ष्य को उससे आगे ले जाना चाहती थी। उस वक्त तक मैं महीने में चार से पाँच किताबें पढ़ लेती थी। मैंने पाया कि मेरे समय का सबसे बड़ा दुश्मन मेरा फोन था। मैं एक दोमंजिला घर में रहती थी और जब भी मेरा पढ़ने का समय होता तो फोन को सायलेंट मोड पर नीचे ही छोड़ कर ऊपर पढ़ने के कमरे में चली जाती। मेरे बगीचे में एक झूला था जिसमें लेट कर पढ़ना बहुत आरामदायक होता था, बिना किसी व्यवधान के या हर पंद्रह मिनट में फोन को देख लेने के प्रलोभन से मुक्त हो कर।

आज अपने फोन को दिन के समय चार से छह घंटे के लिए बंद करके छोड़ दें। ऐसा समय चुनें जब आप अक्सर ब्राउज करने लगते हैं और फोन को बंद करके रख दें। कितनी भी तीव्र इच्छा हो, उसे वापस न खोलें। यदि खुद पर भरोसा न हो तो परिवार के किसी सदस्य को फोन दे दें जिस पर आप भरोसा करते हैं। अधिकांश लोगों के लिए यह गतिविधि काफी कठिन होती है क्योंकि हम अपने फोन से इस कदर बंधे होते हैं कि यदि हम सब समय जुड़े न रहें तो कुछ छूटने सा लगता है। फेसबुक और यूट्यूब वीडियो बनाए ही इस तरह जाते हैं कि एक के खत्म होने से पहले ही आप दूसरे को देखने लग जाएँ।

खुद को कुछ घंटे फोन से दूर रखने का निर्णय करके आप अधिक स्वस्थ और सजग निर्णय लेने की ताकत खुद को दे रहे हैं। आपके पास अचानक अतिरिक्त समय आ जाएगा क्योंकि सोशल मीडिया पर बिताने वाले समय का कोई हिसाब नहीं होता। आप इस अचानक मिले अतिरिक्त समय का इस्तेमाल अपनी खुशी की अन्य गतिविधियों के लिए कर सकते हैं।

और बस! आपके पांचवें दिन का कार्य भी पूरा हो गया।

दिन 6 : अच्छे कपड़े पहनें

जिस वक्त मैं यह लिख रही हूँ, हम में से बहुत सारे लोग घर से दफ्तर का काम करते हुए महीनों बिता चुके होंगे। महामारी के कारण आए संकट को देखते हुए कई कंपनियों में दफ्तर के खर्चे कम करते हुए घर से काम (कम से कम आधा सप्ताह के लिए) को एक नई सामान्य व्यवस्था के तौर पर स्वीकार कर लिया है।

ऐसे समय में हमें तैयार होने या अच्छे कपड़े पहनने का मन ही नहीं करता। हम अपने पाजामे में ही दफ्तर के फोन सुनने या कक्षाओं में उपस्थित हो जाते हैं और खुश हैं। जबकि इस तरह के समय में यह ज्यादा महत्वपूर्ण हो जाता है कि हम अच्छे से तैयार हों। मनोवैज्ञानिक कहते हैं कि इसका हमारे मन पर सीधा असर पड़ता है। इससे जीवन के प्रति हमारे नज़रिए और आत्मविश्वास पर प्रभाव पड़ता है। इसकी पुष्टि

के लिए हमें विज्ञान की जरूरत नहीं। जब हम अच्छे कपड़े पहनते हैं और साफ-सुथरे रहते हैं तो हमारा मन भी अच्छा रहता है।

इसलिए आज का आपका काम है कि आपको इस तरह तैयार होना है जैसे आप डेट पर जाने वाले हैं। अच्छे से तैयार होइए। सुगंधित इत्र लगाएँ। वह सबकुछ करें जो आपको बेहतर महसूस कराए। यदि आपका मन करे तो अपने कैमरा पर टाइमर लगा कर अपनी कुछ अच्छी तस्वीरें निकालें। यदि आप उन्हें सोशल मीडिया पर पोस्ट करते हैं तो #करामातीमन हैशटैग का इस्तेमाल करें ताकि मैं उन्हें खोज सकूँ।

बस इतना ही! आपका छठे दिन का काम पूरा हुआ।

दिन 7: खुद को कोई उपहार दें

आखिरी बार कब आपने खुद अपने लिए कोई उपहार लिया था? तो इसे ही सबसे उचित अवसर मानें। यह एक नया उपहार पाने का समय है और एक अच्छा सा उपहार अपने लिए चुनें।

आज का आपका काम खुद को कोई अच्छा सा उपहार देना है जिसे पाकर आप को खुशी महसूस हो। यदि आपके पास छोटा बच्चा है तो अपने लिए थोड़ा एकांत, अपनी पसंद का पेय और एक किताब पढ़ना भी एक उपहार हो सकता है। जब मेरे बच्चे छोटे थे तब मेरे पास समय का बहुत अभाव रहता था। यहाँ तक कि नहाने भी जाओ तो दोनों बच्चों में से कोई एक दरवाजा बजाते हुए मम्मी को पुकारने लगता था।

यह कोई ऑनलाइन क्लास भी हो सकती है जो आप करना चाहते हों। यह एक नया हेड फोन हो सकता है जो आप काफी समय से खरीदना चाहते थे, लेकिन क्योंकि पुराने अभी तक सही चल रहे हैं इसलिए आप इस इच्छा को नजरअंदाज कर रहे हों। हाल ही मैं एक ऐसे कलाकार की कक्षा में शामिल हुई जिसका काम मुझे बहुत पसंद है। मैंने इस कक्षा में जो कुछ भी सीखा उससे अपनी स्केच बुक भरने के लिए उत्साहित हूँ।

अपने लिए कुछ भी करने का आज आखिरी दिन है, खुद को कोई अच्छा सा उपहार दें। और बस! आप सातवें दिन का काम भी हो गया।

अपनी प्रगति को दर्ज करें

दिन	तारीख	कार्य	पूरा करने के बाद कैसा महसूस हुआ
1.		अपने थके पैरों को मालिश दें	
2.		अपनी मेज या अलमारी जमाएँ	
3.		कमरे में बदलाव करें	
4.		कोई नया व्यंजन आजमाएँ	
5.		सोशल मीडिया डिटॉक्स	
6.		अच्छे कपड़े पहनें	
7.		खुद को कोई उपहार दें	

सप्ताह 2

यदि आपने पहले सप्ताह के सारे काम कर लिए हैं तो बधाई! आप दूसरे सप्ताह के कार्यों को करने के लिए योग्यता अर्जित कर चुके हैं। यदि आपने कोई काम नहीं किया है तो वापस जाइए और उस काम को करके आइये। पहले सप्ताह के कार्यों को करना महत्वपूर्ण है क्योंकि वे आपको दूसरे सप्ताह के लिए तैयार करते हैं। सप्ताह 2 दूसरों को अच्छा महसूस कराने के बारे में है। हम ऐसा तभी कर सकते हैं जब हम खुद अपने बारे में अच्छा महसूस करते हों। दूसरों के पात्र को भरने से पहले हमारा अपना पात्र भरा हुआ होना जरूरी है।

दिन 1 : मुस्करा कर अभिवादन करें

वर्ष 2017 में मुंबई के एक प्रमुख स्थल जहांगीर आर्ट गैलेरी ने एक अपनी तरह की फोटो प्रदर्शनी का आयोजन किया, जिसका शीर्षक था, 'तो मैंने उनसे कहा कि मुस्कराइए'। इस प्रदर्शनी में एक ऑस्ट्रेलियाई मूल के कलाकार जे. वींस्टन का काम प्रदर्शित किया गया था जो यात्री गाइड और फोटोग्राफर भी हैं और भारत-विशेषज्ञ हैं। जे. ने अनेक देशों में बहुत से अजनबी लोगों की तस्वीरें ली हैं। इस प्रदर्शनी में उन्होंने दो तरह की तस्वीरों के जोड़े बनाए - पहली तस्वीर में व्यक्ति के चेहरे

पर मुस्कान नहीं है और दूसरी तस्वीर में वही व्यक्ति मुस्करा रहा है। इसका जो दृश्य प्रभाव है वह कमाल का है। जे. कहते हैं कि वे 2013 में बीकानेर में एक फोटोग्राफी परियोजना पर काम कर रहे थे। सांझ का समय था और वे जूनागढ़ के इर्द-गिर्द चल रहे थे। वे तस्वीरें लेने में व्यस्त थे और उन्होंने पाया कि वे बाजार, रेलवे स्टेशन, और गलियाँ पार करते जा रहे हैं। रात होने को थी और वे अपने कैमरा को बंद कर रखने ही वाले थे कि तभी एक आदमी एकदम उनके सामने आ गया। इस व्यक्ति ने गहरे हरे रंग की टोपी पहनी हुई थी, हल्की दाढ़ी थी और चेहरा पतला सा था। जे. ने उनकी तस्वीर लेनी चाही लेकिन संकोच में थे क्योंकि व्यक्ति थोड़ा खफा सा नजर आ रहा था और आँखों में पथराया हुआ सा भाव था। जे. थोड़ा घबरा गए इसलिए वे अन्य चीजों की तस्वीरें लेने लगे। अचानक उस आदमी ने उन्हें पुकारा और अपनी तस्वीर लेने को कहा। जे. ने उस व्यक्ति से मुस्कराने के लिए कहा और वह मुस्कराया। उस एक क्षण में वह व्यक्ति बदल गया। उसके चेहरे पर गर्मजोशी और आँखों में चमक आ गई। वह अब डरावना नहीं लग रहा था। जे. ने उसी क्षण तय किया कि मुस्कान अनजान लोगों के चेहरे पर क्या प्रभाव ले आती है, वे इसे अपनी तस्वीरों में दर्ज करेंगे। जे. कहते हैं कि उनका लक्ष्य यह दिखाना था कि हम किसी अजनबी को कैसे देखते हैं और व्यक्ति के मुस्कराते ही हमारी मान्यताएँ कैसे बदल जाती हैं।

आज का काम जे. के क़ाम से प्रेरित है। टहलने के लिए जाइए और सामने से आने वाले किन्हीं तीन व्यक्तियों को गर्मजोशी के साथ सुप्रभात या नमस्ते कहिए। वे अजनबी भी हो सकते हैं और आपके परिचित भी। उन्हें एक सच्ची मुस्कान का उपहार दें। यदि वे जवाब में मुस्कराएँ तो देखें कि उनका चेहरा कैसे बदल जाता है। यदि वे न मुस्कराएँ तो कोई बात नहीं।

करुणा और खुशी का प्रसार करें। यदि आपने ऐसा पहले कभी नहीं किया है तो आपको यह करना कठिन लग सकता है। एक व्यक्ति के सामने ही मुस्कराने का प्रयास करें और उनका अभिवादन करें। ध्यान दें कि आप कितना अलग महसूस करते हैं: जब हम मुस्कराते हैं तो

हम मन में कैसा भी महसूस कर रहे हों हमारा मस्तिष्क अच्छा महसूस करने वाले एंडोर्फीन का उत्सर्जन करता है।

हो गया! यह था आपका दूसरे सप्ताह के पहले दिन का काम।

दिन 2 : किसी को फूल या उपहार भेज कर चौंका दें

कुछ सप्ताह पहले मुझे डाक में एक खूबसूरत पैकेट मिला। इसमें एक सुंदर से बक्से में औरविल में बने खुशबू वाले धूप, एक छोटा सुंदर नगीनों वाला ब्रासलेट, कुछ सुगंध वाली पोटलियाँ और भेजने वाले व्यक्ति की लिखी एक किताब शामिल थी। यह बहुत सुरुचिपूर्ण तरीके से उपहार देने के लिए सजाया गया था और इतना सुंदर उपहार पाकर मैं बहुत खुश थी। इससे मेरे दिन में स्फूर्ति आ गई। मैंने भी कई दोस्तों को अपनी किताबें उपहार में भेजी हैं। मैं पौधे भी उपहार में देते रही हूँ और एक बार तो मैंने एक छोटा सा बगीचा ही बना कर अपने एक पड़ोसी को उपहार में दिया था। जबकि ऐसा करने के लिए कोई विशेष अवसर नहीं था। जब हम किसी को उपहार देते हैं तो हम उनके उस दिन को खास बना देते हैं।

आज आपका काम किसी के दिन को इसी तरह खास बनाना है। सोचिए कि उन्हें क्या पसंद आएगा। फिर यही उन्हें उपहार में दे दीजिए। और बस! आपका दूसरे सप्ताह का दूसरा काम भी हो गया।

दिन 3 : प्रेरक कहानी सुनाएँ

आज इंटरनेट पर एक प्रेरक कहानी खोजिए। यह किसी के गरीबी से अमीर बन जाने की कहानी हो सकती है या किसी गुमशुदा नायक की कहानी भी हो सकती है। ऐसी कई वेबसाइट हैं जो सिर्फ सकारात्मक कहानियाँ साझा करती हैं जैसे- द बेटर इंडिया।

कुछ कहानियाँ पढ़ें और जब आपको कोई सच में प्रेरक कहानी मिल जाए तो उसे साझा करें। आप इसे परिवार के किसी सदस्य, दोस्त या सोशल मीडिया पर या किसी अन्य माध्यम के जरिये साझा कर सकते हैं। (यदि आप चाहते हैं कि मैं भी इसे देखूँ तो कृपया रुकरामातीमन इस हैशटैग का इस्तेमाल करें।)

बताएँ कि इस कहानी के बारे में आपको क्या पसंद है। यदि आप वास्तविक जीवन के नायकों की बात करें जिन्हें पर्याप्त सराहना न मिली हो, तो आप उनकी कहानी भी साझा कर सकते हैं। जब हम सकारात्मक और प्रेरक कहानी साझा करते हैं तो हम उम्मीद और सकारात्मकता का प्रसार कर रहे होते हैं। उम्मीद के दूत बनिए! और बस! दूसरे सप्ताह के तीसरे दिन का आपका काम पूरा हो गया।

दिन 4 : किसी वरिष्ठ नागरिक या दोस्त को फोन करें

अपने दिन में से थोड़ा सा समय निकालें और अपने किसी परिचित वरिष्ठ नागरिक को फोन करें। यह आपकी मौसी, माता-पिता या कोई अन्य परिचित हो सकते हैं। उनसे बात करें, उनकी सेहत की खोज-खबर लें और सुनें। यदि आपके परिचय में कोई वरिष्ठ नागरिक न हो तो किसी ऐसे व्यक्ति को फोन करें जिन्हें बहुत दिनों से आप फोन करने के बारे में चाहते रहे हों लेकिन कर न पाए हों। इसे करना भूलें नहीं। अध्ययन यह बताते हैं कि अकेलापन बढ़ रहा है। हम सब परस्पर जुड़े हुए हैं लेकिन अपने-अपने घेरे में बंद भी हैं अपने भय, आशंकाओं और विचारों से जूझते हुए। दूसरों से संपर्क करना न सिर्फ उन्हें अच्छा महसूस करवाता है बल्कि हमें भी मदद करता है। समाज शास्त्री कहते हैं कि हम जो स्वाभाविक रिश्ते बनाने हैं वे हमारे मन को अच्छा रखने में अहम भूमिका निभाते हैं। आज फोन उठाइए और किसी ऐसे व्यक्ति के साथ लंबी बातचीत कीजिये। इस व्यक्ति के साथ आपका संबंध सहज होना चाहिए।

और बस! हो गया दूसरे सप्ताह के चौथे दिन का काम

दिन 5: एक उदार संदेश लिखें

ऐसे किसी व्यक्ति के बारे में सोचें जिसके साथ आपने काम किया हो या जिसे आप जानते हों। उनकी सराहना करते हुए उनके लिए एक उदार संदेश या टिपणी लिखिए। आप जो लिख रहे हों वह सच्चे मन से, संजीदगी और उदारता के साथ लिखा गया हो। आप उनकी ऐसी किसी बात के लिए सराहना कर सकते हैं जो आपको पसंद हो। आपको

उनका तौर-तरीका पसंद हो सकता है, या उनका दूसरों के प्रति व्यवहार या वे कितने खुशमिजाज हैं आदि। कल्पना कीजिये जब उन्हें यह संदेश मिलेगा तो वे कितना अच्छा महसूस करेंगे।

बस यही! आपका दूसरे सप्ताह के पांचवें दिन का काम भी हो गया।

दिन 6: केवल सकारात्मक बात कहें

हमारा मन हर वक्त बहुत शोर मचाता है। आज वह दिन है जब आपको मन में चलने वाले इस शोर पर ध्यान देना है। मनुष्य में नकारात्मक सोचने की प्रवृत्ति सामान्य तौर पर होती है। शोध बताते हैं कि हमारे लगभग अस्सी प्रतिशत विचार नकारात्मक होते हैं। आज का आपका काम आपके मन में आने वाले सारे विचारों को ध्यान से देखना है, उनमें बनने वाले ढर्रे में बदलाव लाएँ और उनकी जगह ऐसी भाषा का प्रयोग करें तो उसी विचार को सकारात्मकता के साथ दर्ज करे। अपने मन में आने वाले एक नकारात्मक विचार के लिए तुरंत तीन सकारात्मक वाक्य सोचें। उस परिस्थिति में सकारात्मक क्या हो सकता था यह सोचें और अपने मन में उसे दोहराएँ। आज आप जो भी कहें उसे सकारात्मक होना चाहिए। चाहे यह सोशल मीडिया पर हो, परिवार के किसी सदस्य के लिए हो, सिर्फ उदार बातें कहें - सिर्फ आज के लिए। और बस! आपका दूसरे सप्ताह के छठे दिन का काम भी हो गया।

दिन 7 : बेघर लोगों के लिए खाना बनाएँ

जब हम कुछ भी पाने की इच्छा के बिना कुछ करते हैं तो उसमें मिलने वाली खुशी अलग होती है। परोपकारी व्यवहार एंडोर्फीन को बढ़ाता है। नारायणन कृष्णन कई लोगों के लिए नायक और प्रेरणा के स्रोत हैं। वे एक पाँच सितारा होटल में सम्मानित सैफ हुआ करते थे और उन्हें स्विट्जरलैंड में एक शानदार नौकरी का प्रस्ताव मिला था। वे स्विट्जरलैंड जाने वाले थे लेकिन तभी उनके गृह नगर में हुई एक घटना ने उन्हें बेहद विचलित कर दिया। उन्होंने एक बुजुर्ग आदमी को भुखमरी के चलते कूड़े के ढेर में से उठा कर खाना खाते हुए देखा। कृष्णन ने पास के होटल से खरीदकर उस आदमी को इडली खाने के

लिए दी। वे कहते हैं कि उन्होंने किसी को इतना जल्दी-जल्दी खाना खाते हुए नहीं देखा था, जबकि उनकी आँखों से कृतज्ञता के आँसू बहते जा रहे थे। उस एक क्षण ने कृष्णन के लिए जीवन बदल दिया। उन्होंने उस नौकरी को छोड़कर अपनी बचत के साथ बेघर लोगों को खाना खिलाने का काम शुरू किया। उनके परिवार के लोगों और दोस्तों ने सोचा कि उनका दिमाग खराब हो गया है, लेकिन कृष्णन जानते थे कि वे क्या करना चाहते हैं। आज वे एक ट्रस्ट चलाते हैं जिसमें लाखों गरीब और बेघर लोगों को खाना खिलाया जाता है। इस ट्रस्ट को कई कॉर्पोरेट संस्थाओं का सहयोग हासिल है जो कृष्णन के अच्छे काम में मदद करना चाहते हैं। वर्ष 2010 में सीएनएन ने दुनिया के दस प्रमुख नायकों में कृष्णन को शामिल किया।

हालाँकि जो कृष्णन ने किया वह सब नहीं कर सकते लेकिन हम कुछ छोटी चीजें कर सकते हैं। आज किसी बेघर व्यक्ति के लिए खाना बनाइये। यदि आपका खाना बाहर से आता है तो ब्रेड और मक्खन खरीद कर सादा सैंडविच ही बना दीजिये। इस खाने को ठीक से पैक कीजिये और घर से बाहर जाइए, किसी बेघर व्यक्ति को ढूंढिए। भारत में दुर्भाग्य से हर ट्रॅफिक के चौराहे पर भीख माँगते हुए बुजुर्ग मिल जाएंगे। आपको धार्मिक स्थलों के बाहर भी ऐसे लोग मिल जाएंगे। उन्हें ताजा बना खाना दें। और बस! आपका दूसरे सप्ताह के सातवें दिन का काम भी हो गया।

दिन	तारीख	कार्य	पूरा करने के बाद कैसा महसूस हुआ
1.		मुस्करा कर अभिवादन करें	
2.		किसी को फूल या उपहार भेज कर चौंका दें	
3.		प्रेरक कहानी सुनाएँ	
4.		किसी वरिष्ठ नागरिक या दोस्त को फोन करें	
5.		एक उदार संदेश लिखें	

दिन	तारीख	कार्य	पूरा करने के बाद कैसा महसूस हुआ
6.		केवल सकारात्मक बात कहें	
7.		बेघर लोगों के लिए खाना बनाएँ	

उम्मीद है आपको इन छोटे-छोटे कामों को करना पसंद आया होगा और इनके बहाने आपके पास हर आने वाले दिन के लिए कोई नया लक्ष्य सामने रहा होगा। मेरे द्वारा यहाँ सुझाए गए उपाय और गतिविधियाँ आपको अपनी सोच में जादू लाने में मदद करेंगी और आप अपना बेहतर ख्याल रख सकेंगे। यदि आप इन अभ्यासों को करते हैं तो इनके बारे में सार्वजनिक तौर पोस्ट कीजिये और अन्य लोगों को भी इन्हें करने के लिए प्रेरित कीजिए। रुकरामातीमन हैशटैग का इस्तेमाल कीजिये।

जीवन सच में सुंदर है। हमें जो सही है उस पर ध्यान केन्द्रित करना है और यह भरोसा रखना है कि हालात हमेशा एक जैसे नहीं रहते। हम जिस दौर से गुजर रहे हैं वह एक लंबी यात्रा का पड़ाव मात्र है। जीवन ने मुझे यह बताया कि हम सबके सामने किसी न किसी मोड़ पर कुछ समस्याएँ आती हैं। यदि हम हालात के निराशापूर्ण पक्ष पर ध्यान देंगे तो वे और बदतर होते जाएंगे। हम सिर्फ यही कर सकते हैं कि एक बार में एक समस्या को सुलझाएँ और अपने मौजूदा हालात को बेहतर बनाने के लिए छोटे-छोटे प्रयास करते रहें।

करामाती मन वक्त के साथ हमें उन चीजों को मुक्त करना सिखाता हैं जिन पर हमारा नियंत्रण नहीं और जो हमारे पास पहले से हैं उसके प्रति कृतज्ञ महसूस करने लगते हैं। मैं उम्मीद करती हूँ कि यह, हम किताब आपको यह देखने में मदद करेगी कि करामाती मन हम सबके भीतर है। जब हम इस को स्वीकार कर लेते हैं तो ज्यादा परिपूर्ण, खुशमिजाज और शांतिपूर्ण जीवन जी पाते हैं - अपने आसपास बिखरे आनंद और खुशी को महसूस कर पाते हैं और जो लोग हमारे लिए महत्वपूर्ण हैं उनके साथ सुखद यादें इकट्ठा कर पाते हैं।

प्रीति शेनॉय

प्रीति शेनॉय भारत की सर्वाधिक पढ़ी जाने वाली लेखिकाओं में हैं। एक लेखिका के बतौर उनकी मकबूलियत का ही प्रमाण है कि 'फोर्ब्स' ने उन्हें भारत की सबसे प्रभावी सेलिब्रिटीज में शामिल किया। उनकी *व्हेन लव केम कॉलिंग, वेक-अप लाइफ इज कॉलिंग, लाइफ इज व्हाट यू मेक इट, द रूल ब्रेकर्स, अ हंड्रेड लिटिल फ्लेम्स, इट्स आल इन द प्लानेट्स, व्हाय वि लव द वे वी डू, द सेक्रेट विश लिस्ट, द वन यू कैननॉट हैव'* आदि किताबें बेहद चर्चित रही हैं। ये किताबें अनेक भारतीय भाषाओं में अनुदित होकर लोकप्रिय हो चुकी हैं। प्रीति शेनॉय प्रसिद्ध मोटिवेशनल स्पीकर भी हैं। तमाम महत्त्वपूर्ण शैक्षणिक संस्थाएँ व कॉर्पोरेट संगठन उनके वक्तव्यों से लाभान्वित होते रहे हैं। वह लेखन और भाषण के साथ चित्रांकन और इलस्ट्रेशन जैसे कला माध्यमों में उल्लेखनीय पहचान रखती हैं।